国家社科基金
后期资助项目

道德能力研究

A Study of Moral Competence

李金鑫 著

社会科学文献出版社
SOCIAL SCIENCES ACADEMIC PRESS (CHINA)

国家社科基金后期资助项目
出版说明

　　后期资助项目是国家社科基金设立的一类重要项目，旨在鼓励广大社科研究者潜心治学，支持基础研究多出优秀成果。它是经过严格评审，从接近完成的科研成果中遴选立项的。为扩大后期资助项目的影响，更好地推动学术发展，促进成果转化，全国哲学社会科学工作办公室按照"统一设计、统一标识、统一版式、形成系列"的总体要求，组织出版国家社科基金后期资助项目成果。

全国哲学社会科学工作办公室

引　言

　　道德能力问题是伦理学、道德教育最重要的论域之一。道德能力这一概念在伦理学研究中的位置与近现代以来人的主体性的张扬、人类社会的发展密切相关。借用西季维克的表达，这种探究的意义在于将道德能力构想为良心、动机或者是人内在所有的某种立法者。

　　随着科技的发展、文化的多元，人类社会面临越来越多的道德困境、利益的诱导、风险的承担、个体的疏离等问题。这种社会生活中的变化和问题，应该在思想领域得到回应、留下印记。这些社会现象使我们有必要反思道德是什么，道德于人而言意味着什么，人拥有什么样的道德能力，人类共同体又应该建构出什么样的道德精神等。从古希腊亚里士多德提出的"德性是两种恶即过度与不及的中间"至20世纪70年代罗尔斯提出的现代社会公民应具有"正义感和善观念两种基本道德能力"，这种一直承继发展的学术现象是对日常道德风尚、社会道德问题，乃至社会与道德的关系的思想反映。它本身的持续性不但表明道德对于人类社会生活具有基础性的地位，而且表明道德的实践性品格在日常生活中不断地得到丰富和发展。

　　与此同时，在中国改革开放的进程中，经济、政治、公共生活都面临着各自领域的重新建构，人们的传统价值观念、社会道德风尚也面临着从传统到现代的转型。近些年在社会中出现的道德冷漠现象作为当下中国社会存在的问题之一，既表现为现实人际关系的冷漠、疏离，又表现为人对这种存在状态的主观感受。但是行为所呈现的"道德冷漠"现象背后，既有可能是人心的"冷酷麻木"，也有可能是人心的"炽热大爱"。道德、德性需要落实到具体的人、具体的行为。我们需要在具体的道德情景下，分析道德行为，做出判断和评价，并避免对道德行为进行单一化的理解。

道德与每个人休戚相关，如何理解人的道德行为，人如何建立自身的道德人格，道德价值要求如何能转化为人的行为，始终是这几十年伦理学研究的主题之一。

具体道德活动中，不但每一个道德行为的境遇是特殊的，而且不同的人对道德义务的认识、履行义务的方式都有着明显的差异。无论是在公共领域还是私人领域，道德行为呈现的差异性、多样性与人的道德能力直接相关，道德能力在一定意义上决定着一个人的道德行为方式。道德能力的实质在于人的意志，意志不但包含决断、选择，更包含执行与承担责任的可能。道德义务、规范的现实内容在人的意志活动中得以存在。这意味着，人应该拥有"心灵自由"的能力，能够有明确的是非善恶价值意识，有内在的道德良心（善良、仁爱等）。同时，更应该拥有"行为自由"的能力，在行为选择判断中恰当行事。

在这样的背景性框架下，道德能力问题的提出不仅仅因为伦理学学科研究的推动，更因为道德问题本身已成为中国现代化进程中的关键问题之一，道德问题为社会所瞩目。对道德能力问题的反思与中国当下的时代背景不可分割。"道德能力"概念蕴含的丰富内容使人们得以把握"道德"的现实内容，把握现实生活中"道德"对于人存在的本体论意义。理论的反思、洞见、推理，在此意义上亦不会被纷繁复杂的现象所淹没并失却真谛。

由此进入道德能力问题的研究，提出并回答问题的旨趣就在于：我们应该具有什么样的道德能力，道德对人的基本规定是什么，或者说，在矛盾、困境、冲突中，人的道德能力应该且能够在何种限度内实现道德价值。同时，人也能在这个过程中提升自身的道德能力。这样的一种理论追问，首先不是具体实践领域的，而是哲学-伦理学的反思。即使我们分析道德活动中的主体行为，也仍然是一般的、哲学-伦理学意义上的反思。通过这样的反思，阐明道德能力、澄明我们对道德的理解，为道德哲学理论与日常道德实践提供一种理解道德的方式。哲学-伦理学的基础理论研究也正是以此承担着批判与建设的双重任务，以理论的方式给出批判与期待。

本书在承认康德伦理学普遍道德义务法则的前提下，在实践哲学意义上，提出和证成"道德能力"这一概念。我们对道德能力做了广义与狭义的区分。广义的道德能力从人之"成人"这一本体论意义上进行分析，道德能力是人的自由意志能力，它由道德认知能力、道德情感能力、道德行动能力等构成。狭义道德能力从"如何履行义务""如何做"这一实践论意义上进行分析，它以普遍义务法则的存在为前提，指具有自我意识的道德主体创造性地践履道德义务法则要求的能力。"道德能力"概念彰显了道德的形式与内容、应然与实然、抽象与具体、普遍与特殊在道德实践中的统一。通过道德实践中的道德能力分析，重新理解道德，揭示道德是具有现实性的优美灵魂，是人通过道德活动所达到的不偏不倚的"中庸"境界。

目　录

绪　论 ………………………………………………………………… 1

上篇　何谓道德能力

第一章　"道德"与"道德能力" ………………………………… 29
- 第一节　道德何以证成自身 ……………………………………… 29
- 第二节　"道德能力"概念的知识谱系考察 …………………… 35
- 第三节　既有"道德"理解的批判 ……………………………… 45

第二章　"道德能力"本质 ………………………………………… 58
- 第一节　面对康德问题：自由如何可能 ………………………… 58
- 第二节　道德能力的基础：一种形而上的追问 ………………… 68
- 第三节　作为自由意志能力的"道德能力" …………………… 78
- 第四节　道德能力的划分 ………………………………………… 87

第三章　"道德能力"的构成 ……………………………………… 95
- 第一节　道德认知 ………………………………………………… 95
- 第二节　良心 ……………………………………………………… 102
- 第三节　道德判断 ………………………………………………… 109
- 第四节　慎思：从判断到选择 …………………………………… 117
- 第五节　道德行动 ………………………………………………… 124

中篇　道德能力的显现

第四章　道德活动中的必然与偶然 …… 139
　第一节　道德场景与道德能力 …… 139
　第二节　道德运气与道德能力 …… 156
　第三节　道德风险与道德能力 …… 164

第五章　道德活动中的"恰当" …… 175
　第一节　何为应做？ …… 175
　第二节　何为恰当？ …… 186
　第三节　道德崇高 …… 198

下篇　道德能力的培育

第六章　道德能力培育的正义论维度 …… 211
　第一节　道德能力与社会习俗 …… 211
　第二节　道德能力与制度正义 …… 219
　第三节　道德能力与善的教育理念 …… 229

第七章　道德能力培育的美德论维度 …… 238
　第一节　道德能力的内化：道德感 …… 238
　第二节　道德精神 …… 243
　第三节　道德能力的外化：实践智慧 …… 252

结语　道德能力、平等、自由与伦理学方法 …… 260

参考文献 …… 265

索　引 …… 278

后　记 …… 282

绪 论

一个问题引起伦理学的关注并需要做出回答，简而言之有两种可能：其一，它是具有时代性的、在现实伦理生活中迫切需要回答的问题。其二，它是伦理学理论发展过程中应给予重视，却并未得到系统研究的问题。对问题的阐释与伦理学者对社会的关注、对学理的把握以及其学术精神相关。"道德能力"问题于笔者而言，恰是这诸种可能的集合。它既涉及我们对道德之于人自身存在的价值、意义、人格精神的反思等问题，又涉及伦理学研究中一系列基本概念的解释，甚至包括我们对伦理学本身的认识。

一 问题的缘起

选题主要基于两个方面的缘由：一方面，在日益多元的价值世界里，道德对于人的意义在哪里，德性意味着什么；另一方面，在伦理学基础理论研究中，我们虽然有诸多关于道德的定义，但是道德何以成为道德。本书从道德主体的视角，通过对"道德能力"的研究，尝试对伦理学研究中的理论问题与伦理生活中的道德困惑做出一种学理的解释与回应。

（一）道德生活的启示

人先在地处在伦理关系之中，在这个意义上，人被抛向这个世界。但是，人拥有意志，人具有选择和创造的可能。在选择与创造的过程中，人会面临一系列的问题，思虑过去、规划未来都是人生应有之义。如何追求属于自己在世的幸福？如何在记忆与期待中寻求一种平衡？换而言之，我能期待什么，我又能成就什么的问题是一个人生活的组成部分。在现实的道德生活中，这种思考通过人们做出的道德行为和道德评价表现出来。

道德生活中既有大爱大善，也有穷凶极恶、欺诈冷漠和麻木不仁等现象。在恶的社会现象面前，人们总是不由得问：是人本性就不道德，还是社会的不道德导致了这样的现象？如果社会是道德的，那么个体的问题出在哪里？而如果社会是不道德的，那么个体又能做些什么？即使在善与善之间进行抉择，道德主体也很难做到完美。甚或，使我们震撼的往往是带有悲剧色彩的道德崇高。那么，是否人的道德精神从意志转变为行为的过程注定是不完满的，人生注定是有缺憾的？如若缺憾是注定的，道德主体应该如何通过自身的行为努力地减少人生的缺憾？现实伦理生活中的这些现象，让身处其中的人产生失落、茫然、不安甚至孤独和无助。如果这一切成为一种常态，那么它有可能意味着，人是分裂的人，现代文明亦是分裂的文明。

　　道德活动是人的能动性的实践活动。人们身临道德困境之时究竟该如何选择与行动，课堂上的德育知识能否在具体的道德境遇中转化为人的道德行为，道德模范的榜样作用能否必然激发人们的道德情绪等问题都在揭示：道德不是简单的知识，更不是对这些知识的机械应用；道德的价值在于使人获得一种本体论意义上的生存智慧。人应该能够在道德活动中将善良意志、道德规范转化为现实；既不一味地退守内心，也不一味地屈从现实。道德是人的内在属性，它关乎人的自我实现、自我成长、自我完善，它的要义在于使人能够具有一种自由生活的道德能力。道德是要真正给人以自由，使人的尊严与生命价值得以彰显。

　　就伦理学的研究而言，当代英国的道德哲学家伯纳德·威廉斯曾指出，伦理学关注的核心问题应是古希腊人提出的"我应该如何生活"，而不是借用规范为道德主体的伦理生活寻找一个外在的"阿基米德支点"。他提出："道德是伦理的特定发展，是发展了的某种特定的义务概念。伦理相对于道德是一个广义系统。"[1] 与道德生活的现象相对应，伦理学视域内应如何对道德生活的现象做出解释并引领道德生活？伦理学研究又承担着怎样的学术使命？

---

[1] 参见 Bernard Williams, *Ethics and the Limmits of Philosophy* (Cambridge: Harvard University Press, 1985), p.6。

（二）道德理论的诉求

苏格拉底曾警醒人们：未经省察的人生不值得过，而伦理学就是对生活的省察反思之学。当道德以一种显像呈现于生活之中时，伦理学研究不但要对道德现象进行价值分析，而且要对新出现的道德现象给予回应并提出新的概念与命题。或者换言之，当道德现象引发人们去反思自身的价值观念、反思道德对于他（她）的意义之所在时，伦理学研究需要澄明道德是什么，道德本身是什么。这样，伦理学研究中"反思"也就具有双重含义：第一，对日常道德生活现象进行反思，探寻对道德约束的合理性根据。第二，对反思本身进行反思，伦理学承担了一种对反思本身的承诺。

如何理解道德是伦理学研究中居于核心地位的一个问题。古希腊时期，伦理学研究关注的是人应该如何生活的问题。亚里士多德认为伦理学研究的是"人可以实行和获得的善"[①]。近代以来，随着社会机制的健全与人的主体意识的觉醒，伦理学研究关注的是道德行为的合理性根据问题，或者说是人应该如何行动的问题。进入20世纪，元伦理学通过强调逻辑分析、道德概念的语义分析、道德判断的意义分析深化了伦理学对道德的理解。摩尔在《伦理学原理》中认为，"我相信善的东西是可以下定义的；然而我仍旧断言，'善'本身是不可能下定义的"[②]。从古希腊的美德伦理学、近代的规范伦理学到现代的元伦理学的演进本身大体说明，不同时代人们对道德理解的差异以及道德存在样式的多种可能性。这种存在样式与"道德本身是什么"是紧密相关而又不同的两个问题。

与西方伦理学相对，在当下国内的伦理学研究中，存在三种关于伦理学的认识趋向：其一，伦理学以人的内在活动目的性为出发点，研究人的可获得的善。此种认识强调"作为实践的研究，伦理学的研究应当从人特有的活动及他的实践性的生活活动来展开，并且以对这种活动的善的理解为中心线索"[③]。其二，伦理学是关于做人和行事的学说，有自己的研究

[①] 〔古希腊〕亚里士多德：《尼各马可伦理学》，廖申白译，商务印书馆，2003，第16页。
[②] 〔英〕摩尔：《伦理学原理》，长河译，上海人民出版社，2005，第14页。
[③] 廖申白：《伦理学概论》，北京师范大学出版社，2009，第99页。

对象。"一个伦理理论是由两部分组成的，关于如何行动的行动规则理论和关于价值说明的价值理论。"① 其三，伦理学表达的是人类对自身道德生活的理解方式。此种认识强调"伦理学的主旨是关于人的自由存在方式，核心是人存在的意义与行为合理性"②，进而将伦理学划分为道德哲学、规范哲学和精神哲学三个组成部分。这三种主要认识趋向的共同之处是：在有目的的道德生活世界中，从道德的具体"存在"样式去分析与把握道德理论，揭示人的生活活动中的善究竟是什么。

上述中西伦理学对其自身研究问题域的揭示亦说明：人类关于道德是什么的思考未曾间断，它以不同的样式呈现于生活和理论研究中。我们从人的存在方式、道德活动中去理解道德，一方面，在合乎理想性的意义上，讨论人自身的道德精神结构，自我与他人的关系；另一方面，在合乎现实性的意义上，讨论道德如何获得实现并保有它自身的力量。那么，当我们去追问"什么是道德"时，重要的就是说明什么是我们的道德理想和健康的灵魂，同时我们如何获得并实现它们。

二　国内外研究述评

如果我们不是从道德能力的语义和词源考证分析，而是从道德的实践品性视角理解道德能力，那么关于道德能力的研究可谓汗牛充栋，思想家们都以自己的方式或隐或显地关注了道德能力问题。但是，至今国内外均缺少道德哲学意义上对道德能力问题的系统性研究与阐述。

（一）国外研究现状

国外学者对道德能力这一概念的哲学反思在伦理学基础理论与应用伦理学领域均取得了有价值的成果。由于西方伦理思想在发端之初就有着较为明显的情感主义与理性主义的分野，道德能力问题的研究中也存在相应的分野。这样，我们关于道德能力问题的研究主要集中在对如下三个问题的讨论：第一，从道德的基础来看，道德能力究竟是一种理性能力、道德

---

① 参见程炼《伦理学导论》，北京大学出版社，2008，第127页。
② 高兆明：《伦理学理论与方法》（修订版），人民出版社，2013，第139页。

感能力还是自然本性能力；第二，道德能力在何种意义、多大程度上可以与德性（美德）的意义相当；第三，道德能力与人的现实性的生理、心理、行为能力的关系如何。尽管西方学者对这些问题的讨论已经涉及道德哲学、应用伦理学、道德心理学、社会学等诸多领域，但是关于道德能力在整个道德哲学中的地位，仍缺乏系统性的研究。

1. 道德能力的思想溯源

以古希腊的灵魂合乎"逻各斯"的研究为端，至托马斯·阿奎那对人的"意欲能力与理智能力"的分析，至康德对"善良意志"（高级欲求能力，实践理性）问题的研究，至黑格尔对"道德精神与美德"的研究，至格林关于"善在于人的潜能的实现"的研究等，直至当代，道德能力问题已经被细化为医学伦理、科技伦理等领域的具体问题研究。由于研究者们奠定的道德基础或者说道德的形而上学基础的不同，我们可以认为存在道德理性主义、道德经验主义（主要是情感主义）和各种伦理自然主义理论三种基本类型。

道德理性主义的传统源自古希腊，在苏格拉底、柏拉图、亚里士多德对道德的理解中都尤为明显。苏格拉底强调人是理性的人，并指出："公正和所有其他的美德即是智慧。公正的行为和一切以美德为基础的行为都是美的和好的……只有明智者才会做出美的和好的行为，而不明智者不可能做出这种行为，即使竭力去做，也会做错。"[①] 柏拉图则在苏格拉底关于德性的思想基础上归纳并提出"四元德——智慧、勇敢、节制、正义"。与苏格拉底、柏拉图相比，亚里士多德关于德性的思想更为系统。他提出，道德德性或者说道德问题关涉感情与实践，涉及人的感情的好、坏关系，他反对将德性理解为灵魂自然官能意义上的能力，而将德性理解为经实践获得的品质。所以，尽管亚里士多德没有直接使用"道德能力"这一概念，但其思想中已包含了道德能力的观点。无论是对智慧的追求，还是对欲望的节制，都说明德性是通过实践而获得的，其中现实地包含着人有没有道德能力，能否获得德性的问题。

康德直接使用"道德能力"这一概念，在道德自由的原因性上提出，

[①] 转引自章海山《西方伦理思想史》，辽宁人民出版社，1984，第66页。

道德主体应该有一种独立于自然的、自己规定自己的可普遍立法能力。康德认为:"伦理义务包含着人的内在立法意义上的强制,这种内在立法的道德能力可以称为德性。"① 在此意义上,德性既是它自己的目的,也是它自己的酬报。同时,康德看到了此德性的获得需要人有实现道德法则的能力。但是,康德认为德性的实现方式是通过"对我们心中的纯粹理性法则之尊严的沉思(contemplatione),但同时也通过练习(exercitio)来振奋道德的动机(法则的表象)"。② 在康德的思想中,道德能力事实上是自由意志的自我规范能力。在康德的基础上,黑格尔对道德的理解则向前推进,道德的规定根据不仅源于人的理性,还源于人所生活的伦理实体关系。道德是伦理生活的组成部分,它不是抽象的、形式的自我规定。黑格尔对康德抽象道德观的扬弃在于进入伦理关系,使道德在现实的伦理关系中获得自身真实的规定。对于人而言,道德不是形式的、绝对的命令,而是生动的、有着来自主体生命体验和现实伦理关系的丰富内容规定。道德要经过主体的行为获得和完成。如同黑格尔在论及必然性与现实性的设定时所言,"它们不是抽象地设定起来的,而是自身完成的具体的东西"③。道德的抽象形式性和具体现实性不可割裂,意志主体总是要在日常生活中将主观精神见于客观行为。尽管在抽象的意义上,每一个人能够获得和完成的只能是道德精神的某一方面的具体内容,但正是这种获得与完成的方式使道德成为现实。也就是说,在实践理性的意义上,我们不仅要考虑道德自由得以可能的根据,还要考虑道德自由是如何经过主体的实践而成为现实,这是实践理性实践样式的问题,也是道德能力的实践问题。也正如罗尔斯所说的,我们不妨"把道德理论设想为描述我们的道德能力的企图"④。罗尔斯在正义理论中提出道德能力的问题,对道德能力的描述体现了一个人的正义观和自己的人生价值。同时,罗尔斯已经一再地提醒对道德能力的解释会涉及一些原则和结构。

情感主义在对道德的理解中,提出了以"道德感"为基础的道德能力

---

① 参见李秋零主编《康德著作全集》(第6卷),中国人民大学出版社,2007,第407页。
② 李秋零主编《康德著作全集》(第6卷),中国人民大学出版社,2007,第410页。
③ 〔德〕黑格尔:《小逻辑》,贺麟译,商务印书馆,1980,第297~298页。
④ 〔美〕罗尔斯:《正义论》,何怀宏等译,中国社会科学出版社,1988,第46页。

问题。道德既不是对理性的符合,也不是对苦乐经验的直接感受,而是源于人的情感。沙普慈伯利认为,人具有内在的感知善、恶的道德感(moral sense)。"人能够形成事物的概括观念。对于他们,不仅呈现在他们的感官上的外界存在是感受的对象,而且这行为本身和一切怜悯、仁慈、感激以及与之相反的情感,经过反省而置入心中,也成为对象。"① 人的道德感不仅是一种感官感受,而且是一种反省精神。在情感主义内部,可以分出沉思的与实践的两种不同的观点。按照西季威克的理解,"休谟主要是从沉思的(contemplative)观点出发看待道德能力。既没有发展外在的义务架构,也没有试图确定道德情操赞许的不同品质在道德价值中的等级"。② 休谟虽然也给出了品质清单,但是对理智能力的天赋与道德品性没有做严格区分。同时,休谟认为"道德性是由情感所规定的"③。理性不是行为的动机,人的道德能力是一种出于仁爱与善意的能力,它与人们的快乐、痛苦以及真实的自我利益相关。从实践的观点理解道德能力,以巴特勒和哈奇森为代表。巴特勒将"行动"界定为道德的对象,其与出于人自身的情感明显不同。或者说,道德在巴特勒的观点中是人的一种行动的道德能力。而按照哈奇森的理解,道德能力所解决的核心问题是:道德感。道德能力"不仅指出了什么样的感情和行为是德性的和邪恶的,而且也显示了在若干类型的感情和行为中这些品性体现的程度"④。道德感是人们通过苦乐的知觉对道德行为进行道德判断的能力。哈奇森关于道德能力的思想不但尝试系统化"道德感"的理论,而且表达了理性的可错性以及理性对情感的依赖。

  相比之下,伦理自然主义则认为:"道德属性(如善和正当)都是等同于'自然'属性,即在事物的科学描述和科学解释中出现的属性。"⑤ 自然主义总是试图从人的自然本性中寻找决定人的行为的目的、动机和原则,从自然规律或者人的生理、心理等特征中引申出道德能力的内涵。自

---

① 周辅成编《西方伦理学名著选辑》(上卷),商务印书馆,1964,第758页。
② 参见〔英〕西季威克《伦理学史纲》,熊敏译,陈虎平校,江苏人民出版社,2008,第180页。
③ 〔英〕休谟:《道德原则研究》,曾晓平译,商务印书馆,2007,第141页。
④ 〔英〕哈奇森:《道德哲学体系》(上),江畅等译,浙江大学出版社,2010,第97页。
⑤ 〔美〕拉福莱特主编《伦理学理论》,龚群主译,中国人民大学出版社,2008,第87页。

然主义相对侧重于事实和描述，忽视了规范的意义。在关于有无道德事实，道德是不是实在的问题上，出现了道德类似于洛克所言事物的第二性质的观点。例如麦克道威尔曾表达，"道德属性包含着实践理性的倾向，道德属性的形成就是实践理性获得的具体样式。在这个意义上，实践智慧就是其拥有者的第二性质"①。道德能力源于人的自然属性，而人在不同情境下的道德行为则是人的不同自然属性之间的相互作用。

　　情感主义者坚守道德的基础源于经验生活的同情感；理性主义者坚守道德的基础源于理性能力；自然主义者坚守道德能力在于人出于自然本性的选择。而事实上，道德能力是一个综合概念。值得注意的是，已有学者对道德能力概念做了构成性的解读，将其作为研究伦理学的主线，提出："道德能力是一系列重要能力的综合：它们包括道德情感，即做正确的事情的欲望；道德力量，即做正确事情的能力；美德，保持做正确的事情的性情；慎思，知道如何去做；知识，知道什么是正确的事情。"② 如同我们无法想象人一个口袋装着思维，一个口袋装着意志一样，我们也无法想象人一个口袋装着情感，一个口袋装着理性。道德能力理论涉及的范围广泛，研究的不同理路在于"一方强调道德真理只有通过哲学论争才能够得以发现，因此他们诉求于规范论，以纠正非哲学家的道德错误；另一方强调道德能力是广泛分布的，道德规范理论重在认识和解释人们应用在日常道德生活中的共同道德观念"。③ 这种分歧提出了一个理论问题，即道德能力是一种规范能力，用以规范人们道德错误的标准；还是仅仅在于解释人们日常生活中的道德观念。但是，事实上无论是一种规范意义上的道德能力，还是共同道德观念意义上的道德能力，其都对人的行为有着规范性的作用。我们的日常行为建立在某种关于道德能力假设的基础之上，而不论这种能力被称为实践理性、良心还是道德感。

---

① 参见 Alexander Miller, *An Introduction to Contemporary Metaethics* (Cambridge: Polity Press, 2003), p. 258。
② James Jakob Liszka, *Moral Competence: An Intergrated Approach to the Study of Ethics* (2th ed) (New Jersey: Prentice Hall Press, 2002), preface xii。
③ M. B. E. Smith, "Does Humanity Share a Common Moral Faculty?" *Journal of Moral Philosophy* 7 (2010): 38.

2. 道德能力研究的走向

当代西方对道德能力问题的研究主要是从应用伦理学与伦理学基础理论两个维度展开。

在应用伦理学的研究中，研究者大多从道德能力在具体的心理学、精神病学等方面反思道德能力所面临的挑战。比如，研究人的道德能力从青少年到成年的发展，阐明"不同成长阶段，某些神经生物系统与人的一些伦理行为属性之间的关联"[①]。同时，在道德能力问题上，人们通常会诉诸人拥有自由意志，正是在此基础上，人可以做出道德决定并应该承担道德责任。但是，"神经科学和遗传学的发展已经对先前一些神圣的概念，像'自由意志''道德思想'等构成了革命性的挑战"[②]。应该说，从不同的应用视角展开道德能力问题研究丰富和纠正了我们对道德的理解。

在基础理论研究中，对道德能力的解释涉及一系列更为根本的元理论问题。如，当代德性伦理的研究中，自然主义特性论与情感主义德性论对道德能力的理解就明显不同。前一种观点的代表人物是福特（Philippa Foot），其承继了亚里士多德的观点，从有机体的官能出发，将德性视为合乎实践需要的品质特性。道德能力也就是人能够合乎实践地行动，获得德性。后一种观点的代表是斯洛特（Michael Slote），他从人的内在品质和动机出发，提出建立在"移情"能力基础上的伦理关怀，在"移情"的能力中见证道德的"应该"，并指出"一个人不能处于实际的或像是的（is-like）的赞同状态（state of approval）中，除非这个人例示（instantiates）了一种像应该的（ought-like）道德属性"[③]。当代义务论和功利主义的研究中，研究者们从动机和效果分离转向动机与效果的调和为标准，以解释道德能力。尤其是康德主义者们修正、发展了康德的义务论思想，比如，赫尔曼对康德提出的"自律"的道德能力做了重新解释："康德式的自律就是理性意志所具有的那种自我立法的特性。这是一个有关理性行

---

① David C. Thomasma and David N. Weisstub, eds., *The Variables of Moral Capacity* (New York: Kluwer Academic Publishers, 2004), p.79.
② David C. Thomasma and David N. Weisstub, eds., *The Variables of Moral Capacity* (New York: Kluwer Academic Publishers, 2004), p.235.
③ Michael Slote, *Moral Sentimentalism* (New York: Oxford University Press, 2010), p.78.

为能力的形而上学。""事实上,大多数对康德式自律观念的批评混淆了自律和行为能力。"① 同时,赫尔曼还指出,行为能力会因人的"自然条件"、社会生活环境以及个人特殊的生活而有所不同。虽然"元伦理学"概念本身存在诸种解释,但都包含对"抽离了具体内容的本质、理由、合理性、真理的条件,道德准则、标准、判断、原则的哲学研究"② 的内容,涉及从语言逻辑分析的视角对伦理学中一系列基本概念的认识、表达、理解的方式。"道德能力"这一概念在元伦理学的意义上还未得到充分研究,但就如黑尔所言:"我们无法超出人的存在,因此也无法超出道德原则,道德原则是人之为人的行为原则……如果道德原则与我们自身行为的方式没有一种潜在的联系,它们就不可能为人们所接受。"③ 可以说,道德基本概念的分析不能脱离具体的行为实践,而道德能力这一概念正是从道德实践、从行为主体的视角重新反思、理解"道德"这一概念。

(二) 国内研究现状

自 20 世纪 80 年代以来,国内关于道德能力问题的研究主要集中于德育理论界与伦理学界:已出版一本《道德能力论》著作;同时还有相关的硕博士学位论文;相应地还有数百篇关于道德能力问题研究的学术论文。这些研究主要涉及以下两方面问题:第一,道德能力的内涵和本质特征如何理解;第二,个体道德能力的内容包含哪些内容,以及如何培养人的道德能力。

1. 道德能力的内涵和本质特征

德育理论界对道德能力内涵的界定从道德意识功能、道德心理能力、道德表现形式、道德思维与道德实践相统一四个方面进行理解。学者鲁洁在《德育新论》中指出,"所谓道德意识功能,也即是道德能力。个体的道德能力,处理的是存在于人脑的道德意识(形式与内容相统一的)与道德活动以及与外部环境之间的关系"④。学者彭希林等认为,"道德能力是使道德

---

① 〔美〕赫尔曼:《道德判断的实践》,陈虎平译,东方出版社,2006,第 304、308 页。
② Lawrence C. Becker and Charlotte B. Becker, eds., *Encyclopedia of Ethics* (New York & London: Garland Publishing, 1992), p. 1079.
③ 〔英〕黑尔:《道德语言》,万俊人译,商务印书馆,1999,第 154~155 页。
④ 鲁洁、王逢贤主编《德育新论》,江苏教育出版社,1994,第 200 页。

个性顺利完成并直接影响道德活动效率的心理特征的一种表现"①。但是，道德不能仅停留在人的意识和心理领域，道德能力也不只是人的主观意识和心理特征，更是人的一种实现道德价值的能力。学者陆士桢则从道德的表现形式视角提出"从本质上说，道德首先还是一种理念，只是在现代社会因为价值多元化等因素，使得人们的价值观也呈现多元化状态，这时候，道德同时表现为一种能力，这种能力是个体自己愿意主动获得的，而不是被动接收的"。② 此种观点虽然看到了道德的"行"的品质，却把"行"仅仅理解为外在表现，而忽视了道德作为精神、理念本身就预设了道德能力这一潜在前提。

学者蔡志良与蔡应妹从思维与实践、认知与行为相统一的视角定义道德能力，在《道德能力论》（国内唯一一本已出版的系统研究道德能力的著作）中提出，"道德能力是人认识各种道德现象，在面临道德问题时能够鉴别是非善恶，并做出正确道德评判和道德选择并付诸行动的能力"。③ 此定义突出了能力的个体性，力求在意识与活动的统一中理解道德能力。同时，作者还在该书中简要地回顾了中西伦理学史上关于道德能力的思想，对西方主知主义的道德教育理论和中国德育理论界对道德能力的研究进行了反思。该书从历史的钩沉，道德能力的概念、结构、功能、发生、发展、培养、实现对道德能力进行了系统的研究。总体看来，虽然该书的作者论及人以"实践精神"把握世界中蕴含着道德能力，但是没有深入"道德本身"去理解、把握道德能力。从该书的整体架构来看，道德能力的研究最终落脚于青少年道德能力的培养。《道德能力论》是一部关于道德教育的著作，不是从道德哲学视角进行诠释，没有进一步追问我们应该如何理解道德。万时乐博士直接将个体道德能力定义为："个体在道德生活实践中对自我道德状况及各种道德现象的意识，以及当个体处在特定道德境遇下对道德价值观评判、选择并在实践中践行的能力。"④ 道德能力

---

① 彭希林、冯惠先：《青年道德心理学研究》，国防科技大学出版社，2002，第124页。
② 姜玮、李陈峰：《道德能力：全面发展的基础和前提——陆士桢教授谈高校德育工作》，《光明日报》2005年4月6日，第5版。
③ 蔡志良、蔡应妹：《道德能力论》，中国社会科学出版社，2008，第87页。
④ 万时乐：《个体道德能力的消解与反消解——以当代中国道德教育为旨归的研究》，博士学位论文，华东师范大学社会科学部，2010，第36页。

是人的一种道德意识、道德选择与道德行动的综合型的能力，反映了人格意义上的自我道德水准。

伦理学界对道德能力的界定主要从个体美德、规范伦理、理性与情感相统一的维度进行思考，并落脚于个体（自律）。

从个体美德维度看，《中国伦理学百科全书》认为道德能力是"完成道德活动的主观条件"。① 任重远博士在其博士学位论文《道德能力研究》中，立足传统儒家的"成人"思想，从概念的界定、为己与为他的伦理向度、生成（仁化）、情感溯源（爱人）、责任诠释（学礼）、心理分析（良心）、人格解读（修身）对道德能力问题进行研究，提出"道德能力是人之仁化的能力，是一个人自觉实现其道德潜能，追求其道德人格的道德自我修养能力"②。该论文从个体的成人、仁化揭示人之为人是一个通过"做"与"实践"，实现自身"道德化"的过程。其总体目的在于，通过道德能力的研究对儒家思想进行现代诠释，以期为现代中国人格建构提供理论资源。

从规范伦理维度看，学者陆晓禾认为："人的道德能力是人们特有的一种超乎功利而履行人所确认的道德原则或规范的能力。"③ 但是，道德能力不是人对规范的简单操作与践行能力，它是人通过自身的实践实现道德价值，并能因时因地采取恰当方式、手段的一种实践智慧。也有研究从罗尔斯的《正义论》出发，如学者曹刚在目的论框架下思考主体的自我实现，将道德能力定义为："人把握做人的合理价值观念的能力，其实质是对价值观是否合理的一种判断。""其内涵可以概括为三个层面，即合理的价值观、正义感和仁爱心、自主意识和责任感。"④ 此定义是从规范伦理视域出发，在个体自我实现的意义上对道德能力现实内涵的诠释。这里的"自我实现"，离不开罗尔斯所说的一个社会的公共政治文化和一个正义的社会制度结构。

从人的情感与理想相统一的维度看，学者张曦提出，"道德能力概念

---

① 罗国杰主编《中国伦理学百科全书》（伦理学原理卷），吉林人民出版社，1993，第308页。
② 任重远：《道德能力研究》，博士学位论文，中南大学政治学与行政管理学院，2009，第31页。
③ 陆晓禾：《论经济发展与人的道德能力》，《社会科学》1994年第12期，第27页。
④ 曹刚：《论道德能力》，《哲学动态》2006年第7期，第58页。

旨在说明行动者参与道德实践活动时所需要的能力的构成和结构……情感因素（情感智能）和理性能力共同地构成了行动者的道德能力。无论从道德行动的开展还是从道德决策的形成来说，情感因素（情感智能）是人类道德能力的核心成分"①。虽然情感因素和理性能力共同构成了人的道德能力，但是对于这个结构的具体解释可能会存在较大差异。即使仅仅从个体道德发展的角度来看，也存在科尔伯格提出的"六个阶段"理论、马修斯的"五个阶段"理论。无论是坚持情感的首要性，还是坚持理性的首要性，道德能力在个体的实践行为中应该是知行合一的。

在道德能力的本质特征问题上，研究者均在"知—行"统一的意义上理解道德能力的本质。其中，学者蔡志良与蔡应妹从社会性、个体性和关系性出发，"认为道德能力的特征是受动性与主动性、普遍性与特殊性、稳定性与可变性、要素独立性与整体连贯性、道德思维与道德实践、道德情感与道德理性的统一"②。学者钱广荣认为："道德能力本质上就是能够认识和把握事实判断与逻辑判断，能够把事实判断或逻辑判断与价值判断或意义判断结合起来的能力。"③ 个体道德能力具有主体性、特殊性、实然性等诸多特征，可以将其概括为道德的形式与内容、应然与实然、抽象与具体、普遍与特殊的统一。道德能力所体现的正是道德的"实践—精神"，或者说，道德作为一种品质，内在地要求道德主体能够做到"知—行"统一；而道德也就不是一个认知的问题或心理结构的问题，而是一个认知、判断，并不断地做出选择乃至创造的能力问题。

2. 道德能力的构成和培养

在道德能力的构成内容问题上，学者蔡志良与蔡应妹认为包括"道德认识能力、道德判断能力、道德选择能力、道德践履能力、道德直觉能力、道德创造能力"④。《中国伦理学百科全书》则认为，道德能力由道德认识能力、道德判断能力、道德行为能力、道德意志能力构成。学者李德顺、孙伟平认为，"道德能力包括道德上的感受能力、认识能力、理解能

---

① 参见张曦《道德能力与情感的首要性》，《哲学研究》2016年第5期，第121~126页。
② 参见蔡志良、蔡应妹《道德能力论》，中国社会科学出版社，2008，第87~100页。
③ 钱广荣：《道德能力刍议》，《理论与现代化》2007年第5期，第90页。
④ 蔡志良、蔡应妹：《道德能力论》，中国社会科学出版社，2008，第113~127页。

力、判断能力、选择能力和实践能力等"①。道德能力包含主体的知、情、意、行等能力,上述关于道德能力构成内容的分析均有其合理之处;但是道德能力的构成有层次性、发展性,上述划分在概念上不可避免地出现交叉问题。如若从道德的生长、发展以及道德行为发生的环境、对象理解道德能力的内容,就可以尝试避免这种静态的分析,而从动态中进行整体分析。

道德能力对于人而言具有本体论的价值,它是人的心性与行为统一的标志。事实上,道德能力存在于从道德心理到道德行动的全部道德活动过程。道德能力更为深刻的意义在于道德实践能力,正是这种道德实践能力使道德由应然的价值要求走向实然的具体存在,并使道德主体的自我实现得以可能。

在道德能力的培养问题上,研究者们分析了道德能力培养的必要性、可能性以及可操作性的方法、途径。道德能力的培养包括认知教育与生活实践教育、外在教育与自我教育、家庭教育与学校教育等丰富内容;道德能力培养问题是人会成为一个什么样的人的问题。在道德能力培养的可操作性的方法和途径问题上,有论者提出培养道德能力应该从三个层面展开。"首先需要从检讨和批评中国儒学伦理文化的主流传统做起,进行相关道德理论的创新。其次,要将道德能力列入道德教育的内容体系,这种教育应从家庭教育阶段抓起。再次,要将道德能力的教育与培养列入社会道德提倡和道德评价的范围,改进和丰富道德评价的标准与机制。"②道德能力能否被纳入社会道德提倡和道德评价范围的前提是我们如何理解道德能力理论以及如何将其纳入道德教育体系。这意味着我们不但要在伦理学理论中充分地阐释道德能力,而且要能够对道德能力本身做出评价和考量。

教育无疑是道德能力培养的重要途径,万时乐博士在博士学位论文《个体道德能力的消解与反消解》中,通过个体道德能力的研究,分析我国个体道德能力的现状,从制度、德育、传媒、社会思潮、社会变迁(家庭)、道德氛围视角分析个体道德能力消解的因素,并从社会意识引导、

---

① 李德顺、孙伟平:《道德价值论》,云南人民出版社,2005,第34页。
② 钱广荣:《道德能力刍议》,《理论与现代化》2007年第5期,第91页。

道德实践提升、教育整合等方面分析反消解的可能。消解因素的分析突出了加强个体道德教育的意义，而反消解因素的分析突出了提升个体道德能力的举措。相对于已有研究，该文更注重影响个体道德能力的外在因素以及提升道德能力的可能途径。

(三) 评价与反思

国外关于道德能力问题的研究虽历史悠久、涉猎范围广泛，但缺少一种综合而系统性的研究，即弥合情感主义与理性主义之间的鸿沟，在知、情、义合一的视域中理解道德能力。国内出版了基于道德教育研究视角的《道德能力论》著作，道德能力问题的研究也引起了一定关注。学者黄显中的《道德能力论》一文从四个维度分析，提出道德能力是"基于自然的精神能力，基于情景的行为能力，基于知识的实践能力，基于做事的做人能力"[①]。该文已经尝试运用中西伦理学思想资源，澄清道德能力这一概念的复杂性，但是对四个维度之间的关系以及西方伦理思想与中国伦理思想在该问题理解上的一致与分歧没有做进一步的阐释。简而言之，已有研究存在以下问题。

首先，关于道德能力概念的界定问题。研究者们意识到道德能力存在于主体从心理（知、情、意）到道德选择与行动的所有环节，并对道德能力这一概念均有自身的界定。国外学者要么从情感主义或理性主义等研究视角出发，要么从构成性视角直接定义道德能力。同时，对何种道德能力具有优先性仍然存在争议。国内学者关于道德能力的研究尝试从多维度展开，弥合理性主义与情感主义之间的矛盾。但是，他们并没有从道德本身出发定义道德能力。虽然在 *Moral Competence: An Integrated Approach to the Study of Ethics* 中作者已经将道德能力理解为一个综合概念，并将其作为理解伦理学理论的一条主线，但该书是一本教材，故总体上倾向于对已有理论的总结，缺少形上的分析。

其次，关于道德能力的实践问题。道德能力是个综合概念，其包含认知、判断、情感、选择、行动与评价等能力。国外学者关于此问题的研究

[①] 黄显中：《道德能力论》，《哲学动态》2014年第2期，第66~73页。

集中于应用伦理学领域，国内学者的研究则主要集中于德育领域，缺少对道德能力实践的一般性（哲学意义上）分析。

最后，关于道德能力问题的研究对道德哲学发展的意义问题。这一问题国外学者虽有所涉猎，但未具体展开论证；国内学者几乎没有对此问题做研究，只是提及应在道德哲学的意义上理解道德能力。虽然能力在一般意义上被理解为一种现实的力量，但是道德能力与人的外在的体力、技术能力等不同。一方面，它是人的内在精神力量，这种精神力量是人的良心与内在道德原则保持一致的能力。同时，它不停留于人的内在主观精神世界，它有诉诸实践行为的冲动，道德能力的深刻意义就体现在实践、行动的过程中。另一方面，道德能力不是一个"元"概念，如果不从道德本身或者人的存在本体论进行理解，那么我们将无法在理论上澄清这个概念，无法使这个概念经受住哲学反思的检验。

由此，"道德能力是什么"成为道德能力研究首先要做出解释的问题。任何一个自由意志主体都是现实的、具体的存在者，它意味着人们的道德能力具有主体性、主观性、个体差异性等。换言之，同一道德现象，不同的意志主体会有不同的道德认知、判断，采取不同的行动方式，有时甚至会做出完全相反的行为举措。这样，对"道德能力是什么"中"什么"的追问，就提出道德能力有无现实规定性的问题。道德能力的主观性背后有无某种客观的、具体的内容规定？如果道德能力不是纯粹主观的，而是有着客观、具体而丰富的内容规定的，那么，我们需要首先考察道德能力的现实规定究竟是什么。

道德能力的现实规定根据问题，不是道德能力的现象性、实在性究竟是什么的问题，而是这些现象性与实在性背后的实质规定的问题。现实性在此处首先具有普遍必然性的含义，指主观的道德能力背后的本质、本真的内容。按照黑格尔的理解，"一个事物是可能的还是不可能的，取决于内容。这就是说，取决于现实性的各个环节的全部总和，而现实性在它的展开中表明它自己是必然性"①。现象中的现实性之所以是必然的，在于这种必然性将内容的各个环节呈现出来。在这个意义上，道德能力的必然

---

① 〔德〕黑格尔：《小逻辑》，贺麟译，商务印书馆，1980，第300页。

性指它应该以人类的基本价值精神——善为客观规定，朝向人类自由的实现。道德能力不是一种主观任意而为的能力，而是要建立在是非善恶确定性的基础上。道德能力以善的价值为直接规定，并通过善的价值获得自身客观内容的实现方式。在现实生活中，这种必然性的善的价值一般以具体伦理关系中的义务形式存在。

现实性的第二层含义指具体性，道德主体的自由意志精神有具体的内容规定性，其不是纯粹形式性的、抽象的主观精神力量。即使是在抽象的主观精神层面，道德能力也不是一种纯粹形式的绝对命令，而是有着主体自身的鲜活生命体验的命令和要求。这种生命体验以自由意志精神为规定，面向具体的道德义务。道德能力根本上在于使人获得现实的自由，现实的自由必须以道德能力的内在规定性、人对义务内容的把握为前提。在具体的伦理关系和道德义务中，意志主体通过一定的认知、情感、行动而使自由意志的精神获得现实的存在。道德能力不能自成依据，沦为无内容的、空虚的形式。善的义务要求对于自由意志主体而言是具体的，是能够"被实现了的自由"。[①] 既然自由是可以实现的，人就应该具有需要实现这种自由的道德能力。

主观精神要见之于客观实践，道德能力的具体内容规定需要通过日常道德行为体现出来。道德能力总是要走出自身，进入具体的伦理关系，通过义务的履行而显现为道德实践能力。道德活动总是具体的、特殊的，有着现实的义务要求、具体的时空对象等条件。对于每一个意志主体而言，他的道德自由、价值精神要经过自身的行为而获得和完成。这就要求意志主体要能够在具体的道德境遇中合理而智慧地"权变"，因为"现实性呈现于人们意识前面，最初大都是采取偶然性的形式，而这种偶然性常常被人们同现实性本身混淆起来了……一方面认识的任务同样在于克服这种偶然性。另一方面在实践范围内，行为的目的也在于超出意志的偶然性或克服任性（Willkür）"[②]。这里的偶然性指事物的根据不在自身，而在于外在的他物。人需要在认识上正确认识偶然性，在实践上克服纯粹主观意

---

① 〔德〕黑格尔：《法哲学原理》，范扬、张企泰译，商务印书馆，1982，第132页。
② 〔德〕黑格尔：《小逻辑》，贺麟译，商务印书馆，1980，第301页。

义上的任性。这要求我们能把握道德价值的整体、将道德行为中意志以外的偶然性要素纳入道德实现的环节，通过实践活动，使道德获得实在的内容。

对于意志主体而言，道德能力是其实现自由意志精神、获得道德自由的能力。其必须以对道德能力的内在现实规定性的把握为前提。道德能力的核心在于意志主体能够在道德实践中，合理地理解、把握道德内容及其现实规定性，实现道德价值。本书的思路以及理论基础正是立足此种理解。

三 研究思路与理论基础

本书对道德能力的研究以康德的道德哲学理论为出发点，以普遍"法则—义务"为前提，以"个体—行为"为研究向度；在个体之维探讨实践理性的实践样式是道德能力的主旨内容以及道德能力的培育之所在。但是，我们的主旨不是批判康德伦理学，也不是为康德的伦理思想进行辩护，而是以康德伦理思想引发的问题为切入点，进而展开对道德能力的分析。基于此，我们对讨论的前提进行设定。

（一）研究思路：前提设定与研究向度

1. 前提设定：法则—义务[①]

此前提"法则—义务"是在康德的意义上使用（意指道德法则和道德义务）。法则是一种形式规定，在道德哲学层面，它表达的是一种实践法则（规律）。实践法则具有普遍必然性和客观有效性，它应当表现为道德主体行动的必然性。而实践中，主体的欲求能力与理性、感性冲动都发生着关联，为了保证法则普遍必然性的可能，它就必须"不依赖于偶然附着于意志之上的条件"，"实践的法则必须还在我问自己是否根本上具有达到一个欲求的结果所要求的能力，或为了产生这一结果我必须做什么之

[①] 康德曾将"义务"与"责任"做了区分："义务是某人有责任采取的行动。因此，义务是责任的质料，而且，义务（在行为上看）可能是同样的义务，尽管我们可能以不同的方式有责任。"[李秋零主编《康德著作全集》（第6卷），中国人民大学出版社，2007，第230页] 我们基本沿用这种区分，责任侧重指普遍义务要求的情境化、具体化。

前，就足以把意志作为意志来规定了"。① 这是法则的第一重含义，作为规定道德行为的根据。此种道德行为的规定性根据对于康德而言是来自经验生活以外的纯粹理性，因为建立在经验基础之上的道德原则不但不可能成为普遍法则，而且其对于道德主体自身也不具有法则的性质。法则的第二重含义，即这种普遍的以绝对命令形式存在的道德法则是对人存在的一种内在规定性。也就是说，任何一个有理性的人作为人而存在应该具有这样一种可普遍立法的能力（主体自律意义上的内在立法能力）。这种可普遍立法能力中隐含着行动准则或者说个体的主观任意需要与普遍法则的条件要求相一致。

义务对于人而言带有宿命论的色彩，人生无法摆脱义务。"义务是某人有责任采取的行动。因此，义务是责任的质料，而且，义务（在行为上看）可能同样的义务，尽管我们可能以不同的方式有责任。"② 义务具有先在性并以责任为内容，责任是自由行动的必然结果。道德义务可以有康德意义上的为义务而义务，也可以有契约义务等理解方式。此处的义务只是赞同康德意义上道德义务的存在，但并不赞同康德的为义务而义务的抽象形式。在承认义务的自在性基础上向前推进，通过具体的道德行为，实现义务的自为性。义务是必须履行的，讨论道德能力问题的关键是：如何履行义务，也可以说是如何承担具体责任的问题。

在肯定普遍的"法则－义务"前提下，我们对道德能力问题展开研究。我们使用的是康德意义上的道德"法则－义务"概念，这里的"康德意义上"是与康德相似的，而不是康德的"义务－法则"观点。我们至少不强调道德法则的先验性和康德的义务概念的形式性（为义务而义务），而是强调法则的规定与义务的强制是客观的。具体研究隐含着两条逻辑线索：一条是通过对道德内涵的解读理解道德能力，反之亦然；另一条是与康德的伦理思想对话，在承认道德律作为一种应然的规律的前提下，回归经验生活，反思道德何以能够实现。对于康德而言，他思考的首要问题是道德何以可能的必然性基础。他关心的是"意志的规定根据，这

---

① 〔德〕康德：《实践理性批判》，邓晓芒译，杨祖陶校，人民出版社，2003，第23页。
② 李秋零主编《康德著作全集》（第6卷），中国人民大学出版社，2007，第230页。

种意志要么是一种产生出与表象相符合的对象的能力，要么毕竟是一种自己规定自己去造成这些对象（不论身体上的能力现在是否充分），亦即规定自己的原因性的能力。"① 所以，康德关于道德能力问题的理解的第一个维度是作为理性存在者的可普遍立法能力，这个意义上的道德能力与实践理性能力、高级欲求能力、自由意志能力具有相同含义。第二个维度是作为德性的道德能力，"产生自对法则的敬重意向而起的行动，包含有内在立法意义上的强制"②，与法权能力相对。在反思既有的伦理学基础理论尤其是康德伦理思想的基础上，我们对道德能力问题的探究取"个体－行为"向度，在道德主体活动的过程中分析道德能力的生成与发展。

2. 研究向度：个体－行为

道德能力问题的研究取个体－行为向度，在具体的道德行为过程中展开分析，分为上、中、下三篇。这一研究过程，不但借用"道德能力"反思既往的伦理学基础理论，从实践哲学的视角重新诠释道德，而且直指人类道德的基本所在（精神－实践，德性－德行）。

（1）上篇：从"道德"与"道德能力"、"道德能力"本质、"道德能力"的构成三个方面阐述什么是道德能力的真实内容规定。

本篇提出并证成道德能力这一概念，阐明其本质性内容是什么。从道德与道德能力的关系切入，在对道德的反思中，提出道德能力。面对康德形式伦理学中关于"自由如何可能"所遗留的问题，对道德能力的基础进行一种形而上的追问，澄清道德能力这一概念的丰富内涵及其本质——自由意志能力的要旨。同时，对道德能力做广义与狭义的划分。广义道德能力是"成人""做人"能力这一本体论意义上的理解。狭义道德能力则是"如何履行义务""如何做"的具体行动能力这一实践论意义上的理解。

（2）中篇：从道德活动中的必然与偶然、道德活动中的"恰当"两个方面阐述，道德能力如何通过自身的活动"恰当"地获得现实的、感性的存在。

本篇聚焦于狭义道德能力，从道德活动中的必然与偶然切入，通过具

---

① 〔德〕康德：《实践理性批判》，邓晓芒译，杨祖陶校，人民出版社，2003，第16页。
② 参见李秋零主编《康德著作全集》（第6卷），中国人民大学出版社，2007，第407页。

体分析主体道德活动中的场景、运气等,对道德的实践性品格进行新的揭示。在承认康德意义上普遍义务法则的前提下,反思自由意志主体如何践行道德法则,如何以"恰当"的行为方式,达到"应做"与"能做"的现实统一,进一步反思在日常道德生活以及不可避免的道德悲剧中,行为主体能够以"恰当"的道德实践方式走向道德崇高的可能。

(3)下篇:从道德能力培育的正义论和美德论两个方面阐述,道德能力的形成何以可能;离开公序良俗、正义的政治制度、善的教育理念,其是否可能;同时,道德能力如何能内化为"品格"并外化为"智慧"。

本篇回到道德的"整体性",从善的社会习俗、正义的政治制度、善的教育理念分析道德能力养成的社会环境,对共同体与个体、公民与个体之间的张力进行揭示;进一步反思道德能力与作为"功能"意义的能力的差别,凸显道德能力对人的内在价值。在人作为整体的人的基础上,从"个体-行为"的向度进一步讨论教育中的人的道德感、品格以及习惯的养成。

最后,本书尝试对道德能力、自由与公民平等之间的关系做一种理论的连接,从罗尔斯的相关思想展开论述。本部分内容主要是尝试做一种探索并对伦理学的研究方法做出某种反思。

我们对道德能力的理解最终落脚于政治哲学的视野以及伦理学的研究方法。换言之,道德能力的养成与实现的过程是人的自由精神和人的自由的实现的过程,而政治自由(公民的平等的自由权利)是一个重要环节。在政治生活中,道德能力是建构一个正义社会的基础性条件之一。也正是在此基础上,我们分析了森、纳斯鲍姆的"能力"进路,以及作为分析方法的能力问题。

(二)理论基础:实践理性、道德经验与个体之维

1. 实践理性

本书对道德能力的理解是基于人的实践理性能力,或者说自由意志能力。此种对实践理性的理解主要源于亚里士多德、康德以及黑格尔,并有所发展。

亚里士多德关于道德的思想是一种实践哲学的立场。按照伽达默尔对

亚里士多德实践理性思想的解读，"实践的真正基础构成人的中心地位和本质特征，亦即人并非受本能驱使，而是有理性地过自己的生活。从人的本质中得出的基本美德就是引导他'实践'的合理性"①。这种实践合理性是人通过练习和养成于习惯而获得的，这种合理性的德性的恰当实现要求人具有实践智慧。合乎理性地行为，做一个有理性的人不是一个简单地克服自身主观臆断、自然欲求的问题，而是一个在人身有限的既定性中，通过自己的行为去积极实现的问题。这样，亚里士多德不但做了理论理性与实践理性的划分，而且在道德德性中讨论道德能力问题。相较于理论理性，实践理性总是需要"因地制宜"，它是粗略的、不精确的，需要人们的实践智慧。

康德不但主张区分实践理性与理论理性，而且强调实践理性的优先地位。与理论理性强调"是什么"相比，实践理性强调"应该做什么"。康德对实践理性能力的理解有两个突出的特点。第一，实践理性能力是人的自由意志能力。具体而言，实践理性能力包含普遍立法能力、产生道德动机的能力以及执行道德法则的能力。康德在人的自律与人的道德自由何以可能的意义上突出人的实践理性能力。第二，实践理性能力是道德法则的发源地和人的自主性的基础，但它的作用的发挥离不开判断力这一中介。

对康德而言，人是有限的理性存在者。道德能力是善良意志，是自己规定自己的意志，也就是实践理性。实践理性不但是道德规范要求的根据，而且产生人们的道德动机。实践合理性的标准来自具有理性立法能力的行动者，并最终以道德法则（绝对命令）的形式呈现。而实践理性对道德行为的统摄更是占有一个根本性的位置，理性不是工具性的而是本体性的。人的实践理性能力是一种可普遍立法的能力，它与人的自由紧密相关。在实践领域，康德突出强调理性的自我立法能力。在自我立法的意义上，人是自由的、自主的。但这不意味着康德要建立人类道德实践行动的单一模式。

在道德的问题上，同康德关注意志的本性和原则不同，黑格尔在实践理性的意义上关注意志（道德律）的内容及其实现。他在康德奠定的道德得以可能的形式基础之上，在自由意志的行为中分析道德实现得以可能的

---

① 〔德〕伽达默尔：《真理与方法》（诠释学Ⅱ），洪汉鼎译，商务印书馆，2007，第392页。

实质内容。黑格尔将实践理性推进到社会实践领域，在具体的伦理关系中理解实践理性。实践理性不仅是行为者主观精神的显现，也是其生活的伦理实体内容的显现。只是最终，黑格尔复归于一种"绝对精神"。马克思则站在现实的人的立场告诉我们，人是实践活动的主体，是历史的、具体的而不是抽象的人。社会性是人的根本规定性，我们要在人类社会的实践中反思道德问题。

实践理性以不同的形式出现在目的论、道义论、后果论等伦理思想流派的研究中，这就使实践理性的内涵不断地丰富，实践理性的实践样式（道德能力的实践）问题也在其中得到不断深入的探讨。对于个体而言，德性的获得是实践理性的实践能力问题。在一个理性多元化的时代，我们对实践理性的理解也在不断发展。基于个体实践的维度论证道德能力，故，我们的研究以康德义务论为前提，在具体的实践中反思普遍义务要求如何具体化的问题。这里关于实践理性的思想对人而言具有本体论的意义，它能指导主体的道德行为、确立道德理想，而且能同情感相协调。作为实践理性能力的道德能力，有认知、情感、判断、选择、行动等多方面内容。

2. 道德经验

道德经验虽然不是本书的核心概念，但是是我们立论的出发点之一。此种对道德经验的承认与认同基于以下几个方面的考虑。

第一，我们以康德式普遍道德义务法则为前提，但并不否认道德经验的持存、延续以及经验对于道德能力的作用。在这个意义上，普遍道德法则的内容规定也是人类道德生活经验的结果。有鉴于此，我们进入日常伦理生活，通过意志主体的实践行为，认识、揭示善的具体时空境遇中的内容，呈现道德能力的感性存在样态。由抽象的道德精神到现实的道德实践，阐明道德实践能力对于道德主体的意义；道德不是纯粹抽象的、形式的，而是具有现实性的、能够被实现的。

第二，在康德普遍义务法则的前提下，本书接受道德价值的先验规定性。随之带来的问题是正确的道德认识不一定产生好的道德行为，而先验法则的普遍规定性在实践中也遭遇挑战。在这个意义上，"经验特殊内容在其存在显现中分享同一先验论域的普遍原理而发生关联……但它们并不承诺直接造就道德实践"①。普遍法则对道德行为的意义在于证明人的道德自由是可能的,而道德的具体实践问题充满了偶然性和复杂性。康德先验哲学方法此处的启示在于,他将我们的关注转向关于经验现象条件的批判,在道德领域即人的道德自由如何可能的问题。自由意志主体一方面要能够在具体的道德时空、对象甚至冲突中实现必然的价值精神、道德自由;在具体的生存处境、感性经验生活中面对运气等偶然性因素,正视人作为人的自身道德能力的有限性与缺憾性,在不确定性中积极行动。另一方面在行动中理解与把握"应做"、"能做"与"如何做"的关系,能够对道德义务有所坚守并能对现实的义务要求做出某种反思。

第三,本书对道德经验的使用一定意义上接受一种观念,即亚里士多德和康德的思想比我们想象的更接近。换言之,我们不主张经验和理性之间的截然二分。在《美德伦理学》中赫斯特豪斯提出,在广义的行为源泉上,康德与亚里士多德都接受有两种行为原则:"一种是我们与其他动物共享的原则,而我们的另一种则是理性原则。""理想的康德主义行为者会出于责任而不是出于偏好行动……有美德的亚里士多德主义者同样也不会出于偏好行动,而是通过'选择',出于理性行动。"②康德与亚里士多德对经验的理解和运用不同。康德关注的道德经验领域的问题是人的德性能力和意志怎么能够被实施和培养。同时,提出了实践事务中的修行法。换言之,在康德的思想中,道德的力量体现为行为主体克服自然偏好、冲动等遵循道德法则。在亚里士多德思想中,道德的力量体现为人作为人自身应具有的德性以及在实践中成为一个卓越的人。尽管如此,我们仍然可以认为一个亚里士多德意义上完全有美德的人和一个康德意义上完全遵循道德律令的人都能更好地处理理性、经验、情感之间的关系。

道德理论需要解释主观道德精神如何能够具体、鲜活地存在,主观精神境界如何经个体的实践而具体化的问题。或者说,道德理论必须研究道德实践活动、个体的实践行为问题。这不是一个简单地从关注"好生活"

---

① 参见崔平《道德经验批判》,江苏人民出版社,2015,第13~15页。
② 〔新西兰〕赫斯特豪斯:《美德伦理学》,李义天译,译林出版社,2016,第114页。在具体论证中,赫斯特豪斯引证了福特、科斯嘉、劳登等人对其观点主张的支持。

的德性伦理转向关注"行动"的规范伦理的问题，而是一个我们究竟怎样理解道德以及"成人"的问题。

3. 个体之维

道德作为人的存在方式要进入个体的生命过程。与一般相对，个体首先呈现的是一种个别形态。但是，这个个别形态既要具有一般的内容，又要具有自身的统一性。道德主体的个体性，或者说个体的自我意识与自由意志是道德居住的场所。道德能力也恰是通过个体的行动、行为得以获得、实现。取个体之维理解道德能力问题主要是在道德活动过程中，通过自由意志对道德关系中普遍与特殊、一般与个别、偶然与必然、自然与自由的辨识与把握，研究道德如何成为现实的存在、成为人自由存在的智慧。从而揭示，道德也只有通过特殊化的过程才可能成为现实的存在。个体之维既不是指我们用共性、共同体消解个性、个体，也不是用个性、个体取代共性、共同体。

作为个体的概念可以指人也可以指物，此处的个体指具有自我意识与自由意志的道德主体（个人）。对个体的理解，一方面指共同体或者说共相的"类"所规定的个体，它使得个体成为个体；另一方面指特定时空中具体的个体，具有具体的"在"的形态。沟通这种"类"的规定与"在"的差异的纽带就是作为实践主体的我的自我意识、自由意志。"作为主体的'我'，首先是个实践主体，人正是在实践中同周围环境进行物质交换，因而'我'是个实在主体，每个实体性的'我'具有本体论意义的同一性，'我'有其自身绵延的同一性。'我'又不仅仅是个实在个体，而且具有自我意识。"[①] 也就是说个体要特殊化、具体化、现实化，并在其中实现自身的统一而不失个体的特殊性。道德也是一个需要特殊化、个体化而成就和造就的过程，道德能力就显现在这一过程中。于个体而言，道德能力既体现人作为人的一般要求，也体现人作为人的个性差异。

我们以善的价值精神为前提，即存在普遍的道德义务，且这种道德义务是善的、无须再进一步证明的。就个体维度而言，道德能力首先涉猎的是道德价值的普遍性与特殊性的关系问题。这种普遍性与特殊性的关系可

---

① 《冯契文集·人的自由和真善美》（卷3），华东师范大学出版社，1996，第187页。

以从认识与情感两个层面理解。就认识层面而言，道德价值的普遍性与特殊性的关系是个体（特殊）——我对道德价值（普遍）的认识问题，也就是，明辨是非善恶的能力问题。同时，这种认识能力在具体的道德情境中又以个体对特定时空的伦理关系（特殊）与价值精神（普遍）的认识为内容。就情感层面而言，道德价值的普遍性与特殊性的关系是个体（特殊）能否将道德价值（普遍）内化为自身的道德感、良心。同时，个体的道德感、良心（特殊）能否在道德情境中真实（不伪善）地发挥作用，实现道德价值（普遍）的要求。

  道德的发生是有条件、有机缘、有要求的，其间充斥着偶然性。对于个体而言，在道德特殊化的过程中，这种偶然性主要来自两个方面："一方面，自由意志与外部世界的联系是复杂又偶然的，具有向一切方向开放的可能。另一方面，与自由意志活动相联系的其他方面可能直接、间接对自由意志的行为及其结果产生影响，这对自由意志行为而言具有偶然性。"[1] 可以说，道德的获得与实现中包含着个体不可控制的外部条件，其中有自然世界的复杂性、人性的复杂性、个体自由意志的有限性等诸多原因。如是，要实现道德价值就要求个体具有一定的道德实践能力，将偶然的外在条件转化为道德行为内在环节的内容，将自然纳入自由、将偶然纳入必然，对运气、机遇加以把握，对风险进行理性预期。

---

[1] 参见高兆明《黑格尔〈法哲学原理〉导读》，商务印书馆，2010，第240页。

上篇　何谓道德能力

本书对"道德能力"这一概念的理解是基于对"道德"本身的反思；道德是有着具体内容规定的、可以通过实践实现的人的精神。在道德的现实性意义上，道德能力与道德相当。道德能力既有着丰富的内容规定，又有着现实的感性存在方式。

　　本篇从"道德能力"与"道德"的关系直接切入，以知识谱系考察的形式，从亚里士多德、康德、黑格尔、罗尔斯等人对"道德"的理解中证成"道德能力"；在此基础上，批判将道德纯粹地作为知识、信念的观点，并在道德及其现实性上，将道德理解为道德能力，理解为人之成人应有的实践智慧。我们直接面对康德形式伦理学关于"自由如何可能"遗留的问题（以道德能力为视角），对道德能力的基础进行形而上的追问，回答道德能力的先天性与后天性以及意志对道德能力的奠基；澄明自由意志能力作为道德能力本质的意蕴，提出对道德能力的广义与狭义之分。接下来，从道德能力的外延，即知、情、意三个层面，阐明道德能力的一般构成。

第一章 "道德"与"道德能力"

道德能力这一概念被应用于道德心理学、情感主义伦理学、理性主义伦理学、政治哲学等领域,对其内涵的理解也存在诸多的分歧。分歧的焦点在于道德如何成为人的生活方式,使人获得自由生活的能力。这种自由生活的能力在于人能够在变幻莫测的道德生活中,在偶然与必然、主观与客观、普遍与特殊的对抗过程中,找寻到人之生命的意义与价值。这种找寻在伦理学的开端就已出现端倪。所以,我们首先探寻先哲留下的关于"道德"思想的踪迹;通过一种知识谱系学(希腊思想传统意义)的考察,试图在理解道德的基础上,在实践理性意义上证成道德能力。道德能力是自由意志实践过程中将主观精神与客观实践相统一、实现道德价值的能力。

第一节 道德何以证成自身

我们从应然与实然、理想与现实统一的角度理解并追问"道德是什么"的问题,这是对道德的本质做一探寻。在道德活动中,道德的本质(本身)通过主体的行为而"敞开""呈现"。同时,道德与人的其他属性、社会规范相区别的特性之一在于它是人的一种自律性的精神品质,如同康德所言:"德性意味着意志的一种道德力量。"[①] 这种力量来自人的内在立法能力。那么,从个体维度来看,道德究竟是品质还是能力?如果它是一种品质,那么这种品质当作何理解?如果它是一种能力,那么这种能力与社会学甚至心理学所讲的能力又有何区别?

[①] 李秋零主编《康德著作全集》(第6卷),中国人民大学出版社,2007,第417页。

一 道德：品质抑或能力

本书对道德的理解不是基于词源的考证和起源的分析，而是基于对道德本质内涵的一种共识。中国传统伦理思想中，"道"与"德"分开使用，且均多义。"道"有本体论意义，如老子所言："有物混成，先天地生。寂兮寥兮，独立不改，周行而不殆，可以为天下母。吾不知其名，强字之曰道。"（《老子》二十五章）"道"有人生意义、为人处世的根本原则和方法之义，如孔子所言："志于道，据于德，依于仁，游于艺。"（《论语·述而篇》）而"德"通"得"，也有多种含义。在伦理学的意义上，德指心性修养，是人遵循道德准则而达到的境界。如朱熹所言："德者，得其道于心而不失之谓也。"（《四书章句集注·论语集注》）由此可见，道德既有本体论客观必然之要求，又有实践论主观精神实现之要求。循道而德，获得人应有的优良品质。

与之相应，西方伦理思想中亦有丰富的关于道德的思想。在《尼各马可伦理学》中，亚里士多德较为完善地阐述了道德（德性）的问题。德性是内在于人的一种要求，是内在于生命的"好"。道德就是人在实践活动中表现出的德性，它是一个实现和获得的过程。从灵魂的感情、能力和品质三种状态出发，亚里士多德给出："人的德性就是既使得一个人好又使得他出色地完成他的活动的品质。"① 德性与情感和实践相关，它通过实践活动而获得。德性不是一种理论知识，它是人通过实践活动而获得的品质。近代以来，尤其是康德的伦理思想，突出强调了人作为道德存在者的内在立法能力意义上的德性。在实践中，这种内在立法能力是人执行道德法则的力量。而德性也就是一种道德能力，是人出于对道德法则的敬重而无条件执行道德法则的能力。

从中西伦理思想对道德的理解可以看出，道德是人的精神品质。但这种精神品质是有内容、有规定，并要求实现出来的品质。道德问题不仅仅是一个"知"的问题，更是一个"行"的问题。知与行统一于道德活动，但知与行在道德活动中也可能分离。道德品质成于主体的行为之中，道德

---

① 〔古希腊〕亚里士多德：《尼各马可伦理学》，廖申白译，商务印书馆，2003，第45页。

对于主体而言是实现精神品质的能力。这种能力贯穿于道德行为的始终，其在道德意义上的内涵不同于一般心理学与社会学所理解的能力。

在心理学上，一般认为："那些作为胜利完成某一种或某几种活动的条件的心理特征，就叫作能力。"① 它表现于对知识、技能等的掌握、理解与运用。社会学上，一般认为："能力通常指完成一项社会活动的本领。属于直接影响活动效率，使活动的任务顺利完成的心理特征。根据活动的领域，能力有一般能力和特殊能力之分。"② 可见，能力是在个体的生理素质基础上发展起来的。生理素质是能力发展的可能前提，而具体社会的培养与教育才使能力得以形成，并在心理的意义上成为一种稳定的特征。如若说道德是一种能力，那么它离不开人的潜能，但它又不等于潜能，因为潜能可以只存在而并不运用、并不发挥作用。它也不是一种知识或技艺上的能力，知识和技艺可能为善也可能为恶。"幸福是一种实现活动，要按照德性生活，就必须基于实现活动。"③ 可见，在个体自律与美德的意义上，道德是一个生成的过程，德性因德行而获得现实性的存在。道德上的能力是人在道德上的造诣、是道德实现能力，其向善生成。

对道德的理解不仅有个体美德维度，还有社会规范维度。古希腊的先哲已然意识到"道德的意志自我规定和社会关系规定性统一的本质特征"④。这种思想一直到黑格尔提出道德与伦理的区分才臻于成熟。他批判康德为义务而义务的形式主义思想，认为康德的道德律没有内容。真正的道德应该是内在精神与外在伦理规范的统一。道德所承载的"善"在伦理关系（伦理实体）中成为真实的、现实的、活的善。道德是通过伦理（伦理生活中的伦理实体以及伦理实体间的关系）而超越自身的主观之域，获得客观的、现实的内容，从而实现自身。道德作为一种社会规范对主体提出应然性要求，它需要进入道德主体的内心，即将"你应该"转化为

---

① 〔苏〕捷普洛夫：《心理学》，赵璧如译，人民教育出版社，1957，第210页。
② 程继隆主编《社会学大辞典》，中国人事出版社，1995，第418页。
③ 参见《亚里士多德全集》（第八卷），苗力田主编，中国人民大学出版社，1992，第251页。
④ 宋希仁：《"道德"概念的历史回顾——读黑格尔〈法哲学原理〉随想》，《玉溪师范学院学报》2004年第4期，第2页。

"我应该"并进而在行为中转化为"我能够"以及"我如何能够"。这一过程包含了一个恰当地做的问题,也正是通过做(行动),道德规范才可能内化为道德主体的德性,这是一个道德由外而内的植入过程。

无论是在美德维度还是在规范维度,我们对道德的理解应该突出它的实践品性。道德内在地包含实践性,现实地要求人具有一定的道德能力。人作为人应该拥有道德,人应该能够超越人的动物性,成为文明的、有道德的、人的存在。但何种意义上超越动物性,成为文明的、道德的存在涉及人的具体的道德实践能力或者说,恰当地做与行动的能力。值得注意的是"做"本身包含层次性与规定性,动物也有"做"的能力,人类的实践领域也有具体的技艺等操作性的"做",那么,道德上"做"的能力当作何理解?道德的"做"的特殊规定性在于,"以人的理性精神、以人的价值精神、以人的态度等,简而言之,以合乎人性的方式去做"[①]。道德既是人之为人的内在规定,又形成于人的具体的道德实践。正是在具体的"道德实践""做""行动"的意义上,道德相当于道德能力,相当于人的实践理性能力(自由意志能力)。

无论是人之为人的条件,还是人之成人的实践,都提出了道德是人的一种道德能力。对于人而言,道德能力具有本体论意义。没有道德能力的担保,道德就只能是一种纯粹形式的、抽象的主观精神。只有通过实践、通过行为,人才有可能收获真正的德性(品质)、自由。对于人而言,意志是道德的基地,是精神向行为过渡的关键点;也正是因为意志,人才有可能成为实在的行为主体。道德的实践、德性的获得就是自由意志的实践过程。对于每一个人而言,他的德性(品质)通过自身现实的意志行为获得,有着其自身独特而鲜活的生命体验,甚至带着意志的哀伤、牺牲、妥协,等等。

二 自由意志何以能够实现

道德本质的核心要义是实践精神,这种精神要从纯粹抽象中走出而成为现实的。一方面,实践精神本身的内容有其内在规定,它不是纯粹抽象

[①] 参见高兆明《伦理学理论与方法》(修订版),人民出版社,2013,第23页。

的。另一方面，实践精神要有一个感性的、现实的呈现和存在，其与感性现实不可分割。道德需要外显于世界，见之于行为，在具体的道德实践中生长、完善。道德的实践问题就是自由意志的实践问题，涉及在精神中我们如何理解意志，以及自由意志何以能够实现的问题。

一般认为精神包括思维和意志，思维与意志在精神中是一体的，区别仅在于，思维趋于理论，而意志趋于实践。或者说，思维是精神的沉思状态，而意志是精神的实践状态。席勒在分析精神时就指出，"意志作为现实性的原因对精神之中的感性冲动和理性冲动起支配作用"[①]。意志打破了精神的宁静走入实践生活，有意志、有冲动、有行动，也就有了是非善恶的评价与道德责任的担当问题。对于道德主体而言，道德自我的确立就是自由意志的实现。当我们从道德主体自身出发去思考自由意志的实现问题时，就随之带来两个问题：第一，自由意志本身预设了什么前提；第二，在这一前提下，自由意志何以能够实现自身。

在思考道德问题时，古希腊先哲们会借用灵魂、逻各斯来讨论道德行为，但并未确切地提出意志这一概念。从中世纪开始，意志与道德的关系就缠绕在一起。奥古斯丁、席勒、康德、黑格尔、叔本华、尼采直至海德格尔等，关于意志问题的讨论未曾中断。意志不仅仅是处理感官所感知的事物的能力，更是创造不可见事物的能力，是自由地开始一系列行为的能力。自由意志蕴含着人的选择性、创造性的可能，自由意志也预设了道德能力的存在。此时的道德能力是一种潜能、一种形式意义上的道德，还没有具体实质性的内容。换而言之，意志本身就是一个能力概念。道德能力作为自由意志得以可能的预设前提是，自由意志出于人的自然性，它与人的自然本性并不相悖。同时，自由意志又不等同于自然性，它能够通过道德活动将人的自然性潜在的能力发展为道德性的能力。这种潜能是一种可能、一种主观性的形式化存在，它在道德实现中成为其所是。

道德能力不但预设了自由意志实现的可能性，而且关乎自由意志实现的现实性。自由意志实现是道德能力在具体道德境遇中的自我实现。也就是说，人应该自由地发挥自己的主体性和主观意愿去实践道德，如同奥古

[①] 参见〔德〕席勒《审美教育书简》，张玉能译，译林出版社，2009，第59页。

斯丁的观点,"意志必然是为执行能力而存在的"①。自由意志的实现,或者说德性的证成与获得是一个实践问题,是人在具体的道德境遇中应该如何行动、能够如何行动的问题。

关于道德实践中"应该如何行动"的问题,康德通过纯粹形式的道德哲学提供了一种解释方式。康德认为,"人类精神、行为现象也有其普遍必然性的规律,即自由意志的规律……纯粹道德哲学就是要找出反映道德的普遍必然性的先验综合判断。这种先验综合判断所表达的是命令式要求,也就是道德的'应当'"②。人能够给自己立法、将人自身视为目的,而自由意志(善良意志)的实现也就是人能够遵照善良意志、普遍道德法则的要求去无条件地行动。道德要求的"应当"蕴含了人的"能够",但实践中,"应做"的未必是"能做"的,"能做"的也未必是"应做"的。或者说,形式的、无条件的道德法则的实践总是具体的、有条件的。人作为一个道德存在者是通过日常生活中的道德行为逐渐确立起来的,其不但要有善良意志、可普遍立法的道德能力,更要有实现善良意志、将普遍道德法则具体化获得现实存在的能力。

当意志进入具体实践领域,由抽象变为具体、由意念变为行动就需要道德主体具有一定的道德实践能力。道德要求的"应做"与主体自身的"能做"以及"如何做"之间的协调与统一通过主体自由意志的实践得以实现,这就是道德能力的显现过程。自由意志的实现是主体在现实的伦理关系中,通过对义务的履行、权利的诉求而成为鲜活的、有具体内容的存在。意志在精神之中有做的倾向与冲动,道德能力则恰是对这种冲动与倾向的实现。

善良意志的实现,需要行为主体具有一定的道德能力。道德上自由的实现要在实践中完成,如同叔本华所言:"自由只寓于存在之中,但是从存在和动机中必然会产生行为,从我们的所作所为中,我们认识我们是什么人。"③ 正是基于对道德生活与道德本质内涵的反思,我们提出在道德哲学的研究中注重道德能力问题研究。

---

① 转引自〔美〕阿伦特《精神生活·意志》,姜志辉译,江苏教育出版社,2006,第96页。
② 宋希仁主编《西方伦理思想史》,中国人民大学出版社,2003,第325~328页。
③ 〔德〕叔本华:《伦理学的两个基本问题》,任立、孟庆时译,商务印书馆,1996,第121页。

第二节 "道德能力"概念的知识谱系考察

西季威克曾指出,"对道德能力起源的探究在现代伦理学中占据了一个突出的位置。这种探究的意义在于将道德能力构想为良心、动机或者说是人内在所有的某种立法者"。① 同时,他还指出将"道德能力"引入伦理学讨论的原因在于:"一方面,我们欲望关于正当行动的知识并按照它去行动,但是我们的实践判断与我们意志之间的关系并不完善;另一方面,我们追求可以证明的行为正当性的理由以及激起行动的倾向、欲望。"② 西季威克关于道德能力的思想一方面揭示了心灵能力意义上道德的内在自律性;另一方面揭示了实践意义上道德所可能出现的知行分离。正是在实践理性的意义上,我们以英语世界道德能力的词源流变和西方规范伦理学为研究向度,以对亚里士多德、黑格尔、罗尔斯道德思想的知识谱系考察形式,揭示道德实践品性中蕴含的道德能力理念。

一 英文"道德能力"的词源流变

道德能力是与自由意志能力、实践理性能力同等意义的概念。国内学者在当代学术语境中对其英文译法使用得比较含糊,有 moral capacity、moral faculty、moral ability 以及 moral capability。诚然,我们可以将不同的译法理解为所表达的道德能力含义不同。但在西方伦理思想中,道德能力的英文一般用 moral faculty(比如西季威克、康德)或者 moral capacity(比如格林、罗尔斯)来表示。同时,当代学者中,已经出现以 moral competence 表示道德能力。在具体解释时可能会出现 ability、power 等。"ability 是人本身具有的力量、资质,它表示个体能够完成现在的任务,不需要进一步的训练。"③ capacity 具有"actuality and potentiality 的含义,是什么是现

---

① 参见〔英〕西季威克《伦理学史纲》,熊敏译,陈虎平校,江苏人民出版社,2008,第17~18页。
② 参见〔英〕西季威克《伦理学方法》,廖申白译,中国社会科学出版社,1993,第28~29页。
③ 参见〔美〕雷伯《心理学词典》,李伯黍等译,上海译文出版社,1996,第1~2页。

实的事情与什么能够成为现实的事情之间的对照"①，既包含潜在的现实性之所是，也包含现实性之所是。faculty 指人心灵的能力，比如记忆力、想象力、感知力等。按照洛克的理解，"faculties 是人心的一些知觉能力和感觉能力，而理解和意志是人心的两种官能"②。相比之下，competence 更强调人能够胜任某事的能力。the power 是狄尔泰使用的概念，指"我们对自己施加于事物或他人之上的影响以及在我们身上产生的效果的经验，它既能帮助我们行动与计划，也能挫灭我们的愿望"③。这是在一般心理学和哲学层面对能力不同表述的释义。道德能力是在伦理学理论发展过程中，随着对道德的理解而被提出的概念。

在古希腊的伦理思想中，亚里士多德并不赞同在潜能的意义上理解道德。因为潜能预设了某种预先存在，而德性是因人的道德实践而获得的品质。在此种意义上，德性不等同于能力（potentiality）。但是，道德问题是意志能力实现活动的问题。按照阿伦特的观点，亚里士多德在欲望和理性之间所加入的选择能力就是意志概念的前身。同时，"在拉丁文里，亚里士多德的选择能力叫作 liberum arbitrium（自由意志）"④。德性与能力的关系通过意志问题而紧密联系起来。在中世纪，阿奎那对德性本质的理解告诉我们："德性乃指力量之完善。而在实际的善行中产生效用的习性（德性）只限于和意欲的能力（appetitive faculty）有关，因为意欲能力能产生一切力量和习性的效用。"⑤ 根据阿奎那的思想，道德问题是对意欲能力问题的探讨。

意欲能力的探讨在康德的伦理思想中得以深入，其表现在康德道德哲学中对欲求能力（the faculty of desire）或实践理性（自由意志）问题的研究，并提出了道德能力。"权限（facultas moralis［道德能力］）指不受相反命令式（一条实践规则）限制的自由。"⑥ 康德关于道德能力的释义体

---

① Simon Blackburn, *Oxford Dictionary of Philosophy*（影印版）（上海外语教育出版社，2000），p. 54。
② 参见〔英〕洛克《人类理解论》（上册），关文运译，商务印书馆，1981，第 207 页。
③ 夏基松主编《现代西方哲学辞典》，安徽人民出版社，1987，第 415 页。
④ 〔美〕阿伦特：《精神生活·意志》，姜志辉译，江苏教育出版社，2006，第 67 页。
⑤ 参见周辅成编《西方伦理学名著选辑》（上卷），商务印书馆，1964，第 369~370 页。
⑥ 参见李秋零主编《康德著作全集》（第 6 卷），中国人民大学出版社，2007，第 230 页。

现了道德的主体性以及主体内在自我立法的强制性与义务形式法则强制性之间的一致性,是自由的自我强制。

另一位在一般的意义上使用道德能力(moral faculty)概念的伦理学家就是西季威克。在《伦理学史纲》中,西季威克基于英国现代伦理学的发展指出了巴特勒和里德等人关于道德能力的观点。巴特勒"将道德能力的对象界定为'行动'——包括行动的意向和趋向,就其是出自我们自身的力量而言,它们与纯粹被动的情感不同。里德(Reid)则认为道德能力既是理智的又是主动的,它不仅察觉到行为的'正当性'或'道德义务'(里德将之设想为是行为和行为者之间的一种简单的、不可分析的关系),而且还推动意志去完成被看作是正当的行为"①。通过西季威克对巴特勒和里德关于道德能力的观点的梳理,我们可以看出道德能力是一个综合概念。当 faculty 与 moral 发生关系并组合成 moral faculty 时,moral faculty 的含义就不只是 faculty 原有的在自然意义上人的灵魂(心灵)的能力。也正是在现代伦理学的研究中,对道德能力的表述出现了 moral capacity,其更强调道德主体自我完善的能力。

以 moral capacity 表述道德能力的伦理学家以格林和罗尔斯为代表。在《伦理学导论》中,格林提出:"不管我们假设什么样的道德能力(moral capacity),它都只有通过习惯、制度和法律而成为现实。也正是由于习惯、制度和法律个体才形成民族。"② 道德能力是一个属于实践理性范畴的概念,它要在一系列中介中转化为现实。对于个体而言,这种作为道德上完善的道德能力或者说道德理想的个人特征在于"在自我意识和自我对象化的过程中实现潜能(capability),这就是道德主体真正的善"③。格林的理论阐述了道德能力需要现实化,而道德能力现实化的过程离不开个体与社会的交互作用。

正是在正义论的维度,基于构建正义秩序的生活立场,罗尔斯提出了现代性良序社会的公民应该具有基本道德能力(moral capacity)的问题。

---

① 〔英〕西季威克:《伦理学史纲》,熊敏译,陈虎平校,江苏人民出版社,2008,第237、193页。
② T. H. Green, *Prolegomena to Ethics* (Oxford: Clarendon Press, 1890), p. 193.
③ 参见 T. H. Green, *Prolegomena to Ethics* (Oxford: Clarendon Press, 1890), p. 189。

罗尔斯没有确切地给出道德能力的定义，而是提出公民应该具备两种基本的道德能力——善观念能力和正义感能力。"道德人格就是以这两种能力为特征"①，以正义允许的方式实现自我统一的能力。

同时，当代学者 James Jakob Liszka 在其 *Moral Competence*：*An Intergrated Approach to the Study of Ethics* 一书中明确使用 moral competence 表述道德能力，并认为道德能力是一种综合能力，其着力解决四个问题："第一，什么是做正确的事情？第二，什么激起我们去做正确的事？第三，什么给了我们去做正确的事情的能力和力量？第四，我如何去做？"② 在这一意义上，人自身与道德能力具有同等含义。

道德能力的概念在其发展过程中出现了不同的表述。"事实上，moral faculty 和 moral capacity 并无实质性的区别。近代以来，随着机械主义、科学主义、自然主义假说的发展，人们更习惯于用 moral capacity 表述道德能力。"③ 但是，相对于 moral faculty、moral capacity 更能反映在肯定人的潜能的基础上，道德是人通过发展乃至教育等而获得的品质。④ Moral competence 的表达则更具有综合性，我们对道德能力的使用取 moral competence。在历史的演进中，英文"道德能力"的词源流变可以看出道德能力这一概念的复杂性，人们可能基于"先天与后天""潜能与实能""经验与理性"等不同的理论分野出发讨论道德能力。同时，这个概念的演进过程也体现了人的生活世界本身的变化，体现了人是如何理解"人作为人而存在着"这样一系列问题。基于实践理性的立场，从思想家对道德的理解中证成道德能力，进而重新思考道德即是我们的主旨所在。

---

① John Rawls, *A Theory of Justice*, Harvard University Press, 1971, p. 491.
② James Jakob Liszka, *Moral Competence*：*An Intergrated Approach to the Study of Ethics* (2th ed) (New Jersey：Prentice Hall Press, 2002), p. 15.
③ 关于此问题，笔者请教过加拿大英属哥伦比亚大学哲学系的 Paul 教授。Paul 认为 moral faculty 的用法更为古典，例如 "faculties of the soul" 表述灵魂的一种能力。Paul 认为西季威克对 moral faculty 的使用与罗尔斯对 moral capacity 的使用是传统与现代表达方式之间的差异。
④ 关于对 moral capacity 的理解，笔者得益于廖申白老师的点拨。廖老师认为：moral capacity 强调人在道德上发展可以达到的潜能，而 moral faculty 则更为古典，在一定意义上指英国经验主义强调的道德感。相比较而言，faculty 强调自然给我们的配备，侧重道德与自然的内在关系；capacity 偏向人能够由不完善到完善的一种能力。

二　亚里士多德：中道

对于"道德究竟是什么"这一伦理学研究中重要而又基础性的问题，古今先哲以不同的形式给予关注和回答。其中可以形成共识的思想之一：道德是一种实践精神。在伦理学的发源地古希腊，这一思想以亚里士多德的德性论为代表。亚里士多德在目的论分析框架下，系统地阐述了以逻各斯（理性）为中心的道德——作为实现活动的德性是一种"中道"① 的品质。中道是德性的适度、是行动的恰当，其凸显了道德所蕴含的主体性精神与实践性品格。

亚里士多德在德性的意义上理解道德，而"人的德性就是既使得一个人好又使得他出色地完成他的活动的品质"②。德性是人通过道德实践而获得的品质，是相对于活动而言的品质。德性的特点是中道，中道揭示了德性的本性是实践行为的恰当。德性使道德主体倾向于做、行动，并且合乎理性地去做和行动。可以这样说，德性不是一种被动的情感或自然本能，它是道德主体（行为者）通过行动、活动而实现并获得的一种适度的品质。

按照亚里士多德的观点，德性分为道德德性与理智德性。道德德性以追求适度为目的，适度是道德德性的特点。适度是"两种恶即过度与不及的中间；它以选取感情与实践中的那个适度为目的"③。适度是两种恶的中间，它是道德主体在实现活动中做到的感情与实践之间的适度。道德德性的适度意味着道德主体能够在适当的时空条件下，出于适当的理由，以适当的方式做事、做人。在这一意义上，先贤儒家与亚里士多德对德性的理解存在相通之处，"成仁"、"敏于行"与"化性起伪"等一些观点都在说明：德性需要通过践行而获得。"德性不仅产生、养成与毁灭于同样的

---

① "中道"在本书中与"中庸"并无实质区别，虽然在目前《尼各马可伦理学》的中译本中，mesotēti 被翻译为"中庸"或"中道"。有学者认为，"中道"更能表现出"中"的"命中""切中"之义。本书认为，强调德性的适度与行动的恰当两个方面，中道与中庸可以作为同等意义的概念使用。
② 〔古希腊〕亚里士多德：《尼各马可伦理学》，廖申白译，商务印书馆，2003，第45页。
③ 〔古希腊〕亚里士多德：《尼各马可伦理学》，廖申白译，商务印书馆，2003，第55页。

活动，而且实现于同样的活动。"① 任何德性的获得都是一种实现活动，它需要具体的实践。就如同健康的身体来自合理的饮食与积极的锻炼，德性是来自具体实现活动中的道德判断、选择与行动。

如果说道德德性的特点是适度，这种适度是一种行为的恰到好处。那么我们就需要知道如何在实践中做到适度。做（行为）的适度性就涉及合乎逻各斯的理智德性，即道德主体要合乎理智地欲求与行动。亚里士多德将理智德性分为沉思的（理论的）、实践的（明智的）、制作的（技艺的）三种类型。德性指向具体的实现活动，需要实践理智的指引。理智的最高状态就是明智（实践智慧），德性的实现要求道德主体具有一种实践智慧。因为在具体的道德行为中，德性的获得还取决于道德主体所采取的恰当方式和手段。德性是一种品质，问题的关键是人以何种态度、以何种方式获得这种品质。有实践智慧的人（明智的人）善于在具体的变化中考虑对他自身是善的和有益的事情，运用理论知识与实践知识选择善的手段以实现善目的。"德的真谛就在乎中庸。就是对于情欲适得其中，不听其侵陆理性，亦不沦于冷酷无情。"② 实践智慧的中道在于运用理性合理地节制欲望与情感，在感情与行为上做到适度。对于道德主体而言，仅有对道德的"知"是不够的，其还必须有通过"行"而努力地获得德性的能力。

亚里士多德的中道伦理思想在一般的意义上揭示了道德的实践性品格特质。德性不是在先的，而是通过实现活动获得的。德性以行为者为中心，在道德行为中获得真实的存在。道德是需要实现的品质，是生成的品质，是在实践活动中成己成物的品质。德性需要通过践行而获得，它需要道德主体具有一种随境而异的道德能力。尽管亚里士多德没有明确地提出道德能力这一概念，但是他的思想已极其深刻地洞见到：道德的实践性品格中蕴含着道德能力的本质。

三 黑格尔：能行动的意志

沿着亚里士多德的经验思辨方式和康德的主体性道德哲学，黑格尔对

---

① 〔古希腊〕亚里士多德：《尼各马可伦理学》，廖申白译，商务印书馆，2003，第39页。
② 〔英〕斯塔斯：《批评的希腊哲学史》，庆泽彭译，商务印书馆，1931，第258页。

道德的理解直接指向人的意志。道德是"能行动的意志"①，它不仅是人的内在心性修养，更是人的、具有目的性的现实道德行为。道德（德性）实现活动的中道具体化为道德主体的义务践行，并在其中获得自身真理性的内容，实现道德的主客观统一。

近代以来，尤其是康德的道德哲学将道德的基础转向人的意志。他复活了亚里士多德的伦理思想，揭示了道德的实践性品格。康德在实践理性意义上理解道德，他探讨的是道德在现实中具有普遍必然性的基础是什么。他认为："道德就是行为对意志自律性的关系，也就是，通过准则对可能的普遍立法的关系。"② 道德是一种可普遍立法的能力，它以道德律的形式成为意志的义务法则。道德的"应然"在义务法则那里获得形式的规定，但是应然的义务法则如何实然化，康德没有给予充分的关注。"相对于康德，黑格尔注意到了存在的统一以及'应当'如何化为现实的问题。"③ 从意志出发理解道德，与康德将意志理性化不同，黑格尔用理性去理解意志实现过程中所可能遭遇的问题——将普遍的义务法则现实化，使自由意志成为现实的存在。

黑格尔对意志的理解以精神为发端，精神分为意志和思维两部分。与思维寻求普遍性与抽象性不同，意志始终在摆脱抽象的主观精神而成为具体的客观存在，它始终有一种做、行动与行为的倾向。同时，思维与意志不可分割，思维本身就包含在意志的实践之中，意志是要将自己转化为现实存在的特殊思维方式；二者的区别是理论态度与实践态度的区别。意志是自由的，"自由只有作为意志，作为主体，才是现实的"④。道德问题是自由意志问题，它以独立的具有意志能力的个体为前提。真实的意志是自在自为的意志，是道德主体在实践中扬弃意志的主观性而获得客观性存在的意志。

道德是"能行动的意志"。"它是有转变为现实冲动、并能够通过主体行为成为现实定在的意志，这个能行动的意志具有创造性。"⑤ 也就是

---

① 〔德〕黑格尔：《法哲学原理》，范扬、张企泰译，商务印书馆，1982，第119页。
② 〔德〕康德：《道德形而上学原理》，苗力田译，上海人民出版社，2005，第60页。
③ 杨国荣：《成己与成物——意义世界的生成》，人民出版社，2010，第23页。
④ 〔德〕黑格尔：《法哲学原理》，范扬、张企泰译，商务印书馆，1982，第12页。
⑤ 高兆明：《黑格尔〈法哲学原理〉导读》，商务印书馆，2010，第239页。

说，道德不是纯粹的主观精神，它有着做、实践、行动的特质。而且，道德的创造性表明道德行为是道德主体的目的性行为，其实现具有多样性的可能。自由意志的实现是自由意志现实化、客观化的过程。在这一过程中，道德主体实现自然世界与自由世界的统一；将主观精神见之于客观定在，将普遍的义务法则特殊化。

在规范的意义上，道德不是纯粹的抽象义务法则，而是有具体规定的、有具体实践要求的义务。义务的具体规定来自道德主体，"道德是主观意志的法"①。这里的主观意志是具有自由意志的个人。也就是说，具有自由意志、独立人格的个体作为道德的前提，其本身就是对道德的规定。同时，义务的具体规定还来自道德主体对具体伦理关系中义务主旨的把握与理解。而道德行为或义务的实践就是主体通过其行为，合理地处理自然与自由、偶然与必然、自我与他人的关系，实现道德的普遍性与特殊性、主观性与客观性的统一。

首先，道德主体要正视自然必然性，将自然律纳入自由律。自由意志的行动要合规律性，其实现是自然世界与自由世界的统一。自由意志在行动过程中遭遇外部世界，外部世界充满了偶然性、不确定性。意志的行动追求自由的必然性，但是"有限的东西的必然性所包含的矛盾的发展，在定在中恰恰是必然性转变为偶然性，偶然性转变为必然性"。② 也就是说，意志的结果最终以一种偶然、多样的方式呈现在现实世界中。道德主体要处理好自然与自由的关系、偶然与必然的关系；合理地认识和利用自然规律，将自然必然性与偶然附加于我的意志的东西转化为我的意志自由实现的一个环节并成为我的意志的内容。道德问题不是一个纯粹善良动机、主观精神问题，它要求道德主体具有一定的道德实践能力，具有一定的知识、技艺与审慎而合理的判断能力、选择能力。

其次，道德主体要实现意志的主客观统一，使意志获得真实的内容。意志的行动要合目的性。意志的目的性的实现、意志的主客观统一均见诸道德行为。或者说，"更高的道德观点在于在行为中求得满足，而不停留

---

① 〔德〕黑格尔：《法哲学原理》，范扬、张企泰译，商务印书馆，1982，第111页。
② 〔德〕黑格尔：《法哲学原理》，范扬、张企泰译，商务印书馆，1982，第120页。

于人的自我意识和行为的客观性之间的鸿沟上"①。人通过具体的道德实践弥合主观与客观、普遍与特殊之间的矛盾。一方面，在道德行为中，意志扬弃纯粹的任性、主观性获得普遍必然性的规定，这种必然性包含我的意志与他人意志的统一。另一方面，意志要走出纯粹的主观精神成为具体的定在；在具体的道德行为中，我获得自身的福利（幸福）。我的意志通过我的行为获得真实的存在，其在"特殊意志"的领域实现了类的普遍性。"仅仅在意识领域之内思考善是不够的。它还必须通过从主观欲望到外在存在的转变而被实现出来，于是善就不仅仅在我们的心灵中而且首先在我们的生活中得以形成。"② 道德的主观性、应然性有其客观性、普遍性为内容规定，道德主体通过实践活动实现其统一，将善转化为现实的存在。

上述分析可见，黑格尔的伦理思想中的道德不是形式的道德，是有客观内容的道德。"对于黑格尔，道德、自由不是像康德那样是一个形而上的假设，而是一种精神的要求。道德只有在一定类型的社会中才能够实现，通过使道德自由成为一种现实的制度和态度表现其特质。"③ 在人的主体性生活中，黑格尔以极其思辨的方式揭示了道德是"能行动的意志"。道德不是纯粹无我的义务法则和抽象的主观精神，而是道德主体将义务法则特殊化并付诸实践的能力。

四 罗尔斯：公民道德能力

罗尔斯秉持义务论的价值，"在把社会的基本结构作为正义的第一主题时，他遵循了黑格尔的教导：个人（person）在一个已经建立起来的社会政治制度框架内部具有深厚的社会根源"。④ 他从原初状态出发，在具体的个人与社会的关系中，探讨道德问题。罗尔斯将个体道德问题置于社会结构的基本框架，通过具体的义务实践，分析公民能力进而提出公民的

---

① 〔德〕黑格尔：《法哲学原理》，范扬、张企泰译，商务印书馆，1982，第124页。
② 〔美〕罗克摩尔：《黑格尔：之前和之后》，柯小刚译，北京大学出版社，2005，第194页。
③ 伍德：《黑格尔对道德的批判》，李金鑫译，邓安庆校，《世界哲学研究》2013年第3期，第79页。
④ 参见 John Rawls, *Lectures on the History of Moral Philosophy* (Cambridge: Harvard University Press, 2000), p.330。

两种基本道德能力,构建正义的生活秩序。

在正义论维度,罗尔斯对道德的理解基于现代社会公民权利与义务的平等关系。在一个公正而稳定的社会,理性而又多元成为一个必然的事实。这一社会能够长治久安,就需要平等而自由的公民具备基本的能力为社会提供宽容的基础。这种能力以理性介入个体的美德,在具体的权利义务关系中固定。对于正义社会的公民而言,道德是一种在自我与他人的平等的自由权利实现过程中显现的力量。这种美德的力量以公民的两种基本道德能力——正义感和善观念的能力——为核心。

正义社会的公民要有产生正义感的倾向,在道德行为的动机中,使正义感战胜非正义的倾向。正义感是一种情感能力,它需要内化到道德主体内部并形成相应的道德态度。《政治自由主义》中,罗尔斯明确地提出:"正义感即是理解、运用和践行代表社会公平合作项目之特征的公共正义观念的能力。"[①] 社会合作是社会结构正义的基本主题,而正义感能力就在于个体能够有效地按照正义原则行动,既尊重正义原则又能合乎理性地做出选择。正义感能力揭示了道德行为中包含的"我""他"的意志并不矛盾,它以对彼此的平等权利义务的承认为前提。

善观念能力是在个体从属于整体的规范意义上使用的概念。"善观念的能力乃是形成、修正和合理追求一种人的合理利益或善观念的能力。"[②] 善观念能力是人在合理性地追求自我价值的过程中,将善观念应用于生活计划。这种善观念能力大体包含两方面内容:第一,作为手段的善的能力,指个体在既有的社会环境中,充分发展和运用自己的善观念能力,使之成为达到个体善的手段;第二,作为决定性善观念的本质部分,指个体根据自身的理智能力与道德能力的实践,达到对自身生活方式的合理性认肯。善观念能力揭示了道德行为中包含我的利益与权利,道德的实现是我的利益与权利以合理的形式在生活世界呈现。在罗尔斯的正义论体系内,道德是以道德能力为核心的实践理性精神。它不是一蹴而就的,而是形成于公民日常生活的道德行为。在一个组织良好的社会里,公民能够达到道

---

① 〔美〕罗尔斯:《政治自由主义》,万俊人译,译林出版社,2000,第19页。
② 〔美〕罗尔斯:《政治自由主义》,万俊人译,译林出版社,2000,第20页。

德上的自我完善，在正义允许的条件下自由地生活。

先哲们以自己的思想方式揭示道德的实践性品格。道德是具有现实性的优美灵魂，是德性与德行的统一。道德能力是对道德的主体性、实践品格的揭示。道德使人趋向于自由存在，而人的自由存在既需要道德主体具有执着不已的自由精神，又需要道德主体在日常生活中将这种自由精神转化为具体的行动、做、实践。如果离开现实的做、行动、实践，那么道德只能是一个美丽的虚无。道德是一种实践智慧，是具有定在性的实践精神。在具体的道德情境中，它是道德主体在应做与能做以及如何做之中的抉择与行动的能力。

总之，道德既不是纯粹抽象的精神，也不是主体抽象的品质，而是主体通过实践活动成为一个人并获得自己自由生活的一种能力。这意味着道德与道德能力意义相当，道德能力是一个具有理论意义与实践价值的概念。道德能力是自由意志在道德行为中实现自身的能力。正是这个能力的活动过程显现了道德的崇高与卑微、完美与遗憾、艰辛与幸福。道德是鲜活的、流动的生命律动。道德能力是指人能够以一种精神去把握世界，知善、行善并实现善。

第三节 既有"道德"理解的批判

对道德的理解是对生活与历史的理解或者说是对人自身的理解。无论是亚里士多德、黑格尔还是罗尔斯，他们的道德理论给我们的警示是：在现实的、属于人的当下生活中去思考活生生的道德。上述关于"道德能力"概念的知识谱系考察已阐明"道德能力"概念提出的理论依据，进而从"道德"概念的思考中反思，我们应在何种意义上展开对"道德能力"问题的研究？

西方伦理思想史上关于"道德"概念的思考，我们可以从三个维度归纳，即道德作为知识，道德作为信念以及道德作为实践智慧。道德作为一种实践精神离不开人的道德知识、内心世界的信念，而且从知识、信念维度均可以展开道德的实践向度的研究。但是，相对于知识、信念，实践智慧意义上的道德更为直接地揭示了道德内在地具有实践性的要求。

一　作为知识的道德

任何关于道德的形而上的思考都涉及道德是"什么"这一核心问题，而对"什么"的回答却带有鲜明的时代特质。在崇尚逻各斯精神的古希腊，道德被作为知识来理解要追溯到苏格拉底和柏拉图。问题的关键是，如何理解知识，道德与知识在何种意义上可以等同，将道德理解为知识是否必然导致道德上的认知主义。

通常国内学界认为，苏格拉底提出"美德即知识"[①]。在苏格拉底和色诺芬等人的对话中的确讨论了美德和知识的关系问题，尤其在"美德是否可教"的问题上，苏格拉底并不赞同将美德完全当作一个知识问题处理。在《美诺篇》中苏格拉底提出了要"判定美德是知识还是别的什么不同的东西"。而后，在"美德是好的东西"的前提下，苏格拉底提出："如果有什么好东西并不来自于知识，或与知识无关，那么美德就不一定是某种形式的知识了。但另一方面，知识若是包含一切好东西，那么我们可以怀疑美德是不是知识。"[②] 在整个讨论的过程中，苏格拉底并未直接得出"美德即知识"的命题。但是，在苏格拉底关于美德的思想中，隐含着美德与知识的相当，这种含义的相当是在人的道德能力意义上提出的。

如果说对道德本质的探讨有两种路径："是什么"和"是如何"，那么苏格拉底侧重从第二种路径，即人如何成为一个有美德的人来反思道德

[①] 虽然国内学界普遍认为，苏格拉底提出了"美德即知识"的思想，但是近些年来已有学者经过文本解读，证明苏格拉底并未直接提出"美德即知识"。具有代表性的两篇文章是：陈真发表于2006年第4期《伦理学研究》的《苏格拉底真的认为"美德即知识"吗？》；赵猛发表于2007年第6期《世界哲学》的《"美德即知识"：苏格拉底还是柏拉图？》。陈文的论证主要依托英文文献，赵文的论证则依托了希腊文、英文对照本，并对"知识"一词的希腊文进行了解释。二者均认为柏拉图早期的对话录更为准确地呈现了苏格拉底关于"美德"的思想，尤其是《普罗泰戈拉篇》和《美诺篇》。我们赞同上述两位学者的观点，同时认为：在关于美德本质的理解中，苏格拉底的思想中隐含着美德即知识，但此"知识"不是"知识论"意义上的"知识"，而是蕴含了"智慧"的知识。

[②] 《柏拉图全集》（第1卷），王晓朝译，人民出版社，2002，第519页。

本质。这种反思是对人的道德能力的反思，其在认知或知识的意义上隐含着"自知"或者说"认识你自己"这个基础前提。如同苏格拉底所言，"那些认识自己的人，知道什么事对于自己合适，并且能够分辨，自己能做什么，不能做什么，而且由于做自己懂得的事就得到了自己所需要的东西，从而繁荣昌盛"①。一个人只有正确认识自己、认识事物，才有可能实现善。正是在活得好、活得高尚具有一致的意义上，或者说在以善为目的意义上，苏格拉底说"人决不会自愿作恶"②。

同时，苏格拉底对知识的理解，不是"知识论"上的知识。按照赵猛对苏格拉底所使用的两个表示"知识"的希腊词的解释："苏格拉底至少在人对善恶认识的知识（基督教后来使用的'灵知'一词）与技艺相通的专业技术知识（亚里士多德后来使用的科学知识）双重含义上使用。"③关于善恶的知识、关于事物的认识、关于自身的认识以及一定的专业知识都对道德行为产生影响，可以说，苏格拉底是"从决定实践才识的原则出发……从而导致这样的基本原理——德行基于对善的认识"④。苏格拉底对知识的理解既以善目的为基础，又突出知识的实践属性；基于"人对善的认识"，理解"人如何才是道德的"。人也正是通过反省自身、认识善恶而真正获得或拥有对美德的认识，进而成为一个有美德的人。

苏格拉底强调人要不断地认识、反省自己，并试图追问美德的本质，但是，他并未给出"美德"的定义。苏格拉底认为，"对于美德也一样，不论它们有多少种，而且如何不同，它们都有一种使它们成为美德的共同本性；而要回答什么是美德这一问题的人，最好着眼于这种共同本性"⑤。"这种共同本性"究竟是什么，苏格拉底并没有给出具体答案。柏拉图继承了苏格拉底对"道德本质"的追问，并从形而上学知识论的意义上理解道德。

---

① 〔古希腊〕色诺芬：《回忆苏格拉底》，吴永泉译，商务印书馆，1984，第151页。
② 《柏拉图全集》（第1卷），王晓朝译，人民出版社，2002，第42页。
③ 参见赵猛《"美德即知识"：苏格拉底还是柏拉图？》，《世界哲学》2007年第6期，第17~18页。
④ 〔德〕文德尔班：《哲学史教程》（上卷），罗达仁译，商务印书馆，1993，第110页。
⑤ 北京大学哲学系编译《古希腊罗马哲学》，商务印书馆，1961，第153页。

在灵魂追求善、以善为行动目的的问题上，柏拉图与苏格拉底持相同观点。但灵魂所追求的善究竟是什么，柏拉图提出了"善理念"，并认为："善的理念是最大的知识问题，关于正义等等的知识只有从它演绎出来的才是有用和有益的。"① 理念是思想的对象，属于理智世界。在现象界，柏拉图用了形象的比喻说明：太阳（善在现象界的儿子）、眼睛（灵魂）、光（真理和知识）。"给予知识的对象以真理给予知识的主体以认识能力的东西，就是善的理念。它乃是知识和认识中的真理的原因……太阳不仅使看见的对象能被看见，并且还使它们产生、成长和得到营养……知识的对象不仅从善得到它们的可知性，而且从善得到它们自己的存在和实在。"② 可以看出，道德在柏拉图的思想中是知识，各种美德的最高阶段就融合为形式的"善理念"。

柏拉图对"道德本质"问题的思考，揭示了美德、知识与善之间的关系，"善不但是伦理范畴，在柏拉图看来它还在本体论和认识论中成为最高的范畴。他发展了苏格拉底的'善'的学说，使它系统化了"③。一方面，善是知识与真理的原因，但知识和真理不是善本身；另一方面，知识的对象从善获得自身的实在性，但善本身高于实在。由于善理念属于思想的对象，而不属于现象界。柏拉图的善理念作为最高的、最终的理念，只能通过纯粹理性知识获得对善的认识。正如波普尔的批判，"柏拉图善的理念实际上空洞无物。在道德的意义上，也即我们该如何做上，他没有就善是什么给我们以启示……我们所听到的一切是善处于形式或理念王国里的最高层次，是一种超理念"。④ 尽管柏拉图在《斐莱布篇》对善的思想进行了修正和发展，提出"善"的五个等级的划分，但是，柏拉图的理性主义原则并没改变。理想城邦里将知识、美德融于一身的"哲学王"就是最好的说明。

对于每一个道德主体而言，在道德领域，要知道"是什么"、"应该做什么"以及"如何做"。道德不能永远滞留于主观精神，而是要通过实

---

① 〔古希腊〕柏拉图：《理想国》，郭斌和、张竹明译，商务印书馆，1986，第260页。
② 〔古希腊〕柏拉图：《理想国》，郭斌和、张竹明译，商务印书馆，1986，第267页。
③ 汪子嵩等：《希腊哲学史》（第二卷），人民出版社，1993，第785页。
④ 〔英〕波普尔：《开放社会及其敌人》（第一卷），陆衡等译，中国社会科学出版社，1999，第268页（注释2）。

践、做而呈现、发展。无论我们在技能知识、对象知识还是命题知识上进行理解，道德都不是纯粹认知的科学。道德离不开知识，但这不意味着道德就是知识。

将道德作为知识进行理解的合理性体现在以下三个方面。其一，在将知识理解为智慧的意义上，道德与知识相当。在这个意义上道德知识不但具有理论向度，而且具有实践向度。其二，在知识揭示"道德"内容的真理性、客观性方面，道德与知识相当。道德具有某种客观的、可普遍化的内容与规定。正是这种客观的内容使道德具有可公度性和可教性。但是，道德内容的客观性问题不是一个简单的道德具有实在性、定在性问题，而是道德内容的普遍性、必然性问题。客观性，按照黑格尔的理解有以下三种意义："外在事物的意义"，"康德所确认的普遍性与必然性的意义"，"思想所把握的事物自身"。① 可见，"客观性"一词可以在实在的、对象的、真理的意义上使用。而美德之知的道德所揭示的则是道德普遍必然性意义上的客观，同时这种客观性离不开主体的主观性。可以说，作为知识的道德不但是客观必然性之"理"，而且是能被自由意志所把握的客观必然性。其三，在社会价值精神、规范意义上的道德，其作为知识能够让人形成基本的关于是非善恶的共识。而按照雅法的理解，"只要削弱了道德共识，也就削弱了真正的理论、真正的哲学和真正的宗教的可能性"②。对道德的认识和把握离不开"知识"的规定，知识内蕴着道德，道德也包含着知识的内容。道德知识是我们正确认识道德的前提之一，但是仅具有知识不能逻辑地、必然地引向善的行为。

将道德作为知识理解的不合理性在于：将德理解为知识，有可能"根据'知识'来'规范''实践'，因此这种'实践'，仍在'知识'的范围之内，或为'知识'之延伸或检验"③。这容易导致，一方面，道德只停留于人的理性（智性）思维中，将美德置于知识名下。如同亚里士多德对苏格拉底的批判，"苏格拉底因此认为德性就是逻各斯（他常说所有德性都

---

① 〔德〕黑格尔：《小逻辑》，贺麟译，商务印书馆，1980，第120页。
② 转引自刘小枫、陈少明主编《美德可教吗》，华夏出版社，2005，第41页。
③ 叶秀山：《永恒的活火——古希腊哲学新论》，广东人民出版社，2007，第319页。

是知识的形式)。而我们则认为，德性与逻各斯一起发挥作用"①。对美德的定义不能仅强调理性的自我约束以及道德的普遍要求，它必须与人的欲望、情感相结合。也就是说，"要使识见到的善和真成为美德，还需要人、心、心情与它合而为一，——这个环节我们可以称之为存在，也可以一般地称之为现实化的环节"②。另一方面，将道德理解为知识还有可能使道德自身发生知—行分离，因为即使有关于道德的（善）的知识，也不一定愿意或者有能力行善。同时，现实生活中，知识的增长、技术的进步与道德的发展并不是同步的。即使将柏拉图意义上的理念、共相、善作为本质性的东西进行理解，它也是能够自身实现的普遍性，它要在"行为"中获得现实性的内容。

  成就美德的确需要知识，如果价值中不包含确定的真理性的知识，如果自由意志不能分辨是非善恶、没有健全的理智判断，那么就不会有真正意义上的道德生活，不会有可公度的道德规范。但是，道德对于人而言是能够实现的"善"，作为知识的道德要接受主体自身行为的实践、检验才有可能完整。作为知识的道德只有经过人的主观性、主体性行为才有可能转化为美德。这一转化过程充满了知识与道德之间的张力，也充分体现了人的道德能力。而且，知识向道德的转化首先涉及主体内在道德信念——对善价值本身笃信不移，这既是一种情感态度，也是人对自身道德能力的反省。

二　作为信念的道德

  将道德理解为信念③，有双重含义：其一，宗教信仰的角度，将道德

---

① 〔古希腊〕亚里士多德：《尼各马可伦理学》，廖申白译，商务印书馆，2003，第189~190页。同时，在《大伦理学》中亚里士多德在开篇就对苏格拉底关于德性的理解进行了批判，指出了理性意义上的道德摒弃了灵魂的非理性（或者说非逻辑、感性的）部分的欲望和习惯［参见1182a15~25《大伦理学》以及《哲学史讲演录（第二卷）》第68页］。
② 〔德〕黑格尔：《哲学史讲演录》（第二卷），贺麟、王太庆译，商务印书馆，1960，第69页。
③ 按照陈嘉明《信念与知识》一文的观点，比较普遍的看法是将信念（相信）视为以表象为特征的心灵状态。从其与知识的关系看，宗教信仰意义上的信念不属于科学认识的范畴，无真假可言；科学认识的意义上看，错误的信念不是知识。同时，知识是信念的一种形式［《厦门大学学报》（哲学社会科学版）2002年第6期］。本书是对将"道德理解为信念"问题的讨论，而不是对"信念"做"知识论"上的探讨。但是，在道德上，相信意义上的信念也同样存在正确与错误之分，而这种正确与错误恰是通过行为而显现的。

理解为信仰。其二，关于道德的内在自我确信方式（其可以有对错，有自然主义、情感主义、理性主义甚至直觉主义之别）。道德作为信念是人的主观精神状态，以人的自觉性和自主性为前提，明确表达主体的意愿和决心，对道德行为、道德生活有指导的功用。

作为宗教信仰意义上的道德，是人对人生价值、道德境界的一种认同方式。以基督教伦理思想为例证，对神的信仰就是人的最高的美德。"信仰高于理性，也高于知识，只有信仰才给人以真理，使人道德完善。"[①] 人的美德与智慧就在于上帝的恩赐，在于信仰上帝。按照奥古斯丁的理解，"至高之善在真理中把握，真理就是智慧。人的自由在于服从真理，而使人从罪恶中获得自由的就是上帝"[②]。道德成为人的信仰形式，并以"信""望""爱"三主德指引人。如霍克海默所说，"至少在西方，任何与道德有关的事物最终都源自神学……若抽离了对圣经的上帝的信仰，过往一千五百年中培养的道德责任感，几乎是不可思议的"[③]。但是，宗教信仰能否为人提供可以"共有"的道德基础，宗教信仰的权威能否对人形成自律性的约束，宗教信仰能否自足地确证人的道德等都是有待澄清的问题。或者说，对上帝、对信仰的思考必须从人出发，从人的道德实践出发。在现代西方伦理思想史上，试图完成一个宗教世俗化的转向，以求从人的实践出发确立道德信念的思想家以康德为代表。

康德通过批判人的理性能力，将"知识"限定在现象界，而把"不可知"的本体界留给"信仰"或者说"道德"。"神学信仰是由'希望'引路的，但合理的信仰不是'无边的'希望，而是与自身的'实践能力'，与'实践'所'积'的'德'相应的……既然这个'希望'是合理的、可信的，那么，我们要先验地设想，实现这个'至善的理想'（德与福完全一致）需要什么条件？康德说，这个条件就是必须信仰：灵魂不

---

① 章海山：《西方伦理思想史》，辽宁人民出版社，1984，第173页。
② 参见〔古罗马〕奥古斯丁《恩典与自由》，奥古斯丁著作翻译小组译，江西人民出版社，2008，第76页。
③ 关启文：《现代道德的巴别塔——世俗主义能为道德提供基础吗？》，转引自罗秉祥、万俊人编《宗教与道德之关系》，清华大学出版社，2003，第37页。

朽和上帝存在。"① 与基督教神学对道德的理解不同，康德的伦理神学从意志实践者的道德行为反思，人意愿成为一个有道德的人、成为一个自由存在者需要具备的道德能力，以及这种能力获得实存的根据。由此可见，德性是人的道德能力，其与自由意志、实践理性的意义相当。而意志的自我立法或者说实践理性的实存根据需要假设灵魂不朽和上帝存在，这种假设是道德信念在人的主观精神中的确立。在这个意义上，康德的思想揭示：道德价值的实现需要人的自律性的道德能力，并对道德本身有着充分主观确信的道德信念，而并非将道德理解为信念。如同康德所言："如果视其为真只是在主观上充分，同时却被看作在客观上是不充分的，那么它就叫作信念。"②

在相信意义上，将道德理解为信念，是主体对道德的主观确证方式。这个意义上的道德既要通过认知规范，又要通过实践应用得以确证。从行为动机看，信念表达着人的态度、意愿；从行为结果看，信念可以是人的道德实践行为的产物。尤其是对于经验主义者，理性不可能脱离信念、经验而独自发挥作用。休谟认为："信念是我们想象对象的方式，是和现前一个印象关联着的或联接着的一个生动的观念。而且，它能够被心灵感知，并对行动起支配作用。"③ 这种对道德行动起支配作用的信念是一种基于同情而生的道德感，是心灵带有自然性的感知能力。"休谟明确地认为，通过道德感，我们可以对专门的道德事实具有非推理的直接知识。如果通过道德感我们具备了某些道德信念或道德态度，那么，我们是以获得自然信念的那种方式具有它们的。"④ 对于休谟而言，道德信念，内在地不是由理性，而是由情感作为担保。这种情感源于人的自然本性的感觉，而不是推理。

如果将休谟意义上的道德情感理解为信念，那么这种信念是建立在经验之上，以一种自然主义的方式获得。在实践的意义上，这种自然的信念

---

① 邓安庆：《伦理神学与现代道德信念的确证》，《文史哲》2007 年第 6 期，第 150 页。
② 〔德〕康德：《纯粹理性批判》，邓晓芒译，杨祖陶校，人民出版社，2004，第 623 页。
③ 参见〔英〕休谟《人性论》（上册），关文运译，郑之骧校，商务印书馆，1980，第 112～117 页。
④ 徐向东：《道德哲学与实践理性》，商务印书馆，2006，第 313 页。

是道德行为不可或缺的，人类的道德生活需要这种共有的信念。"我们应该接受的信念就是自然自己为我们划出界限的信念。作为'自然的'信念，在其根本的形式上，我们别无选择只能接受它们；它们把自己施加于我们的心灵。"① 道德内在地要求实践，而且这种实践离不开某种自然性质的道德信念。但是意志对情感的信念要如何检验、人如何对信念做出反思与发展等问题的解决不仅要诉诸情感与理性的关系，诉诸道德行为的实践，而且现实地取决于行为主体的道德实践能力。道德作为一种信念不是纯粹抽象的主观精神和善良意志，而是具有着实践冲动、能够行动的善良意志。从个体维度，信念的形成、确证以及最终确立是人的道德能力的一种反映，信念本身已蕴含了人的道德潜能。

道德作为主体内在的信念是道德充裕而不竭的源泉，而自由意志精神的自由和自律是道德信念存在的基础。道德的规范性与他律性需要内化为主体内心诚挚的信念，才有可能对意志的行为产生约束和影响。道德信念是自由意志的精神支撑，推动着意志主体不断地实现自己的道德理想。信念存在层次结构性，如克拉克在阐释里德（Thomas Reid）的基础主义思想时揭示的"信念有源于常识、自明的、感觉明显的基础信念，也有要经过推理而产生的信念"。② 感性的直觉、情感的体验、理性的推理、善良的意志都是道德信念的内容，道德信念的价值在于自由意志如何获得它，并由外在的行为显露出来。

信念需要通过自由意志的实践，将他律转化为自律，将义务转化为良心，并在现实生活世界的限制中去努力实现。可以说，道德实现包含着道德活动可能的一切要素。有道德之知不等于有道德之行，有执着不已的道德信念不等于有实现道德信念的能力。具体的道德实践不只是一种知识、信念，更是一种智慧。就如同中国儒家思想中的经权统一的思想。"盖经者只是存得个大法，正当地道理而已。盖精微曲折处，固非经之所能尽也。所谓权者，于精微曲折处尽其宜，以济经之所不

---

① Kemp Smith, *The Philosophy of David Hume*, p. 338. 转引自徐向东《道德哲学与实践理性》，商务印书馆，2006，第327页。
② 参见〔美〕克拉克《重返理性》，唐安译，戴永富、邢滔滔校，北京大学出版社，2004，第120页。

及耳。"① 所谓权变，就是道德主体不要拘泥于教条，而要具有顺势、顺时而变的实践智慧；而经与权最终的统一则在于通过自由意志的行为而达到道德与道德情境的相容，实现道德价值。

三 作为实践智慧的道德

从古希腊始，讨论美德或者说德性问题涉及"智慧"的德性。苏格拉底在与美诺的对话中，曾指出："如果美德是心灵的一种属性，并且人们都认为它是有益的，那么它一定是智慧，因为一切心灵的性质凭其自身既不是有益的也不是有害的，但若有智慧或愚蠢出现，它们就成为有益的或有害的了。如果我们接受这个论证，那么美德作为某种有益的事物，一定是某种智慧。"② 尽管苏格拉底是在假设"美德是心灵属性"的条件下，得出"美德是某种智慧"的结论，但是他已经表达了对美德、对善的追求需要人具有智慧的观点。亚里士多德则明确提出："智慧是德性总体的一部分，具有它或运用它就使得一个人幸福。"③ 可见，道德进入实践领域，就不仅是规范意义上的"你应该"或德性意义上的"我应该"，而是在"我知道我应该做什么"的基础上明晰"我该如何做"，进而在具体的道德情境中去选择"我能够如何做"。道德无论是作为知识、品质还是信念，都有其合理性，但知识、品质、信念的内容需经实践而获得发展、完善。道德内在地并现实地要求人要有一种实践智慧——行善的能力。

那么，究竟如何定义实践智慧？按照亚里士多德的理解，"实践智慧（明智）与具体事务、实践相关，尤其需要具体的知识，它与道德德性一同完善着活动……德性使人的目的正确，而明智使人采取现实目的的手段正确"④。西季威克则在此基础上提出，实践智慧"最明显的意义在于从一般生命行为中识别出达到人的动机自然会引导我们追求的目的的最好

---

① 《朱子语类二》卷三十七。
② 《柏拉图全集》（第1卷），王晓朝译，人民出版社，2002，第521页。
③ 〔古希腊〕亚里士多德：《尼各马可伦理学》，廖申白译，商务印书馆，2003，第187页。
④ 参见〔古希腊〕亚里士多德《尼各马可伦理学》，廖申白译，商务印书馆，2003，第176～187页。

手段"①。具体的道德情境是变动不居的，道德的实践也是丰富多样的。在亚里士多德的思想中，具有实践智慧的人才有可能获得美德，在行为中做到适度而恰当的"中道"。这个意义上，道德可以理解为实践智慧，它与具体的知识、技艺、灵魂中智慧的能力休戚相关，其需要通过行为而获得。即使"德性（美德）在配享幸福的意义上是至上的善"②，它也需要在实践中转化为具体的德行，从而实现德性的价值并使行为者获得自身的幸福。

　　道德问题不只是"知"的问题，更是智慧地"行"的问题。将道德作为实践智慧这一思想发扬光大的是德国思辨哲学家黑格尔。黑格尔以抽象的方式从意志的发展过程、存在形态、规定内容等多重视角给出了道德的定义。从个体道德角度，黑格尔提出道德是意志的自我规定，是"自为地存在的自由"③。同时，黑格尔指出了道德要在现实的社会生活、伦理关系中成为现实的、有着实际内容的道德。道德不是形式的、纯粹的主观精神而是一个实质的、有着现实内容的道德。而在 19～20 世纪兴起的实用主义则继续探讨道德作为实践智慧的价值与意义。实用主义强调生活、行动、经验、效果，而认识的任务是为行动提供信念；道德也就是道德生活、道德行为、道德境遇。如同杜威所言："任何自命为知识对象的对象是否有价值，这要看我们运用智慧去达到这个对象的情况如何。"④ 道德是心灵或者说自由意志参与道德实践的过程，主体在与其他事物、其他人的交互作用中获得道德的存在形式。

　　在道德必须见诸实践行为的意义上，我们说道德是实践智慧。它需要在具体的行为过程中，通过规范的制约、情境的分析、理性的决断、情感的认同、坚强的意志、道德的选择等最终获得一种现实的善。道德困境、道德悲剧、道德崇高、道德理想也都是通过道德行为呈现。由此可见，

---

① 〔英〕西季威克：《伦理学方法》，廖申白译，中国社会科学出版社，1993，第 250 页。
② 参见 Kant, *Critique of Practical Reason*, trans. Werner S. Pluhar（Hackett Publishing Company, Inc. Press, 2002），p. 116。
③ 〔德〕黑格尔：《法哲学原理》，范扬、张企泰译，商务印书馆，1982，第 111 页。
④ 〔美〕杜威：《确定性的寻求——关于知行关系的研究》，傅统先译，上海人民出版社，2005，第 154 页。

道德知识、道德信念与道德实践是一个整体。一方面，自由意志拥有的知识与信念对整个道德行为过程都产生作用，而且道德信念体现道德的内在价值。另一方面，知识与信念又成于德行、接受道德实践的检验，在实践中获得的信念与知识才是真实的、有效的。无论是作为知识的道德，还是作为信念的道德，最终都要通过自由意志的实践才能实现。关于道德，重要的不是知识或认知问题，而是由自由意志主体如何实践的问题。

亚里士多德的伦理思想中虽然蕴含了道德是实践智慧，但并未深入探讨如何运用实践智慧的问题。亚里士多德给出的只是相当于道德实践的指导原则——中道（适度），这种中道不是自然科学意义上的知识，人只有依据理性来运用实践智慧才有可能做到"中道"。黑格尔虽然批判了康德的形式主义伦理思想，且提出了在伦理关系、道德实践中理解道德，但是他所提出的"行法之所是，并关怀福利"① 只是关于实践智慧内容的最抽象表达，具体的道德境遇中自由意志如何行动并未具体论证。道德实践中，道德主体必须基于自己对道德规范、人生价值的把握以及道德行为中涉及的他人的态度、利益等审慎地在实践中做出选择。"人们的生活种类包含不同的个人关系，可能需要培养不同的美德。人们的个性、才能等均不同，故，最佳的生活策略也是不同的。"② 当道德义务彼此间以及道德义务与其他义务发生冲突时，行为者必须在善与善之间做出抉择和行动，无论这个抉择和行动的过程有多艰难。

德性是需要通过实践获得的。如果"中道"是具有实践智慧的人的行为目的，那么这种"中道"的依据何在？Darwall 认为，"理性是某种暗含于实践智慧的人的知觉之中的某种普遍的规则，按照这个规则，他才能判断什么是高尚，什么是中道，即使他本人也许并没有意识到"。③ 按照此种理解，"实践智慧运用潜藏于理性中的规则和寻找恰当的理由来决定行为的中道，它可以说是一种有别于一般命题知识的技能，也可以说是一种

---

① 〔德〕黑格尔：《法哲学原理》，范扬、张企泰译，商务印书馆，1982，第136页。
② 参见〔美〕雷切尔斯《道德的理由》，杨宗元译，中国人民大学出版社，2009，第203页。
③ Darwall, *Philosophical Ethics*, 1998, p.213. 转引自陈真《当代西方规范伦理学》，南京师范大学出版社，2006，第254页。

伦理学的知识和智慧"①。麦金太尔从德性描述善，认为"亚里士多德的德性论预设着一个重要区别，即任何特定个人在任何特殊时候认为对他是善的东西与作为人而言对他是真正善的东西的区别。正是为了获得后一种善，我们践行德性，并靠选择达到这个目的的手段而能这样做。……这种选择需要判断，因而德性实践需要一种对时间、地点、方式是否恰当的判断能力，以及在恰当时间、地点和方式下做正当的事的能力"②。在这一意义上，道德不是对各种道德规范、规则的机械应用，它是人的判断、选择、做的道德能力，这也是实践智慧的主旨。

道德的实现是一个过程，道德涵摄道德主体的认知、判断、选择、行动的能力以及社会道德规范意义上的道德权利与义务等范畴。单纯地以情感见道德、以理性见道德、以规范见道德都是不全面的，道德是体现在行为中的规范、习惯、能力。"德性乃指一个力量之完善（perfection）而言。任何事物底完善，主要地视其目的而定，而力量底目的是行动（action），所以说一个力量是完善的，乃是因为它被决定去作它的行动。"③ 可见，道德是自由意志主体在行为中，将主观品性见诸客观行为、将自然作为自由实现的环节，正视主体意志以外的偶然性因素，寻求确定性的善的能力。

通过对既有道德理解的批判，我们发现：一方面，我们有必要转换理解道德的视角，在个体实践行为中理解道德，但不拘泥于仅仅将道德理解为"我应该做什么"；另一方面，在肯定人具有内在精神信念的基础上，探讨道德何以能够实现。从而提出，道德对于人而言，更是一种"道德能力"，在实践哲学、道德实践的立场重新理解道德。我们在具体道德实践、行为、做之中探析道德何以实现，以何种方式实现以及自由意志在这一过程中会有怎样的遭遇。在伦理学领域中，基于任何一种单一的或完备性的道德理论阐释道德能力问题都有它的优势与劣势。但是，这并不意味着我们无法在各种理论之间对话。相反，我们有必要澄清我们讨论的问题与理论背景，这样才有可能进一步展开理论对话。

---

① 陈真：《当代西方规范伦理学》，南京师范大学出版社，2006，第 255 页。
② 〔美〕麦金太尔：《德性之后》，龚群等译，中国社会科学出版社，1995，第 189 页。
③ 周辅成编《西方伦理学名著选辑》（上卷），商务印书馆，1964，第 369 页。

第二章 "道德能力"本质

道德以具有独立人格特征的个体、个性为前提。它需要人通过行动、实践、不断地完善自身而获得。第一章的内容已经从"道德能力"概念的提出、"道德能力"概念的知识谱系考察与对既有道德理解的批判中证明：我们应该注重从实践哲学的立场理解道德，提出道德能力这一概念及对其的考察维度。本章的内容需要在此基础上解释如下问题：第一，"道德能力"这一概念直接面对的理论问题是什么；第二，如何理解道德能力的基础；第三，道德能力的本质规定是什么；第四，如何对道德能力进行划分。

第一节 面对康德问题：自由如何可能

道德能力标识人作为自由意志存在者的道德实践能力，其既有内在的实质规定，又有外在的形式内容。本节的任务在于：直接面对康德道德哲学问题，在"自由意志的至上与道德实践的可能"的关系中分析康德关于"道德能力"的思想。同时，以"道德能力"为视角，从"必然与自由""普遍法则与实际义务""理性立法能力与道德实践能力"三个方面，揭示康德所遗留的问题与解决路径，进一步明晰"道德能力"这一概念提出所要解决的理论问题。

根据奥古斯丁、康德、黑格尔等人的观点，道德问题（善、恶问题）说到底源于人的自由意志能力。这样，道德能力的核心问题是：人的自由意志如何实现，也即道德在实践中如何实现。诚然，亚里士多德、奥古斯丁、司各特、康德、黑格尔、叔本华、柏格森等思想家均对自由意志能力问题有丰富的理解。但是，把自由意志问题当作道德哲学的最基本问题之一，并进行系统研究的当属康德。那么，在康德的道德哲学中，自由意志能力作为道德能力的本质性规定是否完成？如果没有，康德给我们留下了什么问题，我们通过道德能力的研究，能否回应这些理论问题？我们又能在何种层面解释甚至推进康德的道德哲学？

一 为什么是康德

就哲学应有的"启蒙与批判"之义来看，康德的哲学思想是一座巅峰。如同文德尔班所言："康德，就其观点之新，观点之博大而言，给后世哲学规定的不仅有哲学问题，而且有解决这些问题的途径。他是在各方面起决定作用和控制作用的精神人物。"① 康德在道德哲学上的功绩亦如此。诚然，我们可以从多个维度对康德的道德哲学思想进行批判、修正、赞同等，但不可否认，康德道德哲学思想涉及道德的核心问题——道德得以可能的基础，力图恢复人的价值和尊严。在道德哲学领域，对"自由与必然"关系的认识、对自由意志（实践理性）的强调、对道德义务的敬重是康德道德哲学思想的功绩。正如后来的恩格斯所言："如果不谈所谓自由意志、人的责任能力、必然和自由的关系等问题，就不能很好地议论道德和法的问题。"②

在道德领域，康德探讨了自由与必然的关系。关于自由与必然，康德从自然必然性与自由，自由必然性的可能进行阐述。按照康德的理解，自然必然性与自由是二分的，且能够相容。对于一个理性存在者，"第一，他是感觉世界的成员，服从自然规律，是他律的；第二，他是理智世界的成员，只服从理性规律，而不受自然和经验的影响"③。这就要求，人能够采取双重立场，"既能够意识到自己是通过感觉被作用的对象，又能够意识到自己是理智，属于知性世界。而且，只有作为理智，主体才是真正的自己，作为人，只是自己的现象"④。自由世界与自然世界所遵循的规

---

① 〔德〕文德尔班：《哲学史教程》（下），罗达仁译，商务印书馆，1993，第728页。
② 《马克思恩格斯选集》第3卷，人民出版社，1995，第454页。
③ 〔德〕康德：《道德形而上学原理》，苗力田译，上海人民出版社，2005，第76~77页。
④ 参见〔德〕康德《道德形而上学原理》，苗力田译，上海人民出版社，2005，第82~83页。

律不同，在此基础上，康德对自由必然性提出自己的观点。但值得注意的是，康德是在"行动的基础"意义上给出"自由观念"，而不是在"如何实践"意义上对"自由必然性"做出解释。一方面，康德对自由的理解进入理性领域；另一方面，同自然必然性是无理性的东西的因果性相应，意志是有理性东西的因果性，而自由就是这种理性意志的属性。

康德认为，伦理学或者说道德学说是关于自由律的学问。自由律的可能在于意志的自律，其彰显的是道德的纯粹性、责任的严肃性。自律的实在性就在于，自由意志主体能够自我立法、自我主宰、自我约束，体现实践理性。而"在康德以前，从来没有人如康德一般地彰举过人类：从来没有人曾经赋予人类到如此一程度的形而上的独立性与自立性（self-dependence）"[①]。在自我规定、自我决定的意义上，自由意志能力即人的道德能力，其先验地蕴含着德性的力量和人的价值精神，并以理性为规定。如康德自己所言，"纯粹理性是实践的，亦即能够独立地、不依赖于一切经验性的东西而规定意志"[②]。最终，康德将道德奠基于人的理性道德法则之上，视其为先天义务，避免对义务本身的质疑，在"行动基础"的意义上保证道德的普遍有效性。

人的责任或者说义务，是遵循理性道德法则的实践必然性，其以对先天义务法则的敬重为前提。所以，"人，每一个在道德上有价值的人，都要有所承担，没有任何承担、不负任何责任的东西，不是人而是物件……人们正是通过责任观念，才找到道德规律"[③]。虽然在《道德形而上学原理》与《道德形而上学》中，康德对责任的分类以及广义的责任进行了探讨，但是在康德的意义上，责任以先天的道德律为基础，对一切有理性的人都有效。责任是绝对的、普遍的、无条件的，其对于人而言是绝对命令，它所关注的不是行为的具体目的与效果，而是行为主体的善良意志与行为的普遍法则。抛弃生活质料与感性动机，康德留下的只是形式的义务法则、普遍有效的实践规律以及纯粹理性对意志的规定。

[①] 〔德〕克朗纳：《论康德与黑格尔》，关子尹编译，同济大学出版社，2004，第75页。
[②] 〔德〕康德：《实践理性批判》，邓晓芒译，杨祖陶校，人民出版社，2003，第55页。
[③] 〔德〕康德：《道德形而上学原理》，苗力田译，上海人民出版社，2005，译者代序第7~8页。

在道德哲学的意义上，康德已经以自己的方式提出了道德能力，或者说自由意志能力问题。他看到了道德能力的核心问题是自由意志主体如何在"必然与自由"的关系中实现道德义务要求。与传统的对道德、幸福的思考方式不同，康德从"行动基础"的意义上反思人配称为人、配享幸福的道德能力（自由意志能力）；采取先验与经验、自然与自由二分的方式重新思考道德、意志、责任等问题，丰富了伦理学的内容。虽然"康德的贡献在于他试图以至为严谨的方式来规定道德的内在要求（纯粹性、先验性）……但像他这样，排除掉道德的一切感情因素之后，也就无力再将道德融入实践当中（以使道德可在实践中展现其必然性）"。① 道德要使人获得真实的自由，就需要从先验回到经验、回到历史、回到伦理生活，正视偶然、运气、自然必然性等因素，后来的黑格尔、马克思甚至当代的罗尔斯、威廉斯等思想家就以自己对道德问题的思考方式对康德道德思想有所批判、继承、发展。

人作为一个有道德的人，其仅有康德意义上可普遍的、自我立法的道德能力还不够，他还要能够在实践中履行道德义务要求、将外在的义务要求融入自身的生命体验，使道德获得真实可感的内容。在进入感性的道德实践前，我们还需要分析康德关于自由意志与道德实践的思想，对其做出回应，这样才可能更系统地理解道德能力及其本质规定。

二 自由意志与道德实践

康德以自己的方式揭示了道德的实践品性，即道德实践得以可能的基础在于意志的普遍自律，这种自律而又自主的意志是人的可普遍立法的道德能力。意志是自由的，如康德所言，"意志是有生命东西的一种因果性，如若这些东西是有理性的，那么，自由就是这种因果性所固有的性质"②。正是从意志自由这一前提出发，康德才把"道德及其原则"推导出来。自由意志在康德道德哲学中有着至上性。

---

① 〔法〕于连：《道德奠基：孟子与启蒙哲人的对话》，宋刚译，北京大学出版社，2002，第30页。
② 〔德〕康德：《道德形而上学原理》，苗力田译，上海人民出版社，2005，第69页。

道德问题是理性的实践运用问题，康德伦理思想与以往思想家的不同之处在于：他要为道德实践寻找普遍、必然的基础。就是这个普遍、必然的基础使得道德免于人世间的任何偶然与厄运。这一基础对于康德而言是自由意志。康德也正是在自由意志及其原因性上揭示，道德的价值在于自由意志能力。自由意志既是出发点，也是目的。自由意志的这种至上性在康德的伦理思想中至少有以下三种含义。

首先，普遍立法能力的自由意志，也就是实践理性。这种普遍立法能力是抽去内容的、单纯的立法形式，具有普遍必然性。因为，自由意志的客体、现实的质料都具有与自由意志偶然相合的可能，而不能确定地就包含在普遍必然性之中。"理性以一个实践法则直接规定意志，不借助于某种参与其间的愉快和不愉快的情感，哪怕是对这一法则的愉快或不愉快的情感，而是只有凭借它作为纯粹理性能够是实践的这一点，才使它是立法成为可能。"① 自由意志在此处要摒弃主观差异性，而以普遍道德法则规定意志自身。对于人而言，这个法则以绝对命令的形式对意志提出要求、构成强制。意志的立法能力在于既能够对法则的质料或者说行动的客体保持独立性，又能够通过自身的自律而以普遍的道德立法形式来规定自身的任意，以对法则义务的敬重为自己立法。这种可普遍立法的能力既遵循了道德法则，又能够法由己出，对于任何人都具有普遍有效性。

其次，善良意志，也就是善的动机。康德说："在世界之中，一般地，甚至在世界之外，除了善良意志，不可能设想一个无条件善的东西……善良意志，并不因它所促成的事物而善，并不因它期望的事物而善，也不因它善于达到预定的目标而善，而仅是由于意愿而善，它是自在的善。"② 自由意志能力不在于道德实践的结果而在于他（她）的动机，也就是说，自由意志所散发的道德力量和德性的光辉在于意志本身的善。对于人而言，意志的善体现了道德的内在价值，而无论出于善良意志的结果是有所得还是一无所得。所以，尽管威廉斯说"欲望某事会成为人们选择去做某

---

① 〔德〕康德：《实践理性批判》，邓晓芒译，杨祖陶校，人民出版社，2003，第30页。
② 〔德〕康德：《道德形而上学原理》，苗力田译，上海人民出版社，2005，第8~9页。

事的原因"①；但是，这种欲望是主观的甚至是偶然的，其不足以成为道德行为的理由或动机。在此意义上，我们既可以批判康德只空谈善良意志，而不关注善良意志的行为结果；也可以赞扬康德以形式主义的方式提出了"道德得以可能的普遍必然性基础是什么"的问题。

最后，自觉地践行道德法则的意志，也就是执行的意志能力。能够执行、行动、实现道德法则的意志是真实的意志，而"德性的真正力量就是平静中的心灵及其一种深思熟虑的和果断的决定，即实施德性的法则"②。换言之，意志要具有现实性，要能够在道德实践中作用于感性经验、执行道德法则。作为行动、执行的意志，其在道德实践中是以善良意志的目的为出发点，并凭借对善良意志的确信采取行动。作为执行的意志重在强调道德能力是一种不受欲望、激情干扰的能力。如果说道德能力中蕴含了情感能力，那也一定是出于"平静"的情感，而不是出于"激情"的情感。

无论是可普遍立法的意志、善良意志还是执行意志都需要正视道德实践问题。康德伦理思想主要涉及的是道德实践（行动）可能的基础与行动原则。按照康德的理解，"假如理性去解释纯粹理性是如何实践的，它就完全越出界限了，这正如去解释自由是如何可能的一样"。③ 所以他要进行划界，以纯粹理性为道德实践奠基，避免理性被滥用。

在广义的道德实践范围之内，人的自由既涉及内在自由（自由意志，wille），也涉及外在行为自由（任性的自由，willkür）的问题。自由意志也可以被理解为实践理性，在行为中起着立法的作用。真正的自由或者说直接与行为实践发生关系的自由是任性的自由。关于自由意志与任性的自由的具体含义，不同研究者针对康德不同文本与语境做出了不同的解释。阿利森提出："康德用 wille 和 willkür 这两个术语分别刻画统一的意愿能力的立法机能和执行的机能，他也同样将该能力称为 wille（意志）。广义的 wille（意愿整体的能力）是自律的，狭义的 wille（立法的能力）不是对其自身的一个法则而是对 willkür 的一个法则。willkür 常指行动不受冲动因

---

① Bernard Williams, *Ethics and the Limits of Philosophy* (Cambridge: Harvard University Press, 1985), p.19.
② 李秋零主编《康德著作全集》（第6卷），中国人民大学出版社，2007，第421页。
③ 〔德〕康德：《道德形而上学原理》，苗力田译，上海人民出版社，2005，第84页。

果规定的自发性。"① 任性的自由的规定根据是自由意志，或者说外在自由与内在自由的立法原理虽然不同，但其合理性的根据均源自纯粹意志（广义的自由意志）。关于自由意志与任性的自由之间的关系已经超出我们的讨论范围。此处的论述重在说明：第一，无论意志自由还是任性的自由，归根结底都要涉及人的道德实践。第二，道德实践可能涉及康德所说的法权领域与道德领域，我们主要是在一个狭义的道德哲学的意义上来对道德实践做出解释。

对于康德而言，"道德实践如何可能"这一问题就是要证明"纯粹理性自身就是具有实践能力的"。在《实践理性批判》中，康德说："在此第一个问题是：是否单是纯粹理性自身就足以对意志进行规定，还是它只能作为以经验性为条件的理性才是意志的规定根据。"② 可见，纯粹理性的实践运用，所关心的是自由意志的规定根据。这个意志的规定则是不受经验限制的纯粹理性，或者说是出自自由（意志）的原因性。道德是无条件的、普遍的，道德实践可能的基础也是普遍和必然的，它的基础不可能来自变动不居的感性，而只能来自人的自由意志（实践理性）。实践理性是理性的实践运用，需要以纯粹理性为规定准绳。只有这种不受经验限制的纯粹理性才有可能保证道德实践的必然性，而对于现实的不能完全以理性为意志规定根据的存在者而言，这种规定就是一条道德法则。

道德实践中，纯粹理性的意志行为一定会与对象、感性生活打交道，那么理性的存在者应该如何行动呢？康德认为，要根据意志本身的规律去筹划、选择。任何人都要按照道德法则③的绝对命令无条件地行动，在这个意义上，自由意志就是按照对道德法则的认识去行动的能力。对于自由意志主体而言，道德法则的本质是道德律。简而言之，就是"真正的道德律是这样一条原则，就是使你的意志的准则能够被看作一条普遍的法则，

---

① 参见〔美〕阿利森《康德的自由理论》，陈虎平译，辽宁教育出版社，2001，第188～193页。
② 〔德〕康德：《实践理性批判》，邓晓芒译，杨祖陶校，人民出版社，2003，第16页。
③ 法则对任何人都具有客观、普遍的有效性，它与准则不同。按照康德自己的解释，准则是行为的主观原则，它经常与主观的无知、爱好相符合（参见《道德形而上学原理》第68页，注释7）。其只有与法则相符合，才有可能成为真正的道德律。

能够具有普遍性"①。这样,一个道德上的行动,一定是能够被所有理性存在者认同、接受的行动。道德法则以道德律为本质、以绝对命令的形式对存在者形成一种形式的规定。

那么,普遍的道德法则或者说道德律如何被实践?康德提出了两个解释维度。其一,在道德法则无条件实践的必然性上,康德提出,道德法则要进入主体的内心,需要自由意志的自律(自己为自己立法,使得自由意志不可能沦为实现其他目的的手段)与对道德法则的敬重(自由意志的意向本身合乎道德法则)。可以说,这样一种可普遍立法的道德能力或者说自由意志能力确立的道德律,使人的现实自由获得实在性的保证。其二,在道德实践中"至善理想实现的条件""德福一致"的意义上,康德提出了两个悬设:灵魂不朽和上帝存在。因为"意志与道德律的完全的适合就是神圣性,是任何在感官世界中的有理性的存在者在其存有的任何时刻都不能做到的某种完善性"②。意志与道德律的完全适合是实践的要求。人作为有限的理性存在者,通过树立自己的人格意识,遵循理性确立起自己的道德义务,自主而自律地逐渐接近人作为人的那种完善和崇高。

三 对康德的回应:以道德能力为视角

以纯粹理性为规定的自由意志,经由道德实践而完成一种人性的提升,并进向无限。从先验到经验,康德以自己的方式完成了道德自足性的证明。问题是:因为人是主体、人是目的、人是理性的,道德就是自足的吗?离开了经验感性的先验世界能够为道德的可能奠定一种客观性的基石吗?

康德伦理学着力于从纯粹理性、自由意志来阐述:道德实践可能的基础。如同有学者指出的:"康德伦理学的中心问题就是:理性如何通过自我立法把道德原则确立起来?对康德来说,解决这个问题的关键,是要说明我们何以能够把按照道德法则去行动的必然性施加于我们自己。"③ 可

---

① 邓晓芒:《康德哲学讲演录》,广西师范大学出版社,2006,第80页。
② 〔德〕康德:《实践理性批判》,邓晓芒译,杨祖陶校,人民出版社,2003,第167~168页。
③ 徐向东:《自我、他人与道德——道德哲学导论》(上册),商务印书馆,2007,第376页。

以说，康德提出了人的可普遍立法的道德能力来解决这一问题。但是，对于道德主体而言，仅有先验的普遍立法能力能够使人在经验世界实现自由吗？如果自由仅是观念的、意志自由只是悬设，那么道德对人的价值何在？

其一，从"自由与必然"的关系看，康德认为人不屈从于自然必然性，并在自由及其原因性上提出人先验地拥有一种自我立法的道德能力。理性之所以能够自我立法或者说意志能够自己规定自己，在于人的自由本身可以成为一个本体因。意志的至上性、自觉性与自主性突出强调的就是人作为人应该有可普遍立法的道德能力。与自然必然性的因果性不同，自由的因果性在于理性的人的意志能够规定自身。人拥有自由意志是无须怀疑的，同时，"自由是没办法认识的，凡是认识的都已经处在必然之中了。如果要给自由找一个原因，那这个自由已经不是自由了"。① 人的自我立法能力说明，意志能够摆脱自然必然性与人自身的感性欲求，规定自身。但是，当意志从先验进入经验，其必须面对自然必然性与感性欲望。那么在自然必然性与感性欲望面前，自由意志的必然有效性何在呢？对于这一问题，康德认为，理性的人可以在先验领域通过立法设定"道德法则"为经验生活中自由必然性奠基。所以有学者认为："康德实际上将人的意志分为'现实的意志'和'被预定为自由的意志'。道德法则对于现实的意志具有强制性、提升性。道德法则对于自由意志则不具有强制性，因为法则出自意志本身。"② 道德行为总是与现实的意志发生关系，人的意志不可能是纯粹的、绝对的自由意志。这样，我们就需要重新解释自由意志能力的蕴意，说明康德的"设定的自由意志"与"现实意志"的关系，并反思道德法则的命令形式能否真正地激发起意志主体的道德行为。

其二，从"道德法则与实际义务"的关系看，道德实践中，自由意志行动的原则是普遍的道德法则，其以道德律为内容形成绝对命令，是一种具有形式普遍有效性的原则。道德律脱离经验，但结果必须落脚于感性的

---

① 邓晓芒：《康德哲学讲演录》，广西师范大学出版社，2006，第74页。
② 参见梁瑞明编著《道德体验与道德哲学：康德〈道德形而上学探本〉〈实践理性批判〉导读》，志莲净苑，2009，第200页。

道德行为。这就带来至少两个方面的问题：一方面，如同黑格尔对康德的发问："什么是这个道德律的内容呢？这里我们所见到的又是空无内容。因为所谓道德律除了只是同一性、自我一致性、普遍性之外不是任何别的东西。形式的立法原则在这里不能获得任何内容、任何规定。"① 另一方面，很多评论家认为："康德的原则实际上只是指定了一个进行道德推理的决策程序，其本身并不是一个道德原则。"② 普遍的道德法则成为脱离经验、情境的道德检验标准。上述两种对康德伦理思想批判的观点均有其合理性。如果我们承认人类需要一种体现人类自由精神的道德义务法则，那么道德法则的现实性存在一定以"实际义务"为内容，离开对实际义务的认知与践履，道德法则就只能是形式的、空洞的。可见，自由意志主体要能够将普遍的道德义务法则特殊化、具体化，通过实际义务的履行实现法则的精神主旨。只有将普遍法则特殊化，才有可能使人获得实质性的、实在性的自由。

其三，从"理性立法能力与道德实践能力"的关系看，康德以自由意志按照道德法则而行动的必然来证明道德自由的可能与道德平等的实现。只有任何人都出于自律、按照道德义务法则去行动，才能获得道德上的平等，道德才可能免于运气的影响。康德看到，"一切科学都有一个实践部分，它的任务是向我们指出，什么样的目的是能够达到的，以及怎样去达到这一目的。这些为达到某种目的而作出的指示，一般地叫作技艺性（Geschicklihkeit）命令"③。对于康德而言，这样的技艺性命令具有偶然（或然）性，对其的判断和审视必须诉诸"法"（道德法则）的必然性。康德更关注的是理性所立之"法"如何在道德实践中成为可能，如何必然被实践。而通过对"行动基础"的追问，康德实际上解决了"道德的基础"是什么的问题。由于康德割裂了人的实际道德实践能力与普遍立法能力、本质的善信念与现实的行为意图之间的关系，所以康德对"道德的基

---

① 〔德〕黑格尔：《哲学史讲演录》（第四卷），贺麟、王太庆译，商务印书馆，1978，第290页。
② 转引自徐向东《自我、他人与道德——道德哲学导论》（上册），商务印书馆，2007，第400页。
③ 〔德〕康德：《道德形而上学原理》，苗力田译，上海人民出版社，2005，第33页。

础"的理想化构想本身有崩塌的可能。人需要康德意义上的理性立法能力，这是"配"做人的条件。但是，人还必须有一定的道德实践能力，在实践中去面对真实的意志、面对意志不可预见的偶然、运气等，实现所立之"法"。道德的可能仅有形式、仅有原则是不够的，它还必须有内容、有灵魂；而且人要通过自身的实践去证明，自己是如何"成"人并真正地"配"称为人。

对康德的伦理思想可以有多重的理解维度与批判可能。对于康德，即使进入人们生活的经验领域，他着力研究的也仍然是"人心的诸种能力与诸种伦理法则之间的关系，在这种关系中意志能力得到了全面的考察"[①]。我们提出"道德能力"这一概念，就是试图在康德伦理思想的基础上继续将自由意志的道德实践向前推进。在认同康德普遍道德义务法则的基础上，进入道德实践中自由意志的行为，在具体的行为展开过程中，反思自由意志如何实现自身。道德仅具有康德意义上的道德精神、道德实践行为必然性的基础是不够的，或者说，普遍立法的道德能力只是道德实现的必要条件。即使康德站在启蒙哲学的立场，认为"人要有勇气运用自己的理智，而不能不经别人引导就不运用自己的理智"[②]，这种自觉而自主的理智立法能力的运用也需要在具体的实践行为中继续发展，通过自由意志的具体行为转化为现实的定在。我们无法离开具体道德实践、具体实践样式理解道德。

第二节　道德能力的基础：一种形而上的追问

康德从先验哲学的立场为道德实践的可能奠基，我们通过上一节的讨论足以证明道德的现实性、实践性品质不容置疑。但是道德的现实性、实践性在行为中指向具体的对象，人的道德能力总是要在实践中与对象连接起来，将能力实现出来。本节的任务是，回答作为具有现实性、实践性的

[①] 邓安庆：《启蒙伦理与现代社会的公序良俗：德国古典哲学的道德事业之重审》，人民出版社，2014，第122页。

[②] 参见〔美〕施密特编《启蒙运动与现代性——18世纪与20世纪的对话》，徐向东、卢华萍译，上海人民出版社，2005，第61页。

道德能力的基础何在，它可以成立的合理性根据是什么。

但是，这种形而上的追问不是纯粹抽象的、固定不变的形而上学意义上的研究。这关于"形而上"含义，我们借助因瓦根对亚里士多德形而上学的思想的阐释。"亚里士多德对于'第一哲学'（形而上学）的主题给出的不是一个，而是两个定义。他将第一哲学定义为哲学的一个分支，研究的是事物的第一因或初始因，他也将第一哲学定义为'存在本身的科学'（the science of being as such）。"① 对道德能力做一种形而上的追问不是抽象地谈论第一因是什么，也不是讨论道德能力是不是一种本体论设定，而是对究竟应如何把握道德能力、如何获得道德能力进行哲学反思。这种形而上的追问直接指向两个问题：其一，道德能力究竟是先天的，还是后天的？其二，在此基础上，理智和意志哪一个是对道德能力的根本规定？

一 道德能力：先天还是后天？

如果说康德的伦理思想已提出，道德有应然要求的意蕴，人应该拥有一种可普遍立法的道德能力。那么，当我们从生活实践出发理解道德能力，就涉及人是否先天就有道德能力？道德能力究竟是先天的，还是后天的？如果是先天的，那么后天的培育与责任的担当如何可能？如果是后天的，那么先天的道德能力有无合理性？

道德能力有无先天理解维度，如果有，其合理性何在？这是展开具体关于道德能力研究所必须正视的问题。按照一般的解释，"在拉丁文中，'先天'是指'来自先前的东西'；'后天'是指'来自后来的东西'。这种认识论上的区分最初用于亚里士多德和中世纪逻辑中的两种论证。如果一个论证是从原因到结果，它就会被称作是'先天的'；如果一个论证是从结果到原因，它就会被称作是'后天的'。这个区分后来被用于概念、命题、知识和真理。莱布尼茨区分了先天真理（理性真理）和后天真理（由经验确立的真理），这对应于休谟对关于事实的知识与关于观念关系的

---

① 参见〔美〕因瓦根《形而上学》（第2版），宫睿译，北京大学出版社，2007，序言第6页。

知识的区分。在康德看来,如果知识不依赖于经验而且无需由经验确立真理,那么它就是先天的;如果知识基于经验,那么它就是后天的"①。可以认为,从亚里士多德到康德,先天与后天这对概念基本是在认识论上使用,而且两个概念之间的界限与其代表的不同论证方法日趋明显。但是,当我们去思考道德能力问题并尝试着对其是先天的还是后天的进行追问时,其实是在人的存在本体论上而非单纯的认识论上来使用这对概念。人总是现实的、具体的存在,人的存在是生成的、发展着的,其无法摆脱先天性,也无法摆脱后天性。

由于我们是从"个体—行为"视角理解道德能力,道德能力的先天与后天也是从"个体—行为"视角展开。从"个体—行为"看,道德能力具有先天性。这种先天②性在人之成人的意义上既指人的成长离不开人自身的自然前提、物质基础,又指人先天地拥有向善的道德潜能。

人有道德能力,过一种属人的道德生活。道德能力离不开人自身的自然前提,离不开一定的以基因为基础的先在性物质条件。人的智力、想象力、移情能力等都与先天遗传,或者说基因的作用密切相关。但是,"如果我们最终诉诸的是人的本性,那么我们就不得不把人类伦理法则看作是建基在地球进化过程中偶然形成的某个物种及其基因之上"③。道德的客观性、后天教育的可能性等都将遭到质疑。正如在《先天,后天:基因、经验,及什么使我们成为人》一书中,里德利综合心理学、生物学等的研究和实验,告诉我们,"大脑科学近来最重要的发现是,基因受到行动的支配,反过来行动也受到基因的支配……基因是通过对经验做出反应而运作的"④。我们需要摒弃先天与后天对立的思想,看到先天为后天奠定的

---

① 〔英〕布宁、于纪元编著《西方哲学英汉对照辞典》,人民出版社,2001,第1页。
② 关于先天、先验的区分,在康德哲学中比较明显。按照邓晓芒先生的理解,"先天的"与"后天的"相对,其较"先验"的外延更大。先天的包括先验的、超验的,还包括一切先于经验的知识。而先验知识则要先于经验,讨论经验知识的可能性,在经验范围内运用(参见邓晓芒《康德先验逻辑对形式逻辑的奠基》,《江苏社会科学》2004年第6期)。本书对先天与先验的使用不做严格区分,在一定的意义上本书的先天也有先验的含义,但不是康德意义上先验立法要求的先验。
③ 倪梁康:《心的秩序——一种现象学心学研究的可能性》,江苏人民出版社,2010,第49页。
④ 〔英〕马特·里德利:《先天,后天:基因、经验,及什么使我们成为人》,陈虎平、严成芬译,北京理工大学出版社,2005,第286~290页。

自然前提、物质基础和提供的出发点，在道德能力问题上亦如此，换言之，"自由意志与一个由基因预先指定并由之运转的大脑完全兼容"。①

关于人生而具有一种道德潜能，这个观点在传统儒家孟子的思想中有其根基。根据孟子的思想，人天生就有善端。在《孟子·告子上》中，孟子提出："恻隐之心，人皆有之；羞恶之心，人皆有之；恭敬之心，人皆有之；是非之心，人皆有之。恻隐之心，仁也；羞恶之心，义也；恭敬之心，礼也；是非之心，智也。仁义礼智，非由外铄我也，我固有之也，弗思耳矣。故曰，'求则得之，舍则失之'。"可以说，在孟子看来，人的天性就有善性，有道德的自然禀赋。我们当然可以具体分析孟子提出的"四端"是否真正都是自然的，也可以就人性本善或本恶展开批判和质疑，但是，我们此处更看重孟子揭示的重要思想内容：人本性中具有善端，具有善的本心（良心）。这种先天的道德能力是人所共有的，没有文化、地域、历史的差异。不过，这样一种自然德性、本心或者说善端，正如于连所言："只是一个开端而已，它只是一种潜在力量的出发点，它只是一种潜能，有待'推发'。"② 能够被"推发"出的恻隐、羞恶、恭敬、是非之心，是"我"固有之的"本能""本知"，其可以"不学而能""不虑而知"。

可以说，孟子强调人的本性中先在地蕴含善的道德能力，如果没有这种本性中的善，后天的道德共识、道德行为将无法获得完整的解释。在孟子看来，人性的差异只在于"遗失"了"本心"，人所能做、所当做的是"反"（返）其性而已。不过，人有先天道德潜能，潜能只有呈现的问题，而没有形成或获得的问题。尽管孟子以返其本心的方式，对生活中道德能力的差异、恶做出了解释，但是面对生活中"恶"的价值取向，其不足以做出令人信服的解释。人性的善本身恰好也证明了人性的恶，道德潜能所奠基的仅是"后天"生活世界里，人有实际向善的可能，善的价值取向并不违背人的本性。或者说，此种意义上的道德能力只是一种源于人的本性

---

① 〔英〕马特·里德利：《先天，后天：基因、经验，及什么使我们成为人》，陈虎平、严成芬译，北京理工大学出版社，2005，第286页。
② 参见〔法〕于连《道德奠基：孟子与启蒙哲人的对话》，宋刚译，北京大学出版社，2002，第34页。

的形式的道德，它的内容还需要从社会道德生活中汲取。对于道德主体而言，其道德能力的真实内容要回到道德行为、道德伦理关系中去反思。

从上述分析可见，道德能力具有先天性。一方面，人的自然本性中蕴含道德能力。另一方面，潜能意义上的道德能力为后天能够行善、发挥作用提供可能，但它不是始终保持不变，而是需要环境的激发、受到后天社会环境的影响。

从"个体—行为"看，道德能力具有后天性。任何个体总是通过遵循伦理规范，通过接受道德教育等而逐渐具有自己的道德意识、善恶观念，道德能力具有后天习得的特征。

对于个体而言，道德能力有一个形成的过程。在发生学的意义上，只有个体成长到有一定的自我意识、理智能力之后才有可能形成道德能力。人非生来就是一个道德的人，任何人的"成人"都是一个过程。道德能力也是个体成长到一定阶段的产物，其有着对个体生理、心理、心智以及社会环境的要求，儿童、少年、成年、老年等不同人生阶段的道德观念的不同就是例证。不同的时代、家庭环境等也对人的道德能力构成规定与影响。在现实的日常生活中，道德能力是可以培养和塑造的。道德教育应该注重有意识开发人的道德潜能，虽然人应该如何为善需要进入具体的道德境遇，因人、因事给予阐明和解释。同时，正义的社会价值观念、自由的道德生活环境，可以为个体道德能力提供如同马克思所说的"合乎人性"生长的条件。在人类社会的发展中，积淀下一定的文化形式。它以一种共享性的道德精神（现实地落在义务要求、道德规范），为道德能力的后天发展奠定基础。这些诸多因素的存在说明，道德能力离不开主体后天的努力，离不开后天的道德环境。

个体的道德能力形成后，通过自身的习惯、行为的练习而不断地发展、变化。只有当个体的心智、价值观、人生观形成后，道德能力也就有了相对稳定性。道德能力通过实践行为而发生、发展、否定、提升，离开特定的个体的道德行为及其生活世界，道德能力无法被理解。

个体的道德生活承继了既有的人类价值精神、道德法则，在此意义上，个体道德能力内蕴的基本内容规定、关于善的生活的观念，具有先验性。不过，对于具体的个体而言，这种先验的价值精神在具体的道德实践中就是实际的义务要求与行动的背景性安排。"生活之美好，恰如绘画之卓越一样，意味着以恰当的方式对环境作出反应……它们都要求人们作出抉择以正确应对必须作出抉择的复杂环境。"① 人是要通过具体的实践活动对道德义务要求做出回应，这种因人因事回应的差异性与多样性的方式就已经证明，道德能力具有后天性。它通过人的具体实践活动，获得自身的真实内容规定。

这样看来，道德能力的"先天性"与"后天性"并不截然拒斥。正如亚里士多德所言："德性在我们身上的养成既不是出于自然，也不是反乎于自然的。"② 具体而言，一方面，人具有通过教育、学习而接受德性的能力，并通过自身的实践行为而完善。另一方面，道德能力又不是道德潜能，潜能只有呈现的问题，而没有形成或获得的问题，道德能力是因实践而获得，它不是简单的对潜能的激发与运用，它蕴含着意志主体的创造性。

通过上述分析，我们可以发现：道德能力既具有先天性，又有后天性。说它是"先天"的，是因为人自身有过理性的道德生活的自然条件、物质基础。说它是"先天"的，是因为在人性中内在地包含着某种道德活动的资质、可能。说它是"先天"的，还因为它如人的眼耳鼻喉的官能一样，人先在地、自然地拥有道德感官能力（moral faculty）。"行为对人具有直接的善性，源于人的比某种感官更高的道德感官。"③ 哈孔森认为哈奇森就把人的德性的自然性与道德感的认知论相结合："人自然地具有一种特殊的道德感，这种道德感是对事情的赞成或不赞成的情感，它与对道德品质的理解是同时发生的。"④ 说道德能力是"后天的"，是因为道德的内容需要在后天的道德生活中获得，离开后天的具体内容，先天的形式是空的、无法获得解释。说它是"后天"的是因为人的道德能力需要通过主

---

① 〔美〕德沃金：《至上的美德：平等的理论与实践》，冯克利译，江苏人民出版社，2003，第298页。
② 〔古希腊〕亚里士多德：《尼各马可伦理学》，廖申白译，商务印书馆，2003，第36页。
③ 参见〔英〕哈奇森《论美与德性观念的根源》，高乐田、黄文红、杨海军译，浙江大学出版社，2009，第84页。
④ 〔丹〕哈孔森：《自然法与道德哲学：从格老秀斯到苏格兰启蒙运动》，马庆、刘科译，浙江大学出版社，2010，第68页。

体的道德行为,通过伦理风尚、道德教育的传授而获得,它是一个过程。离开后天主体的自主自觉的主观性、社会道德环境的影响和塑造,先天的潜能也只能是一种无法实现的能力。

道德能力离不开"先天"的基础,无论这个基础是什么。因为"人性中如果没有独立于道德感的某种产生善良行为的动机,任何行为都不能是善良的或在道德上是善的"①。但是,这种先天的道德能力奠定的只是经验世界中善能够实现的一种"可能性"能力。在道德能力及其现实性的意义上,它是一种蕴含着现实性的可能。但是,人之为人的"成人"过程,或者说道德能力的本体性价值与功用在于后天的"实能",即经后天道德生活的实践而习得,获得并真实拥有德性的能力。

道德能力成于"后天"。一方面,先天资质、基础只是提供了一种可能,这种"可能"需要后天的开发,才能从"可能"变为"现实"。另一方面,道德能力的具体内涵,需要在后天的道德生活、伦理关系中获得规定。我们每一个人都具有过有道德的生活、做有德性的人的能力,这是在先天的意义而言。但是就像狼孩出生被置于狼群,他(她)的先天的道德潜能,离开了后天的激发、环境就没有实现的可能。道德的获得既离不开先天的基础,也离不开后天的开发、培养、实践。同时,在道德实践中,意志主体有选择和创造的可能。经由后天的实践而实现出来的德性才是真正的道德能力,德性的光辉与力量也正体现在后天的道德活动中。

道德能力既是先天的,又是后天的。脱离后天的纯粹先天形式只能是一种逻辑的可能,而脱离先天的后天现实也无法获得证明。先天的潜在和遗传中生出后天的现实,而后天现实的可能又在于其本然地就蕴含着先天,所谓一定要何者为第一性,其更多是一种理论的假设和理论研究的出发点。

二 道德能力:理智的或意志的

道德能力既具有先天性,也具有后天性,这只是揭示了道德能力在个体身上是一个先天"可能"与后天"实能"的统一;在先天自然资质的

---

① 〔英〕休谟:《人性论》(下),关文运译,郑之骧校,商务印书馆,1980,第519页。

基础上，后天更为重要。当我们将眼光由"先天"落到"后天"后，我们对道德能力的审视、理解就会面临另一些问题：道德能力究竟是属于理智的，还是属于意志的？它究竟奠基于理智还是奠基于意志？

对这样一个充满陷阱的发问无法回避，因为它直接关涉对于"道德能力"本身的理解。之所以说这是一个充满陷阱的发问，就在于这样一个发问本身就设定了理智与意志的截然二分，意志并不内在地包含理智。然而，这恰恰是值得疑问的。

确实，在西方思想史上有将意志与理智理解为精神的两种能力的传统。这种思想传统从精神所固有的两种能力理智和意志的关系看，理智倾向于理论，而意志倾向于实践，这在德国古典哲学和苏格兰学派那里均能找到例证。比如里德就具体地阐明，心灵能力一般分为知性能力和意志能力，"意志包括能动的能力和所有导致行为，或者影响心灵采取行为的能力，如欲望、激情和爱。知性包括沉思的能力：我们凭着这一能力知觉对象、构思和记忆它们、分解和组合它们、对它们进行判断和推理"①。

在西方思想史上，阿奎那与司各特也曾就"意志与理智究竟谁更优先"明确表达过不同的观点——而他们之间关于理智与意志论争的焦点其实是真与善之间的奠基关系。根据阿伦特的分析，阿奎那遵循《尼各马可伦理学》，"首先坚持手段和目的的范畴，如同在亚里士多德那里，虽然目的是意志的对象，但目的是通过理解力，也就是通过理智被给予意志的……在其中的每一个阶段，理解力都先于欲望并凌驾于欲望之上"②。应该说，在"善"需要以"真"为前提的意义上，阿奎那的认识具有合理性。与之相对，司各特认为："理智服务于意志，为意志提供其对象和必要的知识；也就是说，理智是一种纯粹的附属能力。它需要意志来引导它的注意力，只有当它的对象得到意志的'肯定'时，理智才能正常运

---

① 〔英〕里德：《论人的理智能力》，李涤非译，浙江大学出版社，2010，第29~30页。知性在此处即理智（intellect），其重在沉思的理论理性能力。值得注意的是，按照阿伦特的理解，康德所区分的两种心理能力是"理性"和"理智"（"知性"是对"理智"的误译），理智试图把握呈现给感官的东西，而理性试图理解其意义。（具体内容参见阿伦特《精神生活·思维》导论及第59~71页）
② 〔美〕阿伦特：《精神生活·意志》，姜志辉译，江苏人民出版社，2006，第130页。

作。"① 在"真"以"善"为目的和引导的意义上,意志较理智更具有优先性。意志具有积极的自主性,它本身就是一种能力,蕴含着作为主体的"我"的"我能"。似乎阿奎那与司各特观点截然相对,其实,二者有一点却是共通的:他们均以自己的方式在强调真与善的统一,真不能没有善,善不能没有真,理智不能没有意志,意志不能没有理智。现实的道德活动二者缺一不可。

司各特曾表达过一个重要观点:人有两种意志,这就是"遵循自然倾向、由理性和欲望激发的'天赋意志'(ut natura)和严格意义上的自由意志(ut libera)"②。天赋意志或者说潜在的意志是道德得以可能的保证,而自由意志,能够设定目的并产生行动的意志是人能够实现道德精神的保证。天赋意志与自由意志同属于意志本身,并本于人的能力。人是行动的主体、行动的人,人的道德活动的原则在意志之中。

人是精神的存在,是既有理性推理,又有自己意志行为的存在。理智与意志不可割裂,意志内在地包含理智。这一方面,黑格尔的思想可以给我们深刻的启迪。黑格尔认为:"把理智和意志区分开常常有这样的不正确的意思,即把两者理解为一种固定的、彼此分离的实存,以致意愿可以没有理智,或理智的活动可以是无意志的。如有人说的,知性可以离开心来培养,而心则可以离开知性来培养,甚至有片面地缺少知性的心和缺少心的知性,——这种可能性无论如何只不过表明出现了一些有缺陷的、本身不真实的实存。"③ 理智与意志是不可以分割的,它们是精神的两个方面,其只有"理论态度"与"实践态度"之别。思维和意志不是两种官能,"意志不过是特殊的思维方式,即把自己转变为定在的那种思维,作为达到定在冲动的那种思维"④。与思维相比,意志的特殊性在于,它要在理智认识的观念和思想的基础上,形成自己的目的与要求,并有将其付诸实践、现实化的冲动。所以,思维并不外在于意志,它是意志的一个环节。

---

① 〔美〕阿伦特:《精神生活·意志》,姜志辉译,江苏人民出版社,2006,第140页。
② 转引自〔美〕阿伦特《精神生活·意志》,姜志辉译,江苏人民出版社,2006,第147页。
③ 〔德〕黑格尔:《精神哲学——哲学全书·第三部分》,杨祖陶译,人民出版社,2006,第249页。
④ 〔德〕黑格尔:《法哲学原理》,范扬、张企泰译,商务印书馆,1982,第12页。

意志不是纯粹抽象的思维，而是有目的、有现实化冲动的思维，是"能行动"的思维，思维与意志统一于实践。道德精神是实践精神，道德出于意志的自由，是人追求自由存在的过程。道德能力的活动过程就是自由意志能力展开的过程，现实的人的活动过程。我们无法回避，"当人'出现在世界上的时候，只能有一个相对第一的起点'，也有一个'不是在时间中，而是在因果关系中的一个绝对第一的起点'……"① 在这一意义上，意志的自由打开了开端，在意志的现实活动中，道德能力才个性化地显现和完成。道德能力既是意志的，也是理智的，因为作为"能行动的思维"的意志本身就内在地包含着理智。

三 对追问的反思

作为哲学的理性反思活动的伦理学研究涉及我对问题本身进行不断的追问和反思。在这种追问中，伦理学可能会一再地返回到它的原点。但正是在这种理性反思和追问中，我们才会明晰"我该如何行动"背后的伦理、道德、善等究竟是什么含义。

哲学思维总是以寻本溯源、不断反诘自身的方式寻找真理与意义，在这一意义上哲学思考离不开形而上的追问，即使是在一个被喻为进入后形而上学的时代。但是，此种形而上的思考与追问不是脱离人的存在和生活世界的抽象的思考方式。"走出形而上学的抽象形态，意味着从思辨的构造转向现实的世界。在其现实性上，世界本身是具体的：真实的存在同时也是具体的存在。"② 形而上追问所敞开和澄明的是现实的、具体的存在，而不是抽象的、分裂的存在。但这是否意味着道德哲学与哲学之间没有界限，以及我们不应对哲学进行具体的划分？回答是否定的，界限依旧存在。对于道德哲学或者说伦理学的研究而言，此形而上思考的界限是在具体的社会生活中把握存在与价值的统一。

对道德能力做形而上的追问亦如此，它不是抽象地讨论先天、后天，以及意志、理智哪一个逻辑在先，而是立足于现实的、具体的人的道德能

---

① 〔美〕阿伦特：《精神生活·意志》，姜志辉译，江苏人民出版社，2006，第121页。
② 杨国荣：《形而上学论纲》，《社会科学》2010年第11期，第115页。

力去分析和论证，先天和后天、意志和理智共同构成道德能力的基础，割裂的、二元对立的思想不能恰当而合理地把握具体存在的、完整的人的道德能力问题。先天和后天、意志和理智对道德能力的奠基说明，道德能力这一概念的内涵极其丰富，"道德能力是一系列重要能力的综合：它们包括道德情感，即做正确的事情的欲望；道德力量，即做正确事情的能力；美德，保持做正确的事情的性情；慎思，知道如何去做；知识，知道什么是正确的事情"①。

不同的哲学方法、价值立场、问题意识使得学者们对道德能力的入思视角与对道德能力的奠基方式不同，但其背后离不开道德能力是什么、道德能力的内容是什么的问题。这一内容就是黑格尔所说的，"现实性的各个环节的全部总和"②。所以，对道德能力基础的形而上的追问应该有开阔的哲学视野，立足于形而下的、现实的、具体的、感性的道德活动。而对具体道德活动中的道德能力的分析、对意志的道德内容的分析则是另一个有待探究的，具有深刻理论意义与现实意义的问题。

第三节 作为自由意志能力的"道德能力"

道德能力理念的本质在于自由意志能力，正是在意志的活动中，自由意志通过自身的行为实现道德的形式与内容、主观与客观、普遍与特殊的统一。人在自身的道德实践中，秉持对善的信念，并以自身特有的方式付诸行动，使道德价值获得现实的内容。由此，道德能力与自由意志能力相当，它以自我意识能力、把握自然必然性的能力、殊化道德法则的能力以及执行的意志力为实质规定。

一 自我意识能力

道德既是一种精神，也是一种要求。道德价值的实现有着相应的前提条件，从个体主观维度，人的自我意识能力是其构成要件之一。自由意志

---

① 参见 James Jakob Liszka, *Moral Competence: An Intergrated Approach to the Study of Ethics* (2nd ed) (New Jersey: Prentice Hall Press, 2002), 序言 p. xii.
② 〔德〕黑格尔：《小逻辑》，贺麟译，商务印书馆，1980，第 300 页。

的存在首先意味着主体要具有自我意识能力。这里的自我意识能力是人在道德活动中，在主体与客体、主体与主体的错综关系中保持自身的主体性、人格独立性，形成道德意识的能力。它在精神中，将意识经验到的感性内容达于统一与和谐。

道德上的自我意识能力不是一种认识论上意识到"思维的我"的主体性能力，而是从存在论上的"现实自我意识的立场"① 出发，在自身所处的伦理关系中认识自我的能力。在一个对象化的、客观的"我—他"的伦理关系中，自我反思、自我规定。同时，自我意识能力离不开主体性的"我思"，但是，"'我思'必须能够伴随着我的一切表象"②，具有我的个性特征。在现实的道德行为中，"我"形成对"自我"本质的认识。

按照黑格尔的观点"自我意识就是欲望一般"③，欲望里所包含的内容是自我的现象形态。自我意识不是一个空洞的形式，它以欲望为真实的本质内容。欲望是自我意识之现象，自我意识存在之证明。欲望是我的生命的组成部分，"当下欲望的对象即是生命"④。虽然黑格尔的思想是客观唯心的，但是他极深刻地揭示了自我意识的内容来自以欲望为核心的主体的生命。作为主体的我的意识以我的欲望为内容，展开于具体的生命活动。"生命是时间，但不是抽象的时间。它通过生命的载体的流逝变化，在客观实践中表现为一个时空统一的坚实的形态。"⑤ 这种坚实的形态在自我与他人的关系中形成、沉淀。

对个体而言，道德上构成自我意识能力的主要有：对自身道德理想、应然道德义务的自觉意识，以及对自我实存的反思意识两个方面内容。人的自我意识的精神能力，能够意识到"应然"的道德理想、义务要求与"实然"的道德现实之间的差距，并在这种对照中，反思自我的本质，采取趋向自身道德理想、义务要求的行动。这种自我意识能力在"我—他"

---

① 〔德〕黑格尔：《哲学史讲演录》（第四卷），贺麟、王太庆译，商务印书馆，1978，第5页。
② 〔德〕康德：《纯粹理性批判》，邓晓芒译，杨祖陶校，人民出版社，2004，第89页。
③ 〔德〕黑格尔：《精神现象学》（上卷），贺麟、王玖兴译，商务印书馆，1980，第132页。
④ 〔德〕黑格尔：《精神现象学》（上卷），贺麟、王玖兴译，商务印书馆，1980，第132页。
⑤ 萧焜焘：《精神世界掠影——纪念〈精神现象学〉出版180周年》，江苏人民出版社，1987，第85页。

的伦理关系中,对象化自身,并形成相对稳定的道德意识。

我的自我意识中包含着我的自主性、意向性。我能够意识到我与道德理想、义务要求以及与他人的内在关系。人希求完满的道德存在,但现实总是残缺的、不完满的。自我意识能力就是人意识到道德现实与道德理想的差距,并对这种差距做出反思的能力。它不是一般意义上的人对自我的认知能力,而是更为深刻的人对道德本质、自我实现以及理想差距的反思能力,是从存在意义上对"我是什么"与"我能成就什么"的反思能力。缺少这种能力,道德价值难以实现。这意味着,人不但自觉而正确地把握善与义务的要求,而且能够意识到,道德义务的履行揭示了"我"的实存状态,道德义务的履行过程是一个"我"的"自我性"的呈现过程。这种自我意识能力的形成与获得,以他人的存在以及我与他人现实地发生关系为前提。

自我是个体,但普遍的自我的存在是复数的。这就是说,自我与他人之间存在相互承认的交互主体性。在这一意义上,如同黑格尔所言:"我就是我们,而我们就是我。"① 人是社会的、历史的人,其生存、发展或者说个人自由的实现离不开与他人之间的关系。个人意识的独立性与对他人意识的依赖性是统一的,这种独立性与依赖性构成了自我意识的双重性。我总是一定伦理关系中的个体。作为伦理关系的成员,我有自身需要履行的义务也享有相应的权利。伦理关系中的道德规范、评价机制、运行准则等均对我构成一种规定。我对伦理规范与义务履行的意识构成主体的我的自我意识的内在内容规定。杜尔凯姆就曾指出:"我们所企求成就的人,总是我们所处的时代及环境中的人。"② 正是在具体的社会境遇、伦理关系与道德规范中,自我与他人之间形成认同。自我意识能力是人通过道德实践,在精神中对身与心、物与我、我与他等关系的反思性认识,形成道德意识。

由于自我意识能力包含人在道德实践中对道德义务要求与自我本质的反思性认识,所以,具有自我意识能力的人就具有某种自由意志行动能

---

① 〔德〕黑格尔:《精神现象学》(上卷),贺麟、王玖兴译,商务印书馆,1980,第138页。
② 转引自杨国荣《伦理与存在——道德哲学研究》,华东师范大学出版社,2009,第118页。

力。通过实践，在精神中实现的自我认识总是有将这种认识付诸实践的冲动。在行动中缩小理想与现实、应然与实然的差距，具体地应对道德实践中意志主体所可能遭遇的因素。

二 自然必然性与自由意志

道德通过自由意志主体的实践而使人获得实体性的自由，"自由构成意志的概念或实体性，也就是构成它的重量"①。道德只有从意识、主观精神进入实践才能成为人的自由存在方式。现实的道德行为中，具有独立自我意识、自由意志精神的道德主体具有选择能力和创造能力。道德实践是在与外部世界发生关系中展开的，以何种方式正视自然必然性，能否将自然必然性纳入主体道德自由实现的环节成为实践的内容，是主体道德能力的体现。

自然必然性，指外部自然世界的普遍规律。按照康德的理解，自然与自由是二分的，事情的发生要么是出于自然因，要么是出于自由因。"自由在宇宙论的理解中就是自行开始一个状态的能力，所以它的原因性并不是按照自然规律又从属于另外一个按照时间来规定它的原因。"② 所以，与"自然原因在时间序列中的一切行动本身又是一些在时间序列中同样预设了自己的原因的结果不同，实践行动的发生，不是由于它们被经验性的原因所规定，而是由于它们被理性的根据所规定"③。在自由及其原因性上，或者说自由必然性何以可能的意义上，康德将自然与自由二分，突出强调人的主体性、自由意志的自我规定性。叔本华就曾形象地说，"康德之前是我们在时间中，现在却是时间在我们之中"。④ 但问题是，道德实践不是在纯粹理性、先验中进行的，而是在复杂的经验生活中进行的。

主体在道德实践中，不可避免地要与自然必然性发生联系。在实践中，道德主体不是单纯地摆脱自然界的外在约束性，而是要合理地认识自

---

① 〔德〕黑格尔：《法哲学原理》，范扬、张企泰译，商务印书馆，1982，第18页。
② 〔德〕康德：《纯粹理性批判》，邓晓芒译，杨祖陶校，人民出版社，2004，第433页。
③ 参见〔德〕康德《纯粹理性批判》，邓晓芒译，杨祖陶校，人民出版社，2004，第440～444页。
④ 〔德〕叔本华：《作为意志和表象的世界》，石冲白译，杨一之校，商务印书馆，1982，第578页。

然规律、改造自然。如同恩格斯所言,"意志自由只是借助于对事物的认识来作出决定的能力……自由就在于根据对自然界的必然性的认识来支配我们自己和外部自然;因此它必然是历史发展的产物"①。可见,自由与自然之间并不是对立的,而且自由意志也不可能脱离自然而拥有一个绝对自由的开端。道德要走出主观精神成为现实的,要求自由意志必须将"自然"纳入具体的道德的知、行领域,成为认识与实践的对象。

自然必然性作为自然律,首先要求意志主体能够在认知领域把握其本真性,从现实的自然界的存在样态中,认识自然本真的规律。外部现实世界的联系是多样的、复杂的,而且外部的自然要素有可能把自由意志的自为行为推向相反的结果。一旦进入具体实践,"行为同时又作为被设定于外界的目的,而听命于外界的力量,这些力量把跟自为存在的行为全然不同的东西来与行为相结合,并且把它推向遥远的生疏的后果"②。意志要想实现自身的目的,就需要拥有关于自然规律的知识,在道德实践中合理运用,使其成为自由意志目的实现的环节。道德实践既要合乎自然规律,又要合理利用自然规律。通过人的认知与行动,自然也同样获得现实性的品格。

但是,道德实践究竟以何种方式作用于自然必然性,取决于主体的道德能力以及具体的道德境遇。人的道德能力在于通过具体的认知与行动,使自然界取得人化的形式,摆脱外在于人的纯粹自然性。在具体的道德活动中,自由意志主体使作为道德活动的客体或者外在条件的自然必然性与人的道德目的获得一致性。如马克思所说:"随着对象性的现实在社会中对人来说到处成为人的本质力量的现实,成为人的现实,因而成为人自己的本质力量的现实,一切对象对他来说也就成为他自身的对象化,成为确证和实现他的个性的对象,成为他的对象,这就是说,对象成为他自身。"③ 自然必然性在人的道德行为中获得属人的规定性,表现人的存在形式,以人的特殊方式存在。

---

① 《马克思恩格斯选集》第 3 卷,人民出版社,1995,第 455~456 页。
② 〔德〕黑格尔:《法哲学原理》,范扬、张企泰译,商务印书馆,1982,第 120 页。
③ 〔德〕马克思:《1844 年经济学哲学手稿》,人民出版社,2000,第 86 页。

道德实践中，自然必然性可能以偶然的形式与自由意志主体发生关系，且既有可能以恶，也有可能以善的形式呈现。对于自由意志主体而言，这种自然的"好"是直接的、外在的善。而这种自然的"恶"，是直接的、外在的恶，其需要主体通过自身的行动将"恶"的程度降低，并生成善的可能。尤其是在突发的自然灾害前，它可能要求自由意志主体超越自身的实际能力，以一种勇敢的精神、担当风险责任的精神去实践。

自由意志主体通过自身的行为认知、把握自然必然性，寻求道德自由得以实现的规律性、必然性。道德在经验世界获得现实性的存在，它的必然性中承载着现实感性经验内容。具体的道德实践中，自由意志不仅要面对外部自然世界的必然性，更要能够将普遍的道德法则特殊化，获得自由的实质性内容。

三 道德法则与自由意志

普遍的道德法则对自由意志主体而言就是道德义务，义务是人的命运，它承载着道德规范、道德价值的真实内容。个体维度将道德义务特殊化的过程是道德主体获得德性、道德精神成为真实存在的过程。

道德义务在最抽象的意义上是康德所言的形式的义务，是善的要求，是普遍对特殊的规定。"义务的概念客观上要求行动与法则相符合一致，但主观上要求行动的准则对法则的敬重，作为由法则规定意志的唯一的方式。"[1] 在这一意义上，道德义务是不可逃避的、无条件履行的义务。对于人而言，"就是人，由于命定是自由，把整个世界的重量担在肩上：他对作为存在方式的世界和他本身是有责任的"[2]。它以责任的形式为人所承担。在现实的伦理关系中，道德义务是有条件、有规定的，相当于黑格尔所言的"伦理义务"，即实体伦理关系构成的义务要求。人总是历史的、具体的、在实践生活中的人，人所履行的道德义务也是感性的、伦理生活

---

[1]〔德〕康德：《实践理性批判》，邓晓芒译，杨祖陶校，人民出版社，2003，第111页。
[2]〔法〕萨特：《存在与虚无》，陈宣良等译，杜小真校，生活·读书·新知三联书店，1987，第708页。

中的道德义务。

义务学说体系在康德的理解中有外在法则的"法权论体系"和内在法则的"德性论体系"。道德法则的根本是来自内在自由意义上的意志的"自我强制",这是自由意志的第一重含义,它指向人的可普遍立法的道德能力——"自我强制的能力"。"确切地说不是凭借别的偏好,而是通过纯粹实践理性。"① 而"在道德命令式和为它所必需的自由前提中,法则、能力(实现法则的能力)和规定准则的意志构成了所有形成法权义务概念的要素"②。也就是说,道德法则的实现与意志能力有着不可分割的内在联系,人作为一个理性存在者,既要有"自我强制"的普遍立法的道德能力,又要有执行意志的"实现法则的能力"。只有具备了个体执行意志,自由意志才不是空泛的形式。康德强调个体执行的意志,即意志的执行能力是意志对道德法则(自由意志的普遍立法)的无条件执行,其规定根据还是形式的、先验的。意志的两重含义突出的是人的两种不同道德能力,第一种是可普遍立法的道德能力,第二种是与感性经验发生关系的执行性的意志能力(也可以说是德性执行法则而具有的道德力量)。

在最抽象的意义上,人作为人应该有一种可普遍立法的道德能力,这种道德能力是人在道德上平等的基本保证。当抽象的道德义务法则进入实践,成为具体伦理关系中的义务要求,自由意志主体应该如何通过行动实现道德义务是本节讨论的重点,也是与康德思想产生分歧并试图继续推进康德思想之所在。关于"如何实践道德法则",康德提出了执行的意志,但这种执行的意志是自律的、形式的、无条件的,而任何道德活动、道德境遇都有其自身的特殊性。

普遍的道德义务在现实伦理关系中有具体的内容和要求,它必须经由主体的实践活动而特殊化。义务的履行过程不是一个简单的机械式的反应与操作道德法则的过程,而是一个将道德法则特殊化的过程。或者说,道德实践不是个简单的应用、模仿的过程,而是一个有着具体境遇、时空等条件要求的实践过程。道德义务不是教条,如同境遇主义者所说:"在每

---

① 李秋零主编《康德著作全集》(第6卷),中国人民大学出版社,2007,第409页。
② 李秋零主编《康德著作全集》(第6卷),中国人民大学出版社,2007,第409页。

个'当下存在的时刻'或'独特'的境遇中,人们都必须依据当时当地的境遇本身,提出解决道德问题的办法。"① 懂得道德知识、拥有道德信念并不意味着一定能够在道德实践中实现道德价值、完成角色义务的要求。比如"见义勇为"这种肯定性的美德,在不同的情况下也要灵活地实践、把握。具体的道德实践因人、因事、因时、因地而异。

从个体维度看,"自由意志践行道德法则"是一个充满智慧的过程。它要求自由意志主体具有一定的道德认知能力、判断能力、情感能力、选择能力、行动能力。道德实践中,自由意志主体要能够在具体的伦理关系中把握现实道德义务要求,自觉反思自身的道德行为,保持敏感的道德情感感受能力,善于做出判断、选择并付诸行动,以执着不已的精神践行道德义务。具体的行动方式是主体道德能力的显现,不同的道德境遇、不同的性格特质等都会使意志主体采取不同的行动方式。而这恰证明了道德实践多样性、丰富性的可能以及道德能力的"个性"特质。

道德实践过程充满了智慧,同时也充满了感性生活世界的偶然性、多变性以及诱惑性。道德的真实实现、德性的获得,或者说,人要成为一个有道德的人,还需要具有坚定的意志力。

四 意志力

意志力是在道德实践过程中,通过对义务的履行和完成而表现出来的一种坚忍不拔、克服困难、持之以恒的精神。"理智的工作仅在于认识这世界是如此,反之,意志的努力则在于使得这个世界成为应如此。"② 意志总是指向较高的道德理想目标,并调动自身的道德力量去实现它。可以说,意志力的存在在一定意义上证明自由意志在实践中有超越自身的内在力量。而意志的自律、自制,甚或由于持之以恒而形成的习惯,是实现道德目的的保障,也是人的实践精神能力。

意志力的本质是主体在道德实践中表现出的自律。这种自律性在于

---

① 〔美〕弗莱彻:《境遇伦理学——新道德论》,程立显译,中国社会科学出版社,1989,第13页。
② 〔德〕黑格尔:《小逻辑》,贺麟译,商务印书馆,1980,第420页。

意志的自我立法能力，这种自我立法能力不只是内在精神的自律，更是外在行为的自律。此种自律是意志对自由精神、道德价值的自我坚持。意志力具有自主、自觉的特征，在抽象的意义上，以对善的追求为目的。在具体的道德实践中，意志力的自律是意志对自身目的执着不已的追求精神。同时，值得小心区分的是意志力带有自律性的执着要与通常理解的固执相区分。固执，有不懂得变通、墨守成规、偏执的含义，而意志力的自律所表现的执着，是意志向着善的目标不断前行、坚定不移的追求精神。

意志力在道德实践中还表现为自由意志行为的自制①与自控。道德实践中的主体在具体的道德情境中会面对诸如金钱、美色、荣誉的诸多诱惑。亚里士多德在《尼各马可伦理学》中详细地区分了兽性的不能自制、病态的不能自制、怒气上的不能自制以及欲望上的不能自制。相比之下，意志的不能自制与兽性等的不能自制不同，其是一种有始因的恶。意志力是自由意志能够自制且自控的一种精神能力。相比于自制，自控是意志在实践中对行为进行全局与整体的自我调控的能力。失控的道德实践，会使自由意志偏离自己的目标、方向。控制在一定意义上是人的自主能动性的说明。为了实现自由，人需要对自己、对事物实施有效的管理和控制，意志力的自控是人的自由能力的一个体现。

意志力的持久性通过反复的实践，成为主体的习惯。"习惯就是意志——或至少是阐明了'意志'所意欲的是什么。"② 意志力从内在道德精神与外在道德行为两个方面证明意志主体自我超越可能达到的内外统一程度。通过外在行为的实践，道德主体将自身的内在精神状态呈现于外，使自身的本质与现象获得统一，而这种统一又标识人可能达成的道德境界与道德能力差异。

---

① 在《尼各马可伦理学》中亚里士多德区分了自制与节制，并认为节制是一种德性，而自制只是一种中间品质。"自制的人有坏的欲望，节制的人则没有。"（第215页）而本书则将意志力的自制品格列为人的美德，在欲望、利益等的诱惑面前，能够自制是一种道德能力，而完全不被外物所引诱的意志，有将意志理性化、理想化的倾向。

② 〔美〕莱肯：《造就道德——伦理学理论的实用主义重构》，陶秀璈等译，张驰校，北京大学出版社，2010，第54页。

第四节 道德能力的划分

在前述对"道德能力"一般规定的基础上,本节对"道德能力"做广义与狭义两种理解。广义上,道德能力与道德、自由意志能力的意义相当。狭义上,道德能力指康德意义上"义务—法则"存在前提下,自由意志如何实现义务法则要求的能力。同时,说明做出此划分的理由,进而提出道德能力本身的恰当性问题。

一 广义与狭义的划分

"道德能力"以自由意志能力(实践理性能力)为内在实质规定,它依赖个体的能力(individual ability)。像认识、情感、意志能力异常的精神病人、中枢神经系统病变的精神病人等,甚至对自身的行为还无法预见的儿童,我们不对他们提出道德能力的要求。D. C. Thomasma 就认为,"定义道德能力的三个特征要包含个体的能力(individual ability)这一要素"。① 可以说,道德能力与人的发展不矛盾,而且有其生成过程。在个体维度,道德作为人的存在方式,必须通过主体现实的道德活动才有可能实现。

我们对道德能力做广义与狭义的划分,主要指广义(一般意义)的自由意志能力与狭义的道德实践能力。具体而言,广义的道德能力概念基于"人之为人"的本体论立场,提出道德能力与道德、自由意志能力的意义相当。道德认知能力、道德判断能力、道德选择能力等均蕴含其中。此种对道德能力的理解基本遵循意志本身应达到的道德人格的整体统一性——知、情、意的完整统一——进行分析。狭义的道德能力概念基于道德实践的立场,在"如何履行义务""如何做"的意义上提出道德能力是自由意志主体如何践行道德法则的能力。狭义道德能力直接面对康德先验的形式主体道德哲学,将康德对道德的理解向前推进。在动

---

① 参见 David C. Thomasma and David N. Weisstub, eds., *The Variables of Moral Capacity* (NewYork: Kluwer Academic Publishers Press, 2004), p. 11。

态的道德实践中,突出道德的"行"之意蕴。自由意志的实践能力彰显了道德的真实存在境遇与完成状况,而"具体情境的独一无二和道德终极性质的首要意义,是将道德的重量和负荷转移于智慧上去"①。概而言之,狭义的道德能力是自由意志的道德实践能力,是实践中"知—行"合一的智慧。

道德实践能力是自由意志通过具体道德境遇中的义务履行与实践,自觉地做出选择、付诸行动,以自己理解的方式将道德具体化的能力。道德实践总是指向具体的道德境遇与目的,并调动自身的品德力量去实现这一道德目的。道德实践能力是道德能力从主观精神到客观实践,从内在无形的品性到外在有形的行为的过程,它以更为丰富、多样的内容呈现道德能力的本质和功能。

我们对道德能力概念做广义与狭义两种理解。对道德能力的构成与道德能力培育的分析主要取广义的道德能力含义。在本体论的意义上阐明道德能力的构成要素、组成部分,并基本遵循道德心理发展的内容。在中篇"道德能力的显现"中使用狭义的道德能力含义,展示道德实践能力的多重可能,直面道德实践中的道德问题。在下篇"道德能力的培育"再一次回到广义的人的道德能力培育,但还是要突出能力的实践性。也就是说,道德能力的培育不是一种价值观念的灌输,而是让人们在日常的"做"和"生活"之中获得自己安身立命的道德品格。那么,为什么一定要对道德能力的含义做出广义与狭义之分呢?

其一,我们对道德的理解和对道德能力的认识均没有离开知、情、意的统一。这些理解本身自然有合理之处,而且道德的本质就在于其是一种实践精神。但是,这种理解没有突出道德的"实践""行""做"之特质。"道德理论仅仅是一种更加系统的反思,思考我们在不同习俗、实践和活动中伴随着对善的独特理解之间发生冲突之时,我们应该如何去做。"②如果道德是不需要实现的价值,那么我们任何关于道德的反思都将失去意

---

① 参见〔美〕杜威《哲学的改造》,胡适、唐擘黄译,安徽教育出版社,1999,第103页。
② 〔美〕莱肯:《造就道德——伦理学理论的实用主义重构》,陶秀璈等译,张驰校,北京大学出版社,2010,第5页。

义。道德知识不是脱离于道德实践的实在，道德理论是在道德实践中发展起来的。狭义道德能力突出道德的"实践"性。

其二，本章第一节已经阐明了我们直面康德伦理思想问题，在康德理论的基础上继续前进。此处的划分与论文内容的明晰也是对康德思想的回应。自由意志的崇高不应该止于如何配享幸福，以及以何种态度去实践道德，而更应该进入如何享得幸福，以及以何种方式去实现道德。自由意志也必须通过自身的实践，才有可能成就自身。德性也好，道德法则也罢都必须见诸具体的实践，才有可能使道德成为现实的道德。离开具体的道德实践，道德是空的，也是盲的。道德必须进入具体的道德生活实践，必须关注具体的道德行为，在具体的道德行为中分析道德、分析人可能达成的真实的善。

其三，道德能力的广义与狭义之分重在突出道德实践能力的重要性。换言之，一个人的道德境界有多高、道德能力有多大，都需要实践本身做出检验。同时，也恰恰是通过对道德实践中的现实伦理、道德问题的分析，我们才有可能调和理性与经验之间的关系，并进一步反思：本体意义上的道德能力究竟是什么含义；所谓德性可教是指我们可以在什么意义和范围内让人习得道德能力。

在道德实践中，尤其是当下价值多元的时代背景下，道德对于自由意志主体而言是一种实践智慧，道德能力在具体道德实践的境遇中有一个自身恰当性的问题。

二 道德能力的恰当

道德精神是一种实践精神，是一种要求实现的品质，而自由意志的实践有赖于主体的道德能力。能力自身一般说来无所谓恰当，但在行动、具体运用时有恰当与否的问题，既要有善的动机，又要有善的结果，即以恰当的方式履行道德义务，并且将义务履行得恰到好处。那么，我们如何理解此处所言的"恰当"？

每一个人都是他（她）自身生活意义之载体，承担着对自己不可推卸的道德责任。他（她）注定要尝试去判断、去选择、去行动，也正是这一个个行动、一个个事件连接成他（她）的生活。道德能力正是在此意义上揭示，人能够以何种精神、何种方式去"做人"的问题。之所以提出道德能力恰当的问题就在于：一方面，在现实性上，任何个体的存在都是一种欠缺性的、不完满的状态，但是，人又总是想达于一种完满、无缺憾的状态，努力提高自己的能力；另一方面，在具体场景中寻求一种恰当的行为方式去实现道德价值，为所当为、勉力而为。

"恰当"或者"中庸"就是孔子、朱熹、亚里士多德所言的"适度"的原则与方法。"中庸在过度和不及之间"①，其不是一种无原则的对恶与错误的妥协式的中间状态，而是亚里士多德所说的"'对于我们而言的中庸'、'方法论上的中庸'，不是一个真的事实上的'空间'"②。也可以说，并非所有的德性、情感、行为都有"适度"状态，亚里士多德所言的那些本身就意味着恶的无耻、谋杀等就不可能有正确的适度。由是，关于道德能力的恰当就是在承认普遍道德义务法则、善恶标准存在的前提下进行探讨。

以"为善去恶"为基本的价值取向，才有可能谈论道德能力的恰当。"为善去恶"是一种基本的价值取向，这在总体上也符合人性的发展趋势。同时，这种作为价值取向的"善与恶"有着一般的规定性，是能够实现的、具有现实性的善的义务要求。这样，恰当的问题就聚焦于自由意志主体以何种态度、何种方式去实现善的义务要求。

要实现道德的价值，要成就自己，要配得上人的尊严而活，就必须有一定的道德能力。这种道德能力，一方面并非抽象空洞，它以普遍的道德义务为内容规定；另一方面并非主观的任意而为，而是一种有条件却也能保有个体性、个性的恰当。从道德能力的这两个方面的规定可见，具体的道德义务构成自由意志主体道德能力的现实内容，而道德能力的真实性、道德的真实性也正是建立在对义务履行的基础上。

人既要有崇高的道德理想精神，又要有躬行实践的现实精神。丧失心智、理想，人可能流于麻木、漠然。然而，道德理想必须能够立足现实生

---

① 《亚里士多德全集》（第八卷），中国人民大学出版社，1994，第36页。
② 参见〔古希腊〕亚里士多德《尼各马可伦理学》（注释导读本），邓安庆译，人民出版社，2010，第91页注释。

活，如同黑格尔形象的比喻："单纯志向的桂冠就等于从不发绿的枯叶。"① 斯密在道德品质和行为的评判问题上，曾指出两种标准："一种是完全合宜和尽善尽美，另一种是人能够达到的接近于第一种观念的标准。第一种标准使得人能见到的更多是遗憾、自卑、悔改，而第二种标准则让人感到自己处于标准之上或之下。"② 黑格尔和斯密都以自己的方式揭示：道德理想不是悬浮于彼岸、脱离现实道德生活，道德理想的实现更离不开人的现实道德行为。

在实践行动意义上，道德能力的恰当在于：一方面，对道德义务有合理的认知，能够选择合宜的方式、方法履行道德义务，在道德冲突中，既能够理性权衡，又能够无愧于良心地做出选择。另一方面，能在实践中提高自身的道德素养，提升自身的道德能力。此"恰当"又从三个方面丰富了道德能力的内涵。

第一，道德能力的恰当指向道德实践中做事的"可行能力"，在具体的道德情境中为所当为。按照阿马蒂亚·森的理解，"可行能力"（capability）指"人有可能实现的、各种可能的功能性活动组合。可行能力因此是一种自由，是实现各种可能的功能性活动组合的实质自由"③。在道德能力的恰当意义上借用森的术语是表达：自由意志所处的是我的决定（行为）与外部世界（他物意识赋予的外部世界）的因果关系，这种关系不能简单地陈述为"我能做我想要的"自我意识行为。"可行能力"是自由意志主体在道德实践中恰当地实现道德价值的能力，它从根本上表示实质道德自由的实现程度。这种"可行能力"是主体在道德境遇中，一方面能够看到主体面临的客观道德境况，平等地参与社会合作的能力；另一方面能够积极调动自己的能力，承担自身的道德义务。在面临道德困境时，既能够大义担当，又能够理性权衡。

---

① 〔德〕黑格尔：《法哲学原理》，范扬、张企泰译，商务印书馆，1982，第 128 页。
② 参见〔英〕斯密《道德情操论》，蒋自强等译，商务印书馆，1997，第 321 页。
③ 〔印度〕阿马蒂亚·森：《以自由看待发展》，任赜、于真译，刘民权、刘柳校，中国人民大学出版社，2013，第 62 页。森是通过效用、福利以及罗尔斯的基本善提出了"可行能力"，是一个集合概念。他关注的是"个人福利（well-being）的所为（doings）与所是（being）"。

这种可行能力之所以是恰当的，在于其在正视能力间的差异以及人格间的依存关系时，仍积极地去实现道德价值。"生命中的活动可以看成一系列相互关联的'生活内容'（functioning），即'一个人处于什么样的状态和能够做什么'（beings and doings）的集合。"① 如果说康德式的道德能力从形而上学上解释了道德的可能性与权威性，那么可行能力作为道德能力的恰当则从现实道德实践上解释了道德实现的可能性与现实性。可行能力强调道德能力的具体性、情境性、有效性。"正是通过有效的行为能力，自律才得到表达（变成实在的）。"② 道德实践中，主体面对的是一个复杂的道德环境，诸道德目的之间的冲突，难以预见的行为结果，等等。自由意志主体要能够对道德情形及时做出反应，运用自己的道德知识，考察道德约束如何起作用，理性分析道德行为中诸要素间的关系，甚或要识破假象和欺骗去实现道德价值并保持自身的人格完整性。

第二，道德能力的恰当在于人能够以自己的方式实现自由。这里的自由指一个人拥有的选择机会与可获得的真实自由，它涉及一个人将福利、资源、机会等要素进行转化的能力，是一种实现不同生活方式的自由。个体要有选择机会，而无论其是否选择使用该机会。可行能力更注重个体能够在不同的成就之间进行选择，而不是实际的成就。因为，个体获得的平等和自由是指他被赋予多少实际机会，而不是个体取得的实际成就。在这个意义上，道德能力一定会涉及一个社会的供给。如，纳斯鲍姆认为政治的恰当目标在于能力，因为这样可以为人的自由留下更多的行动空间。纳斯鲍姆认为体面的政治秩序必须保证全体公民的十种能力（生命，身体健康，身体健全，感觉、想象和思考，情感，实践理性，归属，其他物种，娱乐，对外在环境的控制）在最低限度以上。她的能力理论"关注的是核心自由领域的保护，所谓核心可作如下理解，如果没有这些自由，就无法实现一种人性尊严所要求的生活"③。我们也可以说能力意味着人有选择

---

① 〔印度〕森：《再论不平等》，王利文、于占杰译，中国人民大学出版社，2016，第44页。
② 〔美〕赫尔曼：《道德判断的实践》，陈虎平译，东方出版社，2006，第308页。
③ 〔美〕纳斯鲍姆：《寻求有尊严的生活——正义的能力理论》，田雷译，中国人民大学出版社，2016，第23页。

的机会、有自由，十种基本能力也在于首先保证公民得到平等的对待。纳斯鲍姆以能力清单的形式探寻特殊个体道德经验事实的普遍意义。她诉诸亚里士多德式的政治个人观，这种观念将他人的善视为自己的一部分，并构造成最初意义上政治共享理念的内容。

森与纳斯鲍姆并没有直接使用道德能力这一概念，但他们将能力作为一种分析方法，并由此呈现看待道德问题、政治正义问题的不同视角。现实生活中，对于任何一个具体的人，道德在其身上都应是一种知、情、意、行的统一，所以，每一种理论提供的只是某一特定的解释视角。我们不一定要求全责备，但我们可以反思理论之间的张力，并提出将知、情、义纳入行，以一种动态的、发展的、生长的视野看待"道德"。

第三，道德能力的恰当还指向做人应该有"明智的善"，在特殊境遇中富有想象与创造地履行自己的道德义务。"明智"既是对人生目的的总体性把握，亦是在特殊境遇中的创造性活动。一方面，明智的人要"善于考虑对于他自身是善的和有益的事情。不过，这不是指在某个具体的方面善和有益，例如对他的健康或强壮有利，而是指对于一种好生活总体上有益"。① 明智的人考虑的是人生的总体，并从好生活这一总体目标权衡自己的选择。另一方面，"明智是一种同善恶相关的、合乎逻各斯的、求真的实践品质"②。"明智"是一种在日常生活中追求与实现人生价值目的的恰当的判断与选择能力。德性的活动不是机械的，而是创造性过程，道德行为主体应当有创造性活动的能力。

人总是会出错，人的能力总是有限的，而且在义务冲突时又难免留下遗憾。所以，人要善于反省自己，又不拘泥于过错、遗憾而裹足不前。相反，人应该走出阴霾，正视症候之所在，不放弃希望与期待。更重要的是，在道德活动尤其是道德冲突、道德两难等困境中，创造性地行动，又不舍弃自己"求真"的品质。每一种美德在特定的情况下都有其存在的理由，对于道德主体而言，美德是在不断的取舍、行动中获得的。"如果有可以解决道德困境、冲突的美德，那么它是明智的'美德'，也就是算出

---

① 〔古希腊〕亚里士多德：《尼各马可伦理学》，廖申白译，商务印书馆，2003，第172页。
② 〔古希腊〕亚里士多德：《尼各马可伦理学》，廖申白译，商务印书馆，2003，第173页。

并且做总体上最好的事的能力。"① 道德的应然性要求我们通过"做什么""怎么做"而成就我们是谁。这是一个充满不确定与智慧的过程。恰当的道德能力集中体现人的实践智慧，它让人以自己独特的方式去实现善。

---

① 参见〔美〕雷切尔斯《道德的理由》，杨宗元译，中国人民大学出版社，2009，第194页。

第三章 "道德能力"的构成

关于"道德能力"的构成，我们在广义上分析道德能力的构成，即道德认知能力、道德判断能力、道德选择能力，并突出主体的"良心"能力。进而，将道德能力的构成要素聚焦于"行动"，综合呈现道德能力构成要素之间的张力，以及行动本身对道德主体其他能力的要求，突出道德实践能力。我们的分析没有遵循道德发展阶段的理论（道德心理发展理论），主要因为道德发展过程中的能力之间具有交叉的关系。但是，我们的分析并不违背道德发展阶段理论。

第一节 道德认知

无论是作为规范要求的道德，还是作为品性操守的道德，都要通过意志主体的实践行动而实现。道德实践离不开意志主体的理智认知能力，这种"知"总体上包括，抽象层面上的"善恶是什么"与具体伦理关系中的"善恶是什么"两个方面的内容。道德认知[①]能力，是自由意志主体对抽象的善恶标准与具体伦理关系中善恶的真实内容的认知、判断能力。道德认知是人类特有的精神现象，是主体有意识地、主动地对自身或他人的道德行为进行认知的结果。而且，道德认知中包含着自由意志主体的判断能力。道德认知能力在于，自由意志主体能否正确认识道德现象背后的道德价值之"真谛"，通过道德认知，获得道德知识、做出道德判断、形成善恶观念。道德认知不是单纯的知识性的认知与学习，也不是对道德现象

[①] 本书的认知与认识不作区分，在同等意义上使用。不存在道德认识包含道德认知的看法，且英文里 knowing 和 cognitive 均有认知、认识的含义。

的机械式反映,而是以主体主观目的、态度、精神等对道德行为做出反思性的评价认识。一个没有是非善恶观念的人,不是一个真正具有自由意志、能使道德获得真实存在的人。一个不能在伦理关系中正确认知是非善恶标准的人,道德价值的实现就仅具有或然性。

一 善恶之知

道德活动离不开自由意志主体的道德认知能力,道德行为的展开以自由意志主体的善恶之知为前提。恰当的道德行为源于人对善恶的正确认知,正如康德所说,"天真无邪当然是荣耀的,不过也很不幸,因为它难以保持自身,并易于被引诱而走上邪路。正因为如此,智慧——它本意是行动更多于知识——也需要科学,不是因为它能教导什么,而是为了使自己的规范更易为人们所接受和保持得更长久"①。在人类道德生活中积淀了能够被人所认识和接受的基本是非善恶标准,人在道德上要避免蒙昧无知,要明辨是非,努力获得关于是非善恶的正确认知——"真知",才可能恰到好处地去实践。

抽象层面的"善恶是什么"的认知包含两个方面的内容:事实之知与价值之知。无论是事实还是价值都以主体的主观认知为形式,道德认知的结果是本然的事实与应然的价值在主体观念中达成统一。自由意志主体既要能够认识复杂的、客观存在的事实,又要能够从事实中明辨价值,确立自身的道德观念、价值取向;准确地把握是非善恶的标准、获得"真知"。或者说人类的道德生活离不开一般的是非善恶标准,人如果没有对一般是非善恶的认知,就不足以成为一个真正的道德主体。

"善恶是什么"的认知存在于经验世界的"事实"中。自由意志主体一方面要把握"事实"背后的本然规律,并在对规律的本真探求中体悟善的价值,对自然必然性的本真规律与道德事实做出正确认知;另一方面又要能够认识事物中善的价值之所在,合理把握善的价值对于人的本体意义。这意味着,"善恶是什么"的认知要求意志主体不仅要有对"真"的认识能力,更要有对"善"的知觉能力,善于从道德现象中认识道德价

---

① 〔德〕康德:《道德形而上学原理》,苗力田译,上海人民出版社,2005,第21页。

值、体悟道德价值。它要求人应该有"善心",即对是非善恶的辨明能力。道德认知不是一个简单的认识论上获得道德知识的问题,关于伦理道德的知识,只是伦理道德在社会日常生活成为可能的一个必要条件。我们的伦理道德知识谱系固然重要,但其不能仅仅是道德学家的言说或外在的道德律令。它需要从理论到实践的转化,需要通过伦理道德教育等诸种方式内化为人的良知与习惯并真正转化为人的日常生活中的德行。"人类不是为认识而认识,追求知识和真理正是为了实现'至善'。没有对永恒的自然的认识而奢谈'善'是虚伪、可笑的。"① 在这个意义上,道德认知就是道德对人提出的应然性要求,其蕴含着"能够"。对善恶的辨明是对人的内在规定,这种规定在人力所及范围之内,类似于孟子所提出的"四端心"。

对是非善恶的正确认知,要求人能够在流变的、现象性的道德生活中认识与把握道德价值的标准,把握其中蕴含的客观必然性之理。把握"善"的"一"与"多"、"普遍"与"特殊"、"绝对"与"相对"的特征。因为,"一""普遍""绝对"强调"善"的客观本质规定,而"多""特殊""相对"是"善"的具体主观存在样式,是存在于具体伦理关系中的善的义务要求。"善"本身,既具有客观性要求,又有主观性形式。按照黑格尔的理解:"主观"一词可以在观念的、任性的和意识的"纯空虚自我"三种意义上使用,而"客观"一词可以在客体的、实在的、真理的和"非主体"四种意义上使用。对是非善恶的认知首先就在于,人能够以求"真"的精神,认识善恶之中的客观必然之理。

在善恶的认知过程中,自由意志主体不但要有一般意义上的是非善恶观念,还要能够在具体的伦理关系中对善恶价值进行反思、做出自己的判断。道德认知与纯粹知识性认知不同,其蕴含了自由意志主体的意向性与内在价值标准,是一种具有反思性的评价认知。"这个意向性与内在标准就是以心智文明程度为标识的成人,成为一个真正的人。"② 可以说,是非善恶的认知在最抽象层面是主体的一种基本的善恶观念能力。但善恶总是呈现在具体伦理生活中,有着具体的内容规定。我们不可以抽象掉具体

---

① 朱德生、冒从虎、雷永生:《西方认识论史纲》,江苏人民出版社,1983,第176页。
② 参见高兆明《伦理学理论与方法》(修订版),人民出版社,2013,第37页。

的道德情境、伦理关系而空谈道德认知。现实伦理生活中，人总是要通过对不同道德义务的认知与履行来更好地完善自己的道德认知能力。

二 道德义务的认知

任何一个自由意志主体都是具体的、现实的、伦理关系中的主体，其总是在具体的伦理关系中分析、判断、认识善恶价值所承载的内容。当善恶价值显现在经验生活时，就是具体伦理关系所蕴含的价值要求。在具体的伦理关系中，自由意志主体的道德认知能力在于，合理定位自己的角色、把握"权利—义务"关系，认识一般善恶标准在具体而实际的义务要求中的真实内容。

是非善恶有着一般的标准和可公度性，但它必须在具体的伦理关系中获得实存的内容。可以说，人作为人应该有基本的是非善恶观念，但这种是非善恶的认知要想成为属己的能力并使自身获得德性，就需要从现实的伦理关系中认识善恶的真实内容、认识具体的伦理关系中的道德义务要求是什么。现实生活中，每一伦理关系都有其自身的价值要求，主体要能够在这种具体的伦理关系中去认识、体悟道德义务的内容。这里的伦理是与个体道德相区别的，是黑格尔意义上所使用的伦理概念。伦理是"活的善"，是"成为现存世界和自我意识本性的那种自由的概念"。① 伦理具有实在性与实体性，呈现为一定的关系性。在伦理关系中，自由意志主体既要能够认知善恶所包含的具体内容（道德义务的真实内容规定），又要能够明确地认识自己真实的权利义务内容。

根据黑格尔的观点，"个别人在实体特殊化而成的环境里的种种联系构成他的伦理的义务"。② 具体伦理义务，以道德规范、道德规则的形式表明其一般性的要求，以具体"权利－义务"关系为真实内容规定。比如，子女对父母有尽"孝"的义务。这种"孝"作为一般"善"的价值，首先要求子女对"孝"有一个基本认知，明养育之恩，对父母要尊敬、关

---

① 〔德〕黑格尔：《法哲学原理》，范扬、张企泰译，商务印书馆，1982，第164页。
② 〔德〕黑格尔：《精神哲学——哲学全书·第三部分》，杨祖陶译，人民出版社，2006，第330页。

爱等。但"孝"的内容在不同时代、不同家族的家庭伦理关系中明显不同。比如，一位贫穷的母亲、一位富有而孤独的母亲与一位身患重病的母亲所需要的子女尽"孝"的内容不尽相同。这意味着，一般的善恶标准在具体的伦理关系中有着具体的义务内容，而自由意志主体的道德认知就是要认识具体伦理关系中义务的真实内容"是什么"，把握自身生活世界的伦理关系中的实践规则、义务要求。道德实践有特定的时空场景的境遇要求，所以虽然实践规则可能是普遍的，但其现实的内容可能是特殊的。康德在自由范畴表中将具体的实践规则表述为"践行的实践规则、制止的实践规则、例外的实践规则"①，每一项规则都体现道德律的实践境况，也就是说，具体行动的道德意识存在层次性、差异性。如同有学者指出的，"在具体行动中的道德意识的层次上，有所不为比有所为的层次更高，而以'例外'为借口违背道德律则比遵守道德律的层次又还高一层，因为这种违背是在承认道德律具有最高权威的前提下，'带着对它的最大敬重'而对自己的'允许'（erlauben），它充分展示了有限人性与无限道德律之间的张力"②。康德以自己的方式表明，道德认知要指向道德实践、指向人的实质道德自由。仅停留在对道德义务"是什么"的认知还不够，因为道德认知不是以"知"为目的，而是要诉诸"行"。

在知道义务要求"是什么"的基础上，还要对自身"应做什么"有一个合理的认知。现实生活中，不同伦理关系有不同的义务要求，即使同一类型的伦理关系，在不同情境下的内容也不相同。知道义务"是什么"并不等于知道"应做什么"。按照黑格尔的理解，人的义务的履行必须进入伦理关系，"应做什么"的内容来自伦理关系的规定，但是"能做什么"以及"如何做"的问题，黑格尔并未给予回答。具体伦理关系中的善恶认知能力，不但要知道善恶是"什么""应做什么"，还要知道"能做什么"以及"如何做"。也就是说，自由意志主体要对境遇中的义务要求、自身的能力以及履行义务的方法手段、行为的外在环境、自身的行为

---

① 〔德〕康德：《实践理性批判》，邓晓芒译，杨祖陶校，人民出版社，2003，第90~91页。
② 邓晓芒：《康德〈实践理性批判〉中的自由范畴表解读》，《哲学研究》2009年第9期，第68页。

意图等做出正确的认知。

　　道德认知过程就是自由意志主体在诸多的价值、关系中不断地做出认识和判断，形成自身的心理认知结构、道德观念的过程。道德认知中蕴含着道德判断能力，是非善恶总是相对应而存在，如果道德认知中缺失道德判断能力这一要素，那么，自由意志主体将无法真正实现对道德义务的认知，其获得的认知结果只具有或然性的意义。

三　"无知"的可能

　　即使抽象的善恶认知能力，也不是每个人都具有，道德认知中存在"无知"的可能。所谓"无知"是指一个人不知道什么是真正的善，进而无法正确做出判断、决定以及承担道德责任。当我们说一个人"无知"时已经预设了"知""正确"的可能，预设了客观价值的存在。这种客观价值既可以指是非善恶的普遍知识，也可以指我们评价人们道德行为的客观标准。亚里士多德将"无知"区分为"出于无知"和"处于无知"两种可能。"出于无知的行为，即由于对行为本身和环境无知识或不知情而做出的行为……处于无知状态的行为，即对行为本身和环境处于无意识状态……"①"出于无知"，是行为者不知情、不具备相应的知识而无法做出正确判断的行为。但"处于无知"，是行为者在无意识的无知状态下做出的行为。这二者的区别在于是否具有知识以及是否运用了知识。对于"出于无知"的行为也存在对普遍道德知识的无知和对具体道德境遇中的相关知识的无知。

　　道德生活中，既有因特定历史时期社会环境的压制而导致人的是非观念颠倒、精神麻木、道德沦丧而带来的"无知"，也有因先天遗传、后天意外致使人丧失了道德认知能力等。就个体而言，"无知"既有可能是有意的，也有可能是无意的。有意的无知，其实质是以"无知"为借口而作恶、推卸道德责任，进而对道德本身构成破坏性的伤害。无意的无知，则反映了生命固有的缺憾、人自身能力的有限，以及道德行为的复杂。按照

---

①　译者注释，具体见〔古希腊〕亚里士多德《尼各马可伦理学》，廖申白译，商务印书馆，2003，第61页。

奥古斯丁的理解，"'无知'乃是理智的缺陷，它常常导致令人羞愧的错误……它首先是对我们'应当成为何种人'（qualis esse debeat）或'我们应该做什么'的无知"。① 也就是说，这种理智上的缺陷直接关涉的是指导道德行为的实践理性。有"知"不必然"善"，但"无知"往往导致"恶"。对于一个"无知"的人，我们无法期待其成为一个真正的自由意志主体，并实现道德价值。如亚里士多德所说："一个人的无知，在于对自己是什么人，在做什么，在对什么人或什么事物做什么的无知；有些时候，也包括对要用什么手段——例如以某种工具——做，为什么目的——如某个人的安全——而做，以及以什么方式——如温和的还是激烈的——去做等等的无知。"② 相比之下，真实的道德、真实的自由意志主体、真实的道德行为，必须以人的道德认知能力为前提，知道自己能做什么以及如何去做。对善恶的正确认知会使一个人能够更好地完成道德行为，过德性意义上的好生活。

严格来讲，处于无知状态的道德行为应尽可能避免。根据亚里士多德的观点，具有正常理性能力的行为者能够运用自己的实践推理来做出行为决定和选择。也就是说，人们不但具有关于"什么是善"的普遍知识，还具有在特殊境遇下运用这些知识做出正确判断并付诸实践的能力。同时亚里士多德还考虑到了特殊的情形，比如我知道杀人是犯法的，但由于有人雇用我的佣金超出了我的想象，结果我没有抵挡住诱惑杀了人。按照柏拉图的观点，我杀人就意味着我对杀人犯法这件事是无知的，而我的行为也就不是出于意愿。但按照亚里士多德的观点，我虽然知道杀人犯法，但我有可能因为不能自制、冲动等杀人，而我的行为并非违背意愿的，我应该为我的行为承担责任。

同时，自由意志主体自身的能力是有限的，现实的伦理关系是多样的、复杂的，其对具体义务的认识有出错的可能。按照莱布尼茨的理解，错误的原因可以归结为四种："（1）缺乏证明；（2）缺少运用证明的技

---

① 转引自吴天岳《意愿与自由：奥古斯丁意愿概念的道德心理学解读》，北京大学出版社，2010，第136页。
② 〔古希腊〕亚里士多德：《尼各马可伦理学》，廖申白译，商务印书馆，2003，第62~63页。

巧；(3) 缺乏利用证明的意愿；(4) 衡量概然性的尺度不正确。"① 这四种理智上的错误在道德认知中同样存在。对现实伦理关系中义务的认知既有可能因为自身能力的有限而缺少证明以及对偶然性因素的预见，也有可能因为意志的软弱而无认识义务要求的意愿。在具体的伦理关系中，应合理认识自身的权限、个性特征、自身掌握的技能知识等，将义务的他律性要求转化为自身自律性的约束并在自律性的认知中提升自己的人格。同时，对具体做的方式、方法手段有合理认知，既要看到手段、方法所服务的道德目的，也要看到手段自身所蕴含的价值合理性。

第二节 良心

道德认知是人的道德行为的一部分，它需要内化为人的内在道德良心。道德价值的实现离不开理智能力、理性推理能力，也同样离不开人的良心，离开人的内心信念、情怀，道德行为将失却真意，道德也将无法震撼心灵。在先天可能的意义上，良心是人作为人应有的道德感；在具体的伦理关系中，良心包含意志主体的同情、仁爱等不同的情感内容。良心是对道德义务的自觉意识和自我确信，是后天道德情感能力的最高形式。

一 先天道德感

善恶的认知进入自由意志主体的内心，有一个发生、接受、发展的过程。如果道德认知倾向于主体的理性认识能力，那么认知内化则倾向于主体良心的体悟能力。这种良心能力首先呈现为先在的道德感，道德感能力以人类的共通感为心理发生机制。道德感的先天心理结构形式，一定意义上为后天道德价值的实现提供了可能的基础，有着后天现实性的内容。按照 Wilson 的观点，"现实的道德感以同情、正义感、自制、责任感的形式存在"。② 道德不是纯粹的认知与理性推理，它必须有来自人的内心的情感认同与体验，这种情感在现实的伦理关系中有着丰富的内容和形式。

---

① 〔德〕莱布尼茨：《人类理智新论》（下册），陈修斋译，商务印书馆，1982，第618页。
② 转引自 Raymond Boudon, "The Moral Sense," *International Sociology* 12 (1997): 7。

道德感在一般意义上要求人有一种共通感，这种共通感在于人应有一颗悲悯之心，人与人之间有可以分享的道德感受。按照亚里士多德在《论灵魂》中的观点："我们具有一种共同的能力，它能感觉共同的事物，而且并非偶然地感觉。"① 共通感的存在证明，人的道德能力与人的先天自然禀赋不相违背。同时，通过伦理生活中的具体行为，意志主体共通感的能力得到训练、培养、提高、加强。在此意义上，共通感是存在于一切人（理智健全）身上的普遍感受能力。但是，共通感也如同维柯认为的，"是指那种导致共同性的感觉……是在所有人中存在的一种对于合理事物和公共福利的感觉，而且更多的还是一种通过生活的共同性而获得，并为这种共同性生活的规章制度和目的所限定的感觉"。② 共通感的作用和培育离不开现实伦理生活的规定。这意味着：第一，善恶标准何以在主体间可能，并以一种价值精神的形式（或者说文化传统）在代际、种族间等进行传递，有赖于主体的道德共通感能力。第二，善恶标准何以能够，也就是说道德价值的实现，有赖于道德主体能够在道德活动中形成一种共同的感觉（一种具体的普遍性）。

道德感在具体的伦理关系中包含真实的情感内容，体现意志主体的不同情感能力。按照哈奇森的理解，"道德中最重要的感情是爱与恨，所有其他感情似乎仅仅只是这两种原初感情的不同变体"。③ 如果说，道德认知能力的价值在于人能够辨别是非善恶，在道德实践中坚持一定的善恶标准，那么，道德感能力的价值在于人能够爱恨分明，在道德实践中爱所当爱恨所当恨。在具体的道德义务要求中，现实的道德感主要以对他者的同情、仁爱、责任感（对道德律的敬重）为主要内容。

同情的情感能力，如休谟所说："人性中任何性质在它的本身和它的结果两方面都最为引人注目的，就是我们所有的同情别人的那种倾向，这种倾向使我们经过传达而接受他们的心理倾向和情绪，不论这些心理倾向

---

① 《亚里士多德全集》（第三卷），苗力田编，人民出版社，1992，第66页。
② 〔德〕伽达默尔：《真理与方法》（诠释学I），洪汉鼎译，商务印书馆，2007，第34~37页。
③ 〔英〕哈奇森：《论美与德性观念的根源》，高乐田、黄文红、杨海军译，浙江大学出版社，2009，第100页。

和情绪同我们的是怎样的不同，或者甚至相反。"① 在此意义上，道德情感能力源于人的同情的心理结构。具体的伦理关系中，意志主体的同情能力表现为对不幸者或弱者的怜悯，在这个意义上，同情相当于同情心，它既是日常所言的悲天悯人之心，也是人心善良的标志。"不以一切隐秘不明的考虑为转移，直接分担另一人的患难痛苦，遂为努力阻止或排除这些痛苦而给予同情支援；这是一切满足和一切幸福与快乐所依赖的最后手段。只有这种同情才是一切自发的公正和一切真诚的仁爱之真正基础。"② 叔本华的这段话阐述了道德要求与实际道德要求有可能出现背离，而道德在经验生活中得以可能离不开主体间的同情，正是这种同情能力使主体能够遏制自身的利己倾向而做出利他的选择。而仁爱，一方面意味着主体自身敏感地意识到自己应该去帮助与关爱他人，真正地利他；另一方面意味着主体需要一定的自我牺牲精神，现实的道德行为中，意志主体可能要牺牲自己的体力、智力、财物、自由乃至生命以成就他人的价值、更高的理想。比如，孔子的"仁"学在处理我他关系时提出的"泛爱众""忠恕之道"等均对仁爱做了诠释。

　　道德感在现实的伦理关系中，还要求一种责任感，也就是对道德律的敬重能力，这一思想在康德的伦理学中表现得尤为突出。普遍的道德法则进入主体内心源于主体对道德律的绝对敬重，它要求主体摒弃主观价值偏好。对道德义务法则的敬重之情是理智作用的情感，要求行动的主观原则能够与客观的道德义务法则相符合，并使道德法则能够成为主观道德动机。如康德说的"对道德律的敬重作为一种道德情感是通过自己理性的立法而施行，包含有提升与对情感的主观作用"。③ 从而，自己的意志出于义务地行动，由内而外地服从道德律。对道德律的敬重的实质是真实的责任感，是对人自身内在价值的尊重。同时，与康德强调普遍立法、行动准则不同，此处对道德律或者说对道德法则的敬重与自由意志主体的同情与仁爱之心并不矛盾。

---

① 〔英〕休谟：《人性论》（下册），关文运译，郑之骧校，商务印书馆，1980，第352页。
② 〔德〕叔本华：《伦理学的两个基本问题》，任立、孟庆时译，商务印书馆，1996，第234页。
③ 参见〔德〕康德《实践理性批判》，邓晓芒译，杨祖陶校，人民出版社，2003，第110页。

道德行为中，意志主体将对道德律的敬重与对他人的尊重、将理智与情感相统一。对道德律的敬重要内化为主体的道德行为中的我－他关系，内化为道德主体的责任感。在此意义上，"具有拘束力的义务，只是对没有规定性的主观性或抽象的自由和对自然意志的冲动或道德意志（它任意规定没有规定性的善）的冲动，才是一种限制。但是在义务中个人毋宁说是获得了解放"①。自由意志主体的责任感就是要履行义务、实现义务要求的信念与冲动，将道德法则义务的要求、主体自身的目的以及他人的需求相联系，并积极地实践、对实践的结果负有相应的道德责任。

道德感植根于人性，在现实的伦理关系中深入自由意志主体的内心。对于个体而言，先天的道德感如何真实地发挥作用，一定的义务感、同情与对他人的仁爱如何成为后天的真实的良心，换而言之，自在的良心如何成为自为的良心，需要意志主体具有恰当的移情与自我反思能力。

二 移情与反思

后天的道德实践是在具体的伦理关系中展开的，先天的道德感要能够在后天的道德活动中发挥功用，意味着人要能够有一种反思的意识，恰当地移情。在这个意义上，意志决定的善恶不在于外在的道德规范，而在于主体内在的道德信念本身的善恶。

良心离不开人的情感能力，在现实道德生活中，它要求意志主体能够恰当地移情。经验生活中，人会因自己的失职而内疚、为他人的罪行而愤怒、为他人的悲惨遭遇而忧伤等，这些都说明人与人的道德情感不但是可能相通的，而且人有能力去感受他人的情感，即移情。"移情是对另一个人产生同感的情感反应。"② 道德行为中人能够真正地以真实的情感参与到事情的发展过程，设身处地地去与他人的情境趋于一致，这本身就是一种良心的唤起。

---

① 〔德〕黑格尔：《法哲学原理》，范扬、张企泰译，商务印书馆，1982，第167页。
② 〔美〕霍夫曼：《移情与道德发展：关爱和公正的内涵》，杨韶刚、万明译，黑龙江人民出版社，2002，第34页。该书的作者还阐明，心理学上另外一种界定移情的方式，将其理解为"对另一个人的内在状态的认知觉察，内在状态是指他的思想、感受、知觉和意图"。

但是移情有自身的主观性、局限性，移情要做到公正与爱的统一就要扬弃移情的随意性，与客观的道德义务要求、道德原则和道德规范相结合。按照霍夫曼的观点，"道德原则的认知成分，包括分类的形式特征和语义意义，有助于移情效应的产生和稳定，使得移情偏见不易发生。认知成分也使得道德的影响不再主要依赖于受害者忧伤的强度和线索的突出性，因而也就减弱了移情的过度唤醒（和唤醒不足）的倾向"①。在道德行为中，移情要与该行为中的义务要求、原则规范保持一致，真实而准确地反映义务和原则规范的内容。换而言之，移情本身的出发点要具有合理性，是非善恶颠倒的移情只能造成对情感的滥用和亵渎。

移情之中包含着良心中爱、公正、正直等内容。移情本身的合理与否、恰当与否离不开意志主体对伦理关系中道德权利义务关系的把握，更离不开意志主体来自良心的自我反思能力。

在善恶认知与道德义务认知的过程中，理智的能力在于求真，而良心的能力在于求善。良心在认知的过程中，不但能够确立善的价值取向，而且能够反思自己对是非善恶的认知。良心指向反思意义上的"道德意识"与"自我确信"，并与道德行为建立本己的内在的关系。"无论是洛克从'自身意识'和'自身负责'意义上讨论良心，还是莱布尼茨从自身的人格或道德同一性的知晓则应当是良知意义上的意识（conscience）"②，都揭示了良心在具体的道德认知与道德实践中均有自身的存在空间。

黑格尔在"意志的纯内在性"的意义上提出没有客观内容的主体自我意识的良心问题。良心是"自己同自己相处的这种最深奥的内部孤独，在其中一切外在的东西和限制都消失了，它彻头彻尾地隐遁在自身之中"③。可见，良心的这种反思性的能力是一种内向性的自我确定，它能现实地赋予义务以情感和态度，并在内心建立一种笃信不移的情感。但是这种反思本身要承载现实的义务内容规定，或者说，它要建立在对具体伦理关系中

---

① 〔美〕霍夫曼：《移情与道德发展：关爱和公正的内涵》，杨韶刚、万明译，黑龙江人民出版社，2002，第243页。
② 参见倪梁康《心的秩序——一种现象学心学研究的可能性》，江苏人民出版社，2010，第90~91页。
③ 〔德〕黑格尔：《法哲学原理》，范扬、张企泰译，商务印书馆，1982，第139页。

的道德义务理性的认识基础上。

良心唤起人对义务的敬重、人的道德情感,在具体的义务履行中,良心从自在向自为转化,并成为意志主体真实的良心能力——一种理性的情感能力。

三 真实的良心

义务法则的内容,是非善恶的标准只有进入自由意志主体的内心,并经由自身的确证才会真正具有自律性。良心是一种能够实践的道德意识,是人的理性情感能力。良心的存在状态、真实与否标识着自由意志主体的精神境界,其力求在具体的道德生活中使"知—心—行"获得一致性。对于意志主体而言,良心就是其心中的道道德法则。良心是进一步将道德知识、道德情感内化,认识、规定道德的内容。

良心是人的一种理性情感能力,它以自由意志主体对善的笃信不移为规定。在道德行为中,良心表现为自由意志主体现实的同情、仁爱与公正之心等能力。如同王阳明所言:"见父自然知孝,见兄自然知弟(悌),见孺子入井自然知恻隐。此便是良知,不假外求。"[①] 不同的道德境遇中,良心既有可能以消极的"不侵犯、不伤害"为对待他人的情感态度,也有可能以积极的"帮助、关爱"为对待他人的情感态度。尤其是道德两难的困境中,自由意志主体可能直接根据良心率性而为,并以其为评价标准,诉求良心的宁静。

良心是人的一种道德能力,确立了道德能力的内在价值之所在。"良心是人们一种内在的有关正邪、善恶的理性判断和评价能力,是正当与善的知觉,义务与好恶的情感,控制与抉择的意志,持久的习惯和信念在个人意识中的综合统一。"[②] 在主体内在确定性的意义上,良心应该是一个人道德能力的最高境界。良心中已经有了是非善恶的明辨和选择能力。"良心的每一种指示,都给予意志一种服从该项指示的义务。"[③] 与理智的

---

① 王阳明:《传习录》,于自力等注译,中州古籍出版社,2008,第34页。
② 何怀宏:《良心与正义的探求》,黑龙江人民出版社,2003,第40页。
③ 〔法〕吉尔松:《中世纪哲学精神》,沈清松译,上海人民出版社,2008,第281页。

"我思"相对，它更多地指向"我做"。这种"我做"康德形象地将其比喻为"内在法官的呼声"。它是返回自身，对自我的一种裁决，"是一种自身就是义务的意识。它是自己对自己作出裁决的判断力"①。诚然，良心的自我确信容易走向纯粹的主观性、随意性。正是由于良心具有绝对的自我确信性与内在指向性，其并不总是能够做到与道德义务的要求一致，生活中的所谓"好心办坏事"就是明显的例证。如果良心是一种纯粹的主观确定性，那么它有可能随时处在一个如黑格尔所言的"作恶的待发点"，从而失却其本身要达到的真实的"善"。道德义务要真正内化到主体的内心，就需要有"真实的良心"。这种真实的良心至少有两重含义。

其一，作为意志主体的人应有真实的良心，此"真实"与"虚伪"相对，是真实的、真诚的良心。虽然真实的良心不一定能获得善果，但虚伪的良心从根本上亵渎了善并往往导致恶果。此种意义上"真实"的良心有"善"的意图，却未必一定把握了道德义务"本真"的内容。真实良心的"真"还要有主体对道德义务的正确认识。真正倾听自身良心"呼唤"的主体，是能够将外在道德义务要求纳入自己内心，并使自己的良心具有真实的内容，与义务的要求及自身的认识保持一致。

其二，真实的良心与纯粹的主观确信的、形式的良心相对。道德义务离不开意志主体的自我确信，"良心表示着主观自我意识绝对有权知道在自身中和根据它自身什么是权利和义务，并且除了它这样地认识到是善的以外，对其余一切概不承认，同时它肯定，它这样地认识和希求的东西才真正是权利和义务"。② 但这种主观确信是有内容的，而不是纯粹形式的。在真实的良心中，内容与形式，认识与认识的内容应该具有一致性。借用黑格尔的思想表述就是，"真实的良心是希求自在自为地善的东西的心境，所以它具有固定的原则，而这些原则对它说来是自为的客观规定和义务"。③ 这种"自为的客观规定和义务"对于良心而言，需以"善"或者说"自由的实现"为内容。在黑格尔的思想中，良心与"原则和义务的

---

① 李秋零主编《康德著作全集》（第6卷），中国人民大学出版社，2007，第190、191页。
② 〔德〕黑格尔：《法哲学原理》，范扬、张企泰译，商务印书馆，1982，第140页。
③ 〔德〕黑格尔：《法哲学原理》，范扬、张企泰译，商务印书馆，1982，第139页。

客观体系"的结合要在伦理阶段才有可能会出现。黑格尔关于"真实的良心"的思想给我们的启示是，道德义务要求必须经过意志主体内心的确信，将其"外在约束性"转化为"自觉义务"，以一种主观形式表达客观伦理义务要求的内容。

道德义务的履行需要诉诸意志主体的良心，但主体不能一味地退守良心。一方面，当这种主观精神成为人自我道德评价的标准时，往往意味着社会缺少可公度的善恶标准。另一方面，良心虽然包含伦理关系中具体善恶的认知内容，但其主观确定性有出错的可能，它的真实内容要在具体道德行为中获得规定和解释。道德能力是主体的"知—心—行"合一过程中自由意志表现出来的实现自己的能力，离开了行，无所谓良心、道德。良心需要通过人的道德活动实现出来和获得现实的内容。与此同时，良心要始终对社会伦理关系与道德义务保持理性的反思精神。"良心创造道德天才，道德天才弥补不成熟的伦理秩序。"[①] 在良心发挥作用的过程中，判断力起着中介和桥梁的作用。

第三节 道德判断

一 判断力的凸显

道德判断能力是道德能力中具有中介整合性的能力。在西方伦理思想史上，无论是情感主义伦理学还是理性主义伦理学传统，均重视道德判断能力在道德行为中的作用。

在对判断力的一般解释中，苏格兰启蒙常识派代表人物托马斯·里德曾提出"判断是一种心灵活动，从种类来说不同于简单领悟或纯粹构思……有些概念或观念必须以判断力作为其来源，因为，如果我们没有判断力，它们就无法进入心灵"[②]。这意味着，一方面判断离不开基本的事务，它既不是人们纯粹的或主观随意的构想，也不是人们对事实的简单领

---

① 高兆明：《心灵秩序与生活秩序：黑格尔〈法哲学原理〉释义》，商务印书馆，2014，第202页。
② 〔英〕里德：《论人的理智能力》，李涤非译，浙江大学出版社，2010，第289页。

悟；另一方面，判断是人对事务中的关系进行反思，以肯定、否定乃至中立的形式表达自己的观点和做出选择。只有通过判断，人才能够意识到事务与自己的关系。在道德领域亦是如此。在里德看来，所谓道德判断能力就是"道德官能把行动列入相关的实践理性原则，把行动与道德目的——义务相联系，从而判断特定行动的道德价值的能力"。① 根据里德的理解，在此意义上的实践理性不但是确立原则的能力，而且是主体基于对人生"总体善"和"义务"的根本思考对具体日常行动方式的思考能力。里德对道德判断力的这种解释，主要是针对休谟、哈奇森的情感主义道德理论。里德并不反对休谟等人提出的"道德感"，只不过，他是要强调道德"感"中已包含"判断"，判断不可避免地与人的理性能力联系在一起。② 事实上，里德的上述思想已经提出了判断能力中的从特殊中寻求普遍的问题。

特殊与普遍关系问题是康德判断力思想中的核心内容之一。康德认为判断力是理性的反思能力，它是在"特殊被给予后，主体去寻求普遍的能力"。③ 根据康德的看法，具有自我普遍立法能力的主体在面对具体道德境遇时需要做出判断，这种判断是从特殊（事件、境遇）中理解普遍（义务），从普遍的立场把握特殊，进而使特殊活动成为普遍义务的具体实践，使普遍义务精神在特殊活动中显现。在此意义上，道德判断能力就是主体将普遍（义务、精神、价值）与特殊主观与客观现实统一的能力，就是创造性地实践道德义务、实践善良意志目的的能力。根据阿伦特的分析，这种判断力是主体特殊与普遍视角的转换能力。主体只有具备了站在不同的特殊立场反思并对不同特殊立场之间的联系有合理判断的能力，才有可能在普遍的意义上履行道德义务，做到道德上的"不偏不倚"。主体

---

① 参见〔丹〕哈孔森《自然法与道德哲学：从格老秀斯到苏格兰启蒙运动》，马庆、刘科译，浙江大学出版社，2010，第200页。

② 根据哈孔森的理解，里德与哈奇森的分歧在于："对哈奇森来说，道德世界由性质构成，而性质是由道德感来察知，并以道德判断来归因人们。对里德来说，道德世界由关系组成，而关系要根据道德的首要诸原则在特定的人和行动之间做恰当的判断。"（哈孔森：《自然法与道德哲学》，第202页）而对于康德来说，道德的要求与根据归属于人的理性，判断能够使人在具体的经验中把握普遍的道德法则。

③ 参见〔德〕康德《判断力批判》，邓晓芒译，杨祖陶校，人民出版社，2002，第13~14页。

经过这种亲身判断，经历了由特殊上升为普遍的"视角"转换，合理地考虑他者，合理地构建自我与他人的关系。① 在道德行为中，如果说道德感、同情指向的是我们以何种情感状态面对他人，那么判断力则首先指向我们究竟以何种理性态度思考自我与他人的关系。阿伦特关于康德判断力思想的上述由特殊上升为普遍的视角转换思考不失深刻。不过，阿伦特的这一思想还只是揭示了康德关于判断能力思想中的普遍与特殊现实统一的一个方面——由特殊"转换"或上升到普遍，忽视了由普遍"转换"至特殊这另一方面。而这后一方面则包含了普遍义务的特殊显现、特殊境遇中的普遍义务具体实践这一类内容。在这一类内容中甚至内含对具体境遇、条件等的具体认知与判断能力要求。

尽管我们可以对道德判断能力有不同的看法，且各种不同的看法均有其某种理由与依据，但是，这些不同的认识都会以自己的方式揭示主体道德判断能力在道德实践中的重要作用。不同的判断能力不仅会形成不同的道德实践方式，而且会带来不同的实践结果。道德判断有两个基本方面：道德行为的动机目的性，以及为达到此目的的手段。前者是关于道德善恶价值的判断，后者是关于实现价值目的的手段的判断。无论是关于行为动机目的的判断，还是关于实现目的的手段的判断，最终均指向对具体道德行为正确性的判断，对道德行为提供有理由的道德辩护。

二 对行为道德正确性的判断

任何一个道德行为都应当有可辩护的理由，具有道德正确性。行为的道德正确性是指行为主体能否正确地对置身其中的道德行为本身做出善恶判断，即能否正确判断"我的行为在道德上是否是可允许的"。对行为"可允许性"的判断，涉及行为主体能否对行为中蕴含的一般道德原则做出正确判断。

道德上的错误、不允许性，是道德正确、允许性的反面。道德上不允

---

① "人们得以从这一视角来审视、观察、形成判断……康德以此告诉人们如何来考虑他者"。参见〔美〕阿伦特《康德政治哲学讲稿》，曹明、苏婉儿译，上海人民出版社，2013，第67~68页。

许的行为往往是直接伤害到他人的权利等的不道德行为。从行为主体做出道德判断的角度看，存在两种可能：其一，由于道德境遇复杂、行为者判断能力不及，行为主体做出错误的判断，颠倒是非善恶的原则。此种错误判断会直接导致行为主体做出不道德的行为，并以"恶"的形式直接呈现。其二，出于对自己特殊利益的考量，行为者故意做出错误的判断、违背道德要求而行事。在此种情况下，行为者具备善恶认知能力，但缺乏向善的情感能力与行动能力。所以，即使行为主体因为错误的判断最终产生了好的道德行为结果，也是道德上不允许的。因为其行为动机、意愿是不道德的。无论行为者是出于能力不及还是故意，其判断的结果均将道德上的"不允许"视为"可允许"，进而导致不道德的行为发生。

道德行为的"可允许性"有事先前瞻性与事后回顾性两个不同的角度。在行为前瞻性而非回顾性的意义上，对道德行为"可允许性"的考虑，是行为者对其道德行为是否具有道德正确性的预先判断。斯坎伦在解释"可允许性"时，将"可允许性"问题表述为"一个人可以做X吗？"，同时指出"可允许性问题总是与一个人平常做的或可能做的事情（亦即他或她支配自身的方式）有关，因此也就是与一项可能的决定所指向的对象有关"。[①] 斯坎伦揭示道德上可允许性行为的判断中包含两个重要因素："X"与"对象"。做"X"在道德上是否具有可允许性，需要考虑做"X"会给"对象"带来什么样的结果。这里涉及的是：行为主体必须对通过做"X"而对"对象"所尽的道德义务是否正当做出判断。在道德上可允许的范围内，行为主体对道德义务的判断存在以下三种情形。

其一，以"否定性"的义务形式出现的道德上的可允许性问题。比如，通常讲不要伤害他人，不要侵犯他人生命权、财产权以及其他合法权益。对行为主体而言，其对自己行为道德上是否可允许的判断，首先要考虑的就是此行为是否满足了道德义务的要求。对于具有正常理智能力的行动者而言，其对行为做出道德上是否允许的判断并不困难。满足这种（不伤害等）否定性义务要求的行为，是道德上可允许的行为。不过，这是最

---

① 〔美〕斯坎伦：《道德之维：可允许性、意义与谴责》，朱慧玲译，中国人民大学出版社，2014，第6~7页。

基本的道德义务要求。如果在普遍的意义上道德行为主体只做道德上可允许的（不伤害等）消极义务，那么在社会上有可能出现人们只关注与自己相关的基本义务，忽视甚至漠视仁慈等积极主动性的道德义务。此种情形类似于霍耐特所言的将义务要求完全"机制化"的"法定自由的病态"。这也是一种特殊的道德病态。这种病态把法定自由视为"自由的全部，并且把它抬高到作为自我理解的唯一的基准点"。① 在具体的行为中，行为主体则倾向于"只顾及自己"，将义务要求作为一种固定的模式，只做单一理解。

其二，有一定道义代价的道德上可允许的行为。这是伦理学讨论中的"双重效应"。比如被大家熟知的轨道车案例，如果行为主体选择按下开关改变电动车运行轨道，救5个人，而使另一条轨道的1个人的生命被夺，那么他可以从功利主义的效果的角度为自己的这一行为做道德辩护。不过，这种功利效果辩护理由是不充分的——至少它不能获得来自生命平等的正义论立场的道德辩护。在这种有道德代价的道德可允许行为中，道德代价的存在本身就意味着道德实践的不完满性以及人生的某种遗憾。

现在再进一步假设第三种可能判断与选择：电动车运行只有一条轨道，如果前方轨道上有障碍物可以使电动车停止运行，在轨道旁恰有一路人。此时，是否可以选择将此路人移至轨道上阻挡电动车以挽救5人的生命？此种选择是否为道德上"可允许的"？如果行为主体经由自己的判断认为应该将此路人移至轨道上挡住那辆车，那么，他的此行为在道德上是不被允许的。因为他将他人视为纯粹手段。相比之下，第二种判断与选择在道德上能够得到某种相应的辩护。我们可以用"双重效应学说"将这两种行为加以区分和解释。所谓"双重效应"指的是，"一个行动可以产生两种结果：一个是行动者想要通过行动来获得的后果，另一个是行动者并不想要，但他预料到会产生的后果"。② 而道德上能够获得某种辩护的是，一个人行动的附带后果既不是其目的，也不是其为了实现行为目的而有意采取的手段。对行为主体而言，"是否能够做某个行为的判断"不但涉及

---

① 〔德〕霍耐特：《自由的权利》，王旭译，社会科学文献出版社，2013，第140页。
② 徐向东：《自我、他人与道德》（下册），商务印书馆，2007，第848页。

行为的道德可允许性，而且涉及他（她）是否有采取行动的道德理由。在此类有道德代价的"双重效应"行为中，一方面基于行为效果无法达到道德上的完整性价值；另一方面基于行为主体与他人以及社会评价之间可能无法取得一致。

其三，以超道德义务形式出现的道德上可允许的行为。罗尔斯称此类义务为"分外义务"。[①] 超道德义务行为具有两个基本特征："第一，行为主体道德上没有义务非得采取这样的行为。第二，这样的行为是有价值的行为，值得赞美和歌颂。"[②] 超道德义务行为无疑具有重要价值，体现了人的道德崇高。从行为主体的角度来看，他有可能通过道德判断自愿选择履行超道德义务，哪怕因此牺牲自己的根本利益乃至付出生命代价。这种判断与选择中所显现的崇高道德精神，令人敬佩、赞美、仰慕。不过，正如罗尔斯曾揭示的，在一个公平正义的社会，个人自愿选择履行超道德义务，这种精神令人赞美、仰慕，但是作为社会并不主动提倡其成员如此行为。这是正义原则的基本要求。如果一个社会主动大力提倡与鼓励其成员履行此类超道德义务，则会面临来自两个方面的重大挑战：一方面，社会如何坚守公平正义这一基本政治原则；另一方面，如何对待日常生活中人们所习惯了的、常识意义上的、平凡的一般可允许的道德行为。如果一个社会以超道德标准为尺度，那么事实上就有可能因抬高道德标准而将一般意义上道德可允许的行为视为非道德行为。这最终会导致人们道德上的不堪重负。这种道德上的不堪重负，不仅可能导致社会出现普遍的道德虚伪，而且有可能使社会在高唱道德崇高的同时不屑常识平凡的道德义务要求，致使常识、平凡的道德义务失效。

从行为主体的角度看，行为主体选择了履行超道德义务，但是，由于个人能力不及以及不可预见因素的影响，不仅未能完成超道德义务，反而导致对行为对象的严重伤害。在此种情况下，他人可能因为对行为主体的不理解，而误以为其心肠冷漠；甚至亦不排除这种可能，行为主体因自己

---

① 参见〔美〕罗尔斯《正义论》，何怀宏、何包钢、廖申白译，中国社会科学出版社，1988，第117、481页。在与自然义务相对应的意义上，罗尔斯用分外行为、分外的道德表达仁慈、自我牺牲等分外义务。

② 陈真：《道德义务与超道德的行为》，《伦理学研究》2008年第5期，第62页。

的道德热情得不到他人的认可,而在日后的道德生活中消极不作为,进而在社会产生一种普遍的道德能力缺失现象。

由上分析可知,根据常识,那种道德上不允许的行为天然地具有冷酷、麻木等特质。一个道德上可允许的行为一定是道德上正确的行为。然而,由于生活本身以及事物联系的复杂多样性,所谓"正确的"行为总是在一定限度、范围、规定内的正确,不能超出此限度、范围、规定;由于人们观察、判断总是基于特定视角的,不同的视角可能有不同的观察与判断。

三 行动动机是否内在于道德判断

即使行为主体做出正确的道德判断,此判断是否转化为动机并推动其直接采取行动,在理论上仍然具有开放性。在理论上这里至少存在两种可能。其一,直接根据形成的判断采取行动。其二,并未遵循自己已形成的判断采取行动。此处着重分析第二种情形,因为它的存在意味着判断和行动之间可能出现分离。关于行动的动机是否内在于道德判断,在当代伦理学理论中存在内在主义与外在主义之争。[①]

对于动机的内在主义者而言,一个人一旦能够做出道德上正确的判断,可以断言某事在道德上是正确的,他就会具有一个行动的动机;道德判断直接导致了一个人按照道德要求行动的动机倾向,而无须借助外力。根据史密斯的解释,"道德判断具有一种实践后果的观点基本上被视为'内在主义'"。同时,史密斯指出内在主义背后表达的是道德判断与意志之间的概念性联系,即:"如果没有意志薄弱所累或其他类似的实践非理性的形式的话,判断以各种各样的方式去行为的行为者就被动机促使,且必然在动机上被促动。"[②] 这样看来,如果一个人具有实践理性,且是在

---

① 根据约翰·罗伯逊的解释,"内在主义"与"外在主义"的使用划分出三个领域的不同哲学立场:第一个领域是实践理性的可能性问题;第二个领域是动机理论;第三个领域是道德是否自主的问题(《内在主义、实践理性与动机》,第351页,收录在徐向东主编的《实践理性》,浙江大学出版社,2010)。本书在围绕道德动机与道德判断的关系上展开内在主义与外在主义的理论探讨,严格说来就是动机的内在主义与外在主义之间的争论。注意区分的是,此处不是通常意义上从"内在评价"与"外在评价"的意义上讲行动的"内在理由"与"外在理由"。同时,并不具体讨论内在主义内部存在的强内在主义与弱内在主义之分。

② [澳]史密斯:《道德问题》,林航译,浙江大学出版社,2011,第59~60页。

理性的情况下做出的道德判断，他（她）就会按照自己的判断去行动。如果他（她）没有采取行动，那么他（她）就是不理性的。

然而，史密斯和一些内在主义者强调"意志薄弱"等因素，事实上已经合理地看到"道德判断"和"行为动机"之间的这种联系并不是对每一个行动者都有效。异常的道德境遇、行为者的情感情绪状态、特殊的职业要求等诸多因素，都可能对行为者的行为动机有所促发。能够严格按照道德判断去行动的行为者，一方面是如史密斯所言的"既善良而又意志坚强的人"；另一方面，即使判断构成了行为主体的道德动机，但其究竟采取何种行为方式完成道德义务，不仅需要有一个实践慎思的过程，而且有在多重行为方式之间选择的可能。不过，史密斯等内在主义者始终面临一个判断者如何意志坚定的前提性问题。这是其理论的软肋。内在主义者混淆了两个完全不同的问题。"一方面是对道德概念的概念分析，另一方面是对道德主张的实质性说明。换而言之，一个行动者对道德主张加以承诺的问题不是一个概念问题，而必然与一个行动者的实践智慧和道德经验有某种必然联系。"[①]

相比之下，外在主义也注重道德判断具有实践性的要求——无论这种要求的根源是什么，但是，其在注重道德判断实践性要求的同时，强调实践智慧、生活经验对道德实践动机的促发。外在主义者不主张道德判断对道德动机具有决定性作用，并给出两个具体理由。"第一，道德行动的道德动机不是由判断本身提供的，而是来自于一种额外的'心理制裁'（psychological sanction）。第二，动机的力量不是来自就此而论的道德判断而是从对一个行动的道德正确性的实质性说明中引申出来的。"[②] 外在主义者看到"判断"与"动机"之间可能出现的分离。例如，在面对摔倒的老人时，人们能够做出应当帮助老人的道德判断，但因担心被"讹"而选择了逃避责任的情形，即属此类。作为路过者不是不知道应当帮助，更不是不愿意帮助，而是对来自生活经验的相关"讹"的恐惧。正是来自生活经验的这种对"讹"的恐惧所形成的"实践智慧"，使路人最终可能没

---

① 参见徐向东《道德哲学与实践理性》，商务印书馆，2006，第231~232页。
② 参见徐向东《道德哲学与实践理性》，商务印书馆，2006，第220~221页。

有听从心灵深处的声音，回避了本应承担的道德责任。

外在主义者更多采取的是一种休谟式的动机理论，认为动机与道德判断在心理上是偶然的，行动的动机依赖于特定的道德环境。这有一定合理性。道德判断是一种评价性的判断，"它并不总是激起行动者采取行动，只有在它与行动者的其他欲望和他对生活的一些深层次的关切相一致，判断才有可能转化为行动的动机"①。或者说，行为主体在具体情境下究竟是否会采取行动的动机，不仅源于判断和理性的权衡，而且与行为者当时的情绪、状态、性格等有着紧密的关联（比如情绪沮丧、自我挫败等情绪状态下，就会缺少依据理性判断行动的力量）。不过，一般说来，一个真诚的道德判断者，不只是秉持一个道德判断的非道德主义者，而应是一个（积极实践的）道德主义者。在此意义上，内在主义对行为的道德动机的解释有一定的说服力。

从动机的内在主义与外在主义之争可以看出，对于具有善恶判断能力的行为主体而言，正确的道德判断并不必然产生正确行为的道德动机。彼此的争论至少表明意志力在判断与行为动机之间的关键性地位。即便有了正确的判断，如果意志薄弱，也难以成为推动行为的动机。与此同时，在道德行为过程中，行为主体需要慎思自己行动的目的以及目的的指向。也就是说，履行道德义务要求人有实践慎思的能力。

第四节　慎思：从判断到选择

所谓慎思，借用霍布斯的说法即为："对一个行动的好坏结局的交替想象，或者换句话说，就是对他所思考的那个行动的交替的希望和恐惧。"② 在这种交替的希望与恐惧中，慎思指向行动者的目的与手段，慎思如何可以做得更好。慎思具有"工具理性"的功能，考虑行动可能采取的手段、方式和达到的效果。慎思的核心是：如何明智地行动，如何代价

---

① Alan H. Goldman, *Reasons from within Desires and Values* (New York: Oxford University Press, 2009), p. 102.
② 转引自徐向东《托马斯·霍布斯论自由与慎思》，《云南大学学报》（社会科学版）2008年第3期，第50页。

最小、风险最小地履行道德义务、担当道德责任、实现活动目的。

一 慎思的有限

在关于"实践慎思"的研究中存在新休谟论与新康德论之争。即使是对亚里士多德"慎思"概念的解读，也存在亚氏是侧重目的还是侧重手段的争论。我们对"慎思"的讨论重在突出行动者在道德选择中的实践推理，在推理的过程中形成行动的道德理由，以及最终促发意志的决定与行动。但推理可能出错、行动的理由可能失效、行为者的意志也可能不够坚定等，这些都带来了实践的不合理性，都有可能将行为的效果推向其对立面。

实践推理涉及人们对道德事件、结果走向等的判断和选择。实践推理开始于人们的道德意愿，伴随着选择与被选择的行动过程。实践推理涉及行动的"真"与"善"，即它既关系行动者能够准确理解一般道德法则在特定道德活动中的要求是什么、实现这一要求的适合手段方法是什么，又关系行动的价值指向和行动者的善良意愿。迈克尔·布拉特曼认为："在充分成熟的行动中，这种推理产生的结果是如此行动的意向或'意志力'（volition）。因此让我们只是提出：充分成熟的行动也会涉及一段恰当的实践推理的结论。"[①] 实践推理某种程度上构成了行动的理由。行为主体的道德活动在实践推理基础上展开，并指向人对道德生活整体的关注。实践推理过程中，行为主体的道德选择不仅仅是对当下道德事件的判断，更意味着行为主体的道德信念和整体的生活计划指向。

与此同时，人的慎思能力本身也是有限度的，或者说可能出错。思想史上，亚里士多德和杜威对慎思内涵的理解存在分歧，但他们不约而同地指出了慎思能力可能出错。亚里士多德认为好的慎思所考虑的目的是善的，尽管亚里士多德认为我们慎思的只能是目的指向的东西而不能是目的本身。对亚里士多德而言，不好的慎思有两种可能："首先，一个不能自制者或坏人可以经过计算而确立一个他认为正确的目的，这样，尽管他将做的事对于他是极大的坏事，他却做了正确的考虑。其次，一个善目的可

---

① 徐向东编《实践理性》，浙江大学出版社，2010，第566页。

能不是通过正确的思考过程而确立起来的,一个正确的目的可能不是借助于正确的前提,而是借助于错误的中介而达到的。"① 人有可能很正确地慎思一个坏目的,这样的慎思指向无法促成好的东西。经由错误的推理达到的目的不是好的慎思,因为慎思也就是实践推理过程中出现了大小前提的错误。同时,一个好的道德目的也有可能通过不恰当的慎思而"偶然性"(阴差阳错)地获得实现。但是,好的慎思能力在于人们不但能够有效回应道德境遇,而且会思虑与之相关的要素。

相比之下,杜威认为慎思的"形式"目标就是行动计划。道德境遇中的问题总是特殊的,行动计划需要给出问题的答案。行动计划的设定过程就是实践慎思发挥作用的过程,也是新旧习惯对抗的过程,因为旧的习惯不适合新的道德境遇。在道德活动中,慎思的行动计划指向意识的具体目标,慎思能力的有限或者错误体现在具体目标与不同善价值之间的搭配可能出现错误。莱肯在反思重构杜威的相关思想时将其概括为三种错误的可能,即:"第一,只意识或赏识到内在之善的一个子集。第二,一个人单纯地从事一项活动是为了某种由这种活动导致的外在之善。第三,一个人很谨慎地关注一项活动和内在之善,但未考察这一活动对其他活动及其内在之善的影响。"② 好的慎思需要行为主体对利益关系、道德冲突、义务责任等保持一种敏感性。换言之,慎思虽然指向具体的目标,但具体目标中包含善的子集、外在善、诸多善要素之间的关系。如果缺乏对人自身应该追求的内在善、外在善的慎思,行为主体很难做出正确的道德决定与选择。比如,医生给病人治病,慎思的内容直接指向"治疗"以使病人恢复健康。但是,医生对如何治疗的慎思涉及他如何理解他自己的人生目的(内在善)、职业操守(内在善的子集)、外在的名誉、金钱(外在善)等这些因素之间的关系,甚至还涉及他如何理解人以及如何理解健康。

虽然慎思不是直接指向亚里士多德所言的"最终的目的",但通过慎

---

① 〔古希腊〕亚里士多德:《尼各马可伦理学》,廖申白译,商务印书馆,2003,第181~182页。亚里士多德以反证的方式从四个方面讨论什么样的慎思是好的。上述两个方面着重体现了不好的慎思的可能。
② 参见〔美〕莱肯《造就道德——伦理学理论的实用主义重构》,陶秀璈等译,张弛校,北京大学出版社,2010,第74~75页。

思（杜威所言的行动计划），恰恰进一步澄清了亚里士多德所言的最终的目的。当然，对于杜威而言，澄清的是一个人不断增长的人生意义。

二 自我关爱与伦理利己主义

慎思涉及行为主体如何看待自我利益问题。慎思在这里要指向自我的利益，关注在道德行为中如何行动对我而言在道德上是"好的"，什么东西对于行动者而言具有实践上的重要性与优先性。这在理论上被概括为人的自爱、利己。我们对手段和实现手段的方式的交替想象在根本上涉及一个人对自我利益的关切。

道德实践中存在自我利益与他人、集体利益发生冲突的可能。在利益冲突的情况下，如何处理利益关系是道德生活的重要内容之一。在现代社会，人们在道德上一般并不拒斥自爱、自利，相反，自爱、自利都能获得某种有理由的道德辩护。慎思是试图在可能的范围内平衡、协调自我利益与他人利益，与此同时，试图在正义理念之下理解牺牲精神，融通正义精神与牺牲精神。

一般而言，人有保存自己尤其是保存生命、趋利避害的本能。启蒙时代思想家已合理揭示：自保、自爱是人生而有之的自然权利之一，具有道德上的正当理由。霍布斯在《论公民》与《利维坦》中就对此有较为充分的论述。① 在《论公民》中，霍布斯明确指出："如果一个人尽全力去保护他的身体和生命免遭死亡，这既不是荒诞不经的，也不应受指责，也不是与正确的理性（right reason）相悖的。可以说，不与正确的理性相悖，就是按照正义和权利（Right）去行事的。"② 根据霍布斯的理解，自爱、自我保存与人的理性不相违背。这种思想自启蒙时代以来已为人们普遍认同。在个体权利、能力的立场上，自我保存是合乎理性、合乎正义的要求。然而，问题的要害在于：自保、自爱不等于"伦理利己主义"。根据

---

① "著作家们一般称之为自然权利的，就是每个人按照自己所愿意的方式运用自己的力量保全自己的天性——也就是保全自己的生命——的自由，因此，这种自由就是用他自己的判断和理性认为最合适的手段去做任何事情的自由。"〔英〕霍布斯《利维坦》，黎思复、黎廷弼译，商务印书馆，1985，第97页。

② 〔英〕霍布斯：《论公民》，应星、冯克利译，贵州人民出版社，2003，第7页。

休谟的论述，人不仅有自保心，还有同情心，即自保、自爱并不内在地拒斥仁爱，相反，它能够以某种方式兼容仁爱。然而，伦理利己主义却仅仅看到人的自保自爱，坚持"认为每个人都应该（ought）仅仅追求自己的利益……根据伦理利己主义，只有一个行为的终极原则，即自利，这一原则概括了人的所有义务"[①]。伦理利己主义没有直接主张我们应该避免帮助他人，而且从长远的角度看，你帮助他人就是帮助自己。尽管伦理利己主义理论内部存在反对利他主义、与常识性道德相协调等较为温和的态度，但作为一种价值立场与理论原则，伦理利己主义以己他利益冲突的零和博弈为特质。"伦理利己主义的根本困难在于：这个理论以一种毫不恰当的方式去设想'自我'和界定'自我利益'。"[②] 极端的伦理利己主义是一种己他二元绝对对立的道德价值立场，因而，在实践中自然会损人利己、以邻为壑。我们在日常经验生活中记忆犹新的毒胶囊、皮鞋酸奶、苏丹红等事件，印证了这种伦理利己主义的存在。根据伦理利己主义原则，人的实践没有任何道德底线，只要能赢得自身的利益没有什么是不能做的。伦理利己主义无视行为的伦理原则与道德上的可允许性，因而，从根本上伤害日常生活中人们世代积淀而至、近乎常识的基本道德价值精神。

伦理利己主义以一种近乎唯我主义的方式无视自我与他人之间具有的内在价值关系，视自己为纯粹目的，视他人为实现自我利益的纯粹手段。伦理利己主义主义者也会从利己的角度为利他行为寻求辩护。但是如果伦理利己主义者将他人、社会关系作为自己利益最大化和人生幸福的重要内容，并试图为每一个人的自我利益都能实现的社会环境而努力，那么他事实上就已经不是伦理利己主义者了。概言之，自保自爱能够获得某种有理由的道德辩护，伦理利己主义则不能获得有理由的道德辩护。

三 理由失效与意志软弱的可能

行动理由的失效有多种原因。从人的实践慎思能力来看，可能源于慎

[①]〔美〕雷切尔斯：《道德的理由》，杨宗元译，中国人民大学出版社，2008，第78页。
[②] 徐向东：《自我、他人与道德》（上册），商务印书馆，2007，第137页。

思的不恒定性和人的不自知。就如泰比里厄斯在分析"美德与实践慎思"关系时所指出的:"恒定和自知的人有能力注意到自己环境的变化,判断哪个变化对于他的既定价值而言是相关的,并且在必要的时候,通过质疑自己的核心价值来回应相关变化。"① 慎思的恒定不是一个人对道德行为的固执己见、拒绝反思,而是有相对稳定的价值信念与道德判断,不至于使道德行为的目的总是自我挫败。而自知则意味着行为者对自身的能力、特点有准确的判断,对自己的能力做出恰当的估计,并对道德环境的变化保持敏感性。

经过实践推理,行为主体有可能坚定地按照自己的意志履行道德义务,表现出强大的意志力。意志力表现为行动者的行动意愿与理性的一致,坚定不移地实践道德法则。意志力的本质是主体在道德实践中表现出的自律。这种自律在于意志的自我立法能力——它不只是内在精神的自律,更是外在行为的自律。此种自律是意志对自由精神、道德价值的自我坚持。意志力具有自主、自觉的特征,在抽象的意义上,以对善的追求为目的。在具体的道德实践中,意志力的自律则是意志对自身目的执着不已的追求精神。值得注意的是,意志力带有自律性的执着不同于通常所理解的固执。固执,有不懂得变通、墨守成规、偏执的含义,而意志力的自律所表现的执着,是意志向着善的目标不断前移、坚定不移的追求精神。

即使实践推理正确,现实道德过程中还是会出现意志软弱的问题。因为意志软弱选择放弃、背离自己的道德义务,终止道德行为。关于意志软弱存在着一个难以解释的问题。比如根据迈克尔·布拉特曼的观点,既然实践推理的结果产生的是如此行动的意向和意志力,那么我们应该如何理解道德软弱的可能。换而言之,人为什么会意愿一个他认为错误的行为?

当行动者的意愿没有跟从理性的指导并走向其对立面,通常被视为意志软弱。最明显的意志软弱的情形就是,行为主体被无法抵挡的欲望诱惑而表现出的冲动、孱弱与放弃。从行为主体的角度看,此种情形下的意志

---

① 徐向东编《实践理性》,浙江大学出版社,2010,第512页。

软弱是不能自制或放纵。按照亚里士多德的理解，"不能自制同自制相对立，软弱与坚强相对立。坚强意味着抵抗，而自制意味着主宰"①。不能自制或者说意志软弱表现为人在欲求上的不一致，并带来行动者的自我挫败，从而背离道德义务。普莱斯在分析亚里士多德的自制与不能自制思想时更为详细地指出："人的判断可能暂时被情绪或诱惑扭曲或遮蔽，于是按照自己平时不赞成的方式行动，这是判断的软弱。而同时，人的判断既没有被遮蔽也没有被扭曲，但他仍旧不能按照判断行动，于是表现出执行的软弱。"② 普莱斯认为亚里士多德只是对两种不能自制做出了说明，但并未给出问题的答案。亚里士多德确实没有给出如何解决不能自制问题的答案，不过，这不重要。重要的是亚里士多德揭示了不能自制这一意志软弱现象的存在。在实践活动过程中，行为主体的思想不会停止，其对自己的意图、目的、计划的落实，都不是机械性的。行动始终与行动者的状态、行动的外在环境相关，所以意志软弱有可能发生。无论如何，意志软弱对道德行为结果与行为主体的德性养成均造成一定的阻碍。

主体的道德活动要求有实践慎思能力，实践慎思能力的明智权衡、判断、选择及其行为均是在具体情景中发生。实践慎思中，行为主体决定的行为将是一个"我的行为"。"它不是指人通过慎思意识到这是我的行为，而是涉及我是事件和世界改变的原因。我是一个具体的、经验的、有着利益诉求的我。"③ 这提示我们，离开实践理性的导向以及人对自身价值的追求，人的实践慎思可能沦为一种理性的计算，甚至导向极端的利己主义。同时，如果我们要求行为主体通过实践慎思做到不偏不倚并足够尊重行为主体的价值利益追求，那么我们就需要意识到好的道德行为结果的产生还需要行动者的实践智慧、人生经验、人生目标以及社会提供外在善的基本保障、一定的好运等因素。

---

① 〔古希腊〕亚里士多德：《尼各马可伦理学》，廖申白译，商务印书馆，2003，第210页。
② 参见〔美〕克劳特主编《布莱克维尔〈尼各马可伦理学〉指南》，刘玮、陈玮译，北京大学出版社，2014，第251页。
③ Bernard Williams, *Ethics and the Limits of Philosophy* (Cambridge: Harvard University Press, 1985), pp. 77-78.

第五节　道德行动

道德精神、义务要求现实地要求自由意志主体具有一定的道德行动[①]能力。在具体的道德情境中，自由意志主体要能够被道德情感所打动、合理地将自然必然等意志以外的因素纳入自由意志的实现环节、拥有一定的技能，在复杂多变的道德环境中审时度势、理性权衡并付诸行动。在"行"中实现"知情意"的统一。如王阳明所言，"知者行之始，行者知之成。圣学只一个功夫，知行不可分作两事"。[②]　知—行需要在具体的道德行动中合一，或者说，道德不会停留于主观精神之知，它必须走进具体道德情境的实践中去实现自己并获得自身的完整统一性。

一　情感的打动与理性的权衡

在具体的道德情境中，自由意志主体的情感能力在于要能够被此情此景、此人此事所打动，同时，理性地反思道德行动的目的、运用理智推理能力，进而决定以何种方式行动。

意志主体总是以某种情感、态度去行动，而不同的伦理关系、道德境遇下的道德义务或者说善恶价值所激发的主体的情感内容不尽相同。道德行动不是机械的道德规范操作，其首先需要自由意志主体情感的认同，在内心深处被情感打动，也可以称为道德感动。"广义的道德感动指的是所

[①] 我们对道德能力"行"上的理解有时用"行为"，有时用"行动"表达。也可以说，我们对这两个词的使用并未做实质区分。需要注意的是，国外与国内学者对这两个词的使用有做区分的例证。科尔斯戈德在《规范性的来源》中对行动（action）与行为（act）做了区分。她认为："亚里士多德和康德都对'行动'与'行为'做了区分。行动，我指的是被康德的准则观念很好地抓住了的那个东西——就是追求某个目的的行为……根据亚里士多德和康德的看法，行动是一个完整的事情——为了某个目的的行为——也就是选择的对象。"（《规范性的起源》，第 304 页）国内的学者赵汀阳先生在《论可能生活》中从目的论的角度将"行动"与"行为"区分开。他认为："一个活动，如果它表现为以可能的方式去达到某种结果，那么它是一个行动；如果表现为以被允许的方式去行动，则是一个行为。可以说，一个行为就是附加了规范意义的行动。"（《论可能生活》，第 109 页）
[②] 王阳明：《传习录》，于自力、孔薇、杨骅骁注译，中州古籍出版社，2008，第 62 页。

有具有道德见证力的、能激发出我们的道德评判和道德意识的情感,其中既包括积极正面的也包括消极负面的情感。但从狭义上讲,也许只有那些能促进和激发人的道德向上的情感,即有积极正面意义的情感,才属于道德感动。"① 在此种意义上,东西方的先哲对道德感动能力均给予了关注,所谓"恻隐""羞耻""同情""怨恨"等道德情感能力已蕴含了自由意志的道德感动能力。道德感动在道德行为中表现为被道德情境所打动,其虽不能构成完整的道德行为,却是德性与德行的一种见证。自由意志主体被道德情感打动的这种道德感动能力,是人所共有的。只是感动者的偏好与能力有差异,对于理智能力健全的人不被任何人、事所打动的人几乎是不存在的。一个有道德感、有良心的人是一个能够被具体道德情境所感动,并从周遭的生活以及自身的道德行为去体验和实践这种情感的人。

道德情感的打动具有身临其境的特质,也就是说,道德行动的"做"源于自由意志在当下的境遇中亲身体验、感受道德带给心灵的力量。首先,它不是一种理性的道德判断,而是一种近乎冲动的情绪反应。自由意志主体能够在道德情境的激发下,设身处地、推己及人、将心比心地进入一种情感状态。其次,情感的打动在一定意义上不但为道德的存在提供了证明,而且对情感与理性的鸿沟进行了弥合。因为"感动"或者说"被打动"本身不是一个简单的价值偏好问题,它蕴含了自由意志的判断能力。我们周遭的一个个人、一件件事都会使自由意志主体产生一种道德感动,并促使其自觉地做出判断和选择。情感的打动虽然首先不是一种理性判断,但是这种情感能够在特定的情境下得到激发并显现已经证明,情感打动中包含主体在日常道德生活中形成的、相对稳定的道德情感,其蕴含了自由意志主体辨别是非善恶的判断能力。

道德感动能力在一次次的道德情感的打动中不断地培养起自由意志的情感能力,主体的品格、品质、个性也经此而得以培养和塑造。伴随着这种道德感动能力的道德判断蕴含两重含义,一方面,道德感动中的判断是对道德行为现象的判断,这种判断是对一种表象的判断。它带有情感主义的色彩,正如麦金太尔所说的:"一具体的判断也许是道德成分和事实成

---

① 王庆节:《道德感动与伦理意识的起点》,《哲学研究》2010年第10期,第103页。

分的统一体。"① 但这种出于情感的判断可能出错，情感本身是意愿、态度的表达并以这种情感和态度为标准，它有可能滑向道德相对主义。另一方面，道德感动中的判断是对现象背后的个体德性与伦理关系的判断。但现象可能是假的，其对自由意志主体的情感可能造成蒙蔽。这样，具体情境中的道德行动不仅要有真挚的情感、被情感打动，还要有自由意志主体的理性权衡能力。

现实道德生活中，"道德毕竟总是发生于特定的时间、地点和境遇的，总是发生于特定的个别人之间的；道德决不是抽象地发生"②。这就要求，理性要根据具体的道德情境对义务要求、道德价值做出合理的判断、选择。同时，在行动中进行恰当的理智推理，对道德行动的目的实现的外在条件与可能产生的实际结果进行理性的反思，分析利害得失、做出选择。

道德情境中，理性的权衡是一种实践的慎思，它反思的是自由意志的目的规定（或者说内容），以及如何实现自身的目的。首先，对伦理关系、道德境遇对自由意志主体自身提出的道德要求进行理性的反思，通过反思而明确此境遇下自己应该做什么。其次，自由意志主体要针对实现目的的手段或方式进行权衡，选择既善又好的手段和方法，并采取有效的举措。再次，合理而审慎地反思自身是否具有实现目的的能力，这种能力既包括对具体伦理关系中道德知识的掌握，也包括自由意志主体的实际行动能力等。具有实现目的的能力，就要善于把握机会，并能在实践中不断提升自己的实际能力和道德境界。同时，我的目的的实现还要与自然、他人发生关系，所以，自由意志主体还要反思自身采取何种方式、方法将自然必然性纳入自由意志的实现环节，以及所采取的方式、方法对他人在道德上所可能产生的影响，对这种影响做出合理的预期。

自由意志主体的理性权衡在特定的道德情境中进行，并受到具体时空的规定与限制。但是，自由意志主体依然有创造性的可能。经过理性权衡

---

① 〔美〕麦金太尔：《德性之后》，龚群等译，中国社会科学出版社，1995，第16页。
② 〔美〕蒂洛、克拉斯曼：《伦理学与生活》，程立显等译，周辅成审阅，世界图书出版公司，2008，第145页。

所带来的自由意志的创造性简单而言在于两个要素：其一，每一个自由意志主体本身都是特殊的、独一无二的，他（她）对道德目的、义务要求的认知和判断都具有自身的个性特质；其二，每一个道德情境都是不可重复和再现的，道德情境是诸种内外因素共同构筑的时空。自由意志能够从相类似的"场景记忆"中进行经验移植。所谓"场景记忆"，即"人类的一种长期记忆，它具有时间感受性，能够将主体带回过去的时空，并能将记忆中获得的经验移植到此刻的道德情境"。[①] 但这种"场景记忆"提供的只是一个认知、判断、选择的参照系统。具体的道德行动充满偶然性、不确定性，自由意志主体依然有创造的可能，尤其是在突发的道德境况中。

道德是自由意志获得自由存在的能力，如果说道德认知能力、道德判断能力、道德情感能力、道德选择能力是自由意志获得自由存在的前提，那么道德行动能力则是自由意志获得实体性存在的证明，它是主体能否并如何按照自身对周围世界的认知、判断、感受和选择来行动。而道德行动的过程也就是道德能力显现自身、实现道德价值，使道德真正成为人的自由生活能力的过程，也可以说是道德获得真理性的过程。

道德行动能力不但要有情感的打动、理性的权衡，而且需要意志主体做出相应的道德选择。

二 出于意愿的选择

成为人，成为有道德的人，不但要认识道德、拥有道德知识，要怀有真挚的道德情感，还要在判断中发自内心地在善恶之间做出取舍，自觉自愿地选择善的价值。自由意志主体只有不断地选择，才有可能获得属己的存在方式、实现道德。道德选择能力是道德价值实现的途径，道德行为中，自由意志主体要善于做出选择，对自身的选择承担相应的责任。

在关于是非善恶的认知上，道德选择是自由意志主体通过认知和判断确立善的价值观念的能力。有了关于善恶价值的正确认知与判断不等于自由意志主体选择善的价值观念。具体的道德行为中，道德选择是自由意志

[①] 参见 Robert A. Wilson, Frank C. Keil, eds., *The MIT Encyclopedia of the Cognitive Sciences* (London: Massachusetts Institute of Technology Press, 1999), pp. 888–889。

主体在自身已确立的善观念指导下，在诸种价值间取舍的能力。在整个行为过程中，道德选择是自由意志主体的道德意识向道德行为过渡、转换的关键环节。按照亚里士多德的理解，"选择这个名词就包含了逻各斯和思想，它的意思就是先于别的而选取某一事物"。① 可见，亚里士多德谈及的选择包含了主体出于意愿的预先考虑，也就是自由意志主体的目的。

目的在具体的道德行为中具有直接指向性并贯穿始终，通过主体的认识、选择、行动而成为具体的定在。可以说，目的总是特殊的、"有我的"目的，我的目的也一定包含我的利益、需要、欲望、观点、意见等内容。这说明，一方面，人（个体、主体意义上）不是一个无目的性的主体；另一方面，人的目的需要通过其自由意志行为得以现实化，自由意志行为之间不是彼此外在的，而是以主体的目的贯穿始终的；同时，我的目的的现实内容以我对幸福的追求为基本内容，而我的幸福的实现亦是作为人类的幸福的存在样式之一。道德理想、人生目的不是纯粹主观精神，它要通过每一个个体的存在方式呈现，通过每一个个体人生目的、道德理想的实现而使得社会的道德理想、价值精神或者说人类的自由存在成为现实。"一切自由概念的普遍性目的，都必须通过我的这样一些特殊性内容而在我这里成为具体定在，且都必须通过我的需要、欲望、热情、私见、幻想才能变为现实。"② 可见，我的目的的内容要通过具体的我的行为中的选择、做而成为现实。

在道德行为中，道德选择意味着"从实践理性向实践过程的转换。正是通过个体化的行为选择，自我进而在实践的层面展示了其自主性和自由的品格"③。在具体的道德选择中，有善恶截然分别与道德两难两种情况。后者不是在善恶与对错之间的选择，而是在善善之间的选择。通常意义上的道德原则、善恶标准在后一种情况中对自由意志主体的选择构成影响和约束，但是最终做出何种选择要涉及主体的价值观念、情感体验、道德理想等多种因素。在确立并选择了实现何种价值后，自由意志主体还要选择

---

① 〔古希腊〕亚里士多德：《尼各马可伦理学》，廖申白译，商务印书馆，2003，第67页。
② 高兆明：《黑格尔〈法哲学原理〉导读》，商务印书馆，2010，第260页。
③ 杨国荣：《伦理与存在——道德哲学研究》，华东师范大学出版社，2009，第134页。

实现价值的方式、方法（手段）。

道德行为中，自由意志对实现目的的方法（手段）的选择在具体道德境遇中展开。这也就是境遇主义者所说的，"在每个'当下存在的时刻'或'独特'的境遇中，人们都必须依据当时当地的境遇本身，提出解决道德问题的办法"。① 具体的选择方法因人、因事、因时、因地而异，但对方法（手段）的认识是选择恰当的行动方法的前提。这在根本上涉及自由意志如何理解手段的价值并做出恰当选择的问题，也是手段与目的的关系问题。作为手段的方法是目的实现的环节，它与目的互为规定。一方面，目的的实现要求相应的手段；另一方面，手段要从目的中获得自身的价值规定。在目的选择是"善的"前提下，自由意志还要能够有选择"善的"手段（方法）以实现善目的的能力；而"当且仅当手段既有利于目的的定在又不违背目的的内在价值精神时，其才是善的"②。方法的选择反映了道德行为本身有一个被主体理解和把握的问题，也反映了道德生活本身的丰富多样性。

道德选择是出于自由意志主体意愿的选择，同时，这种选择在特定的道德情境中也是一种有限范围内的选择。一方面，道德选择要在社会提供的外在环境与具体的伦理关系中进行。另一方面，主体的意志必须是自由的，能够为自身的选择承担责任。义务要求、道德精神的实现离不开自由意志主体自觉自愿而又自主的选择。

三 技艺

道德行动，在一般意义上要求自由意志主体有着一定的道德实践能力，在特定的境遇中需要自由意志主体具有一定的技能为保障，才能实现道德义务要求。

技艺这一概念在此处相当于技术，是人的一种因理论尤其是经验的学习而获得的能力。技艺在通常的理解中与人的生计、生存紧密相关，它具

---

① 〔美〕弗莱彻：《境遇伦理学——新道德论》，程立显译，中国社会科学出版社，1989，第13页。
② 高兆明：《存在与自由：伦理学引论》，南京师范大学出版社，2004，第361页。

有专属领域的特殊性。在道德实践中，就个体而言，技艺既可能有助于道德的实现，也可能摧毁道德，对道德价值造成根本性的颠覆。

按照亚里士多德的理解，"技艺是一种与真实的制作相关的、合乎逻各斯的品质"①。这个产品、这个事物原本并不存在，如若存在也只是作为质料而在，它是通过人的制作、操作而生成。比如，建筑物是通过建筑师的建筑活动而生成，雕塑是通过雕刻家的雕刻活动而生成，等等。而技艺对于个体而言，是通过学习、制作，使不存在的产品生成的能力。这也就是说，技艺面对的制作的题材是可以变化的，而且这种变化可以在人的能力掌控之内。技艺对道德的作用也就是在变化与能力的张力之间，个人如何获得技艺、运用技艺则体现了人运用理智去把握存在的"真"的品质，而在把握"真"的背后又隐含着道德上"善"的诉求。

技艺在道德实践中对道德价值的获得可以起到推动作用。这种推动作用在于如果没有技艺，道德活动可能无法展开，甚或无法获得可以期望的价值等，在紧急道德情况下表现得尤为明显。比如，在航海过程中船舶突然发生事故，如能及时排查出事故原因，可能挽救船舶上所有人的生命并将损失降到最低点。此时，如果有一位航海经验丰富，技术极其高的已退休船员，那么他就有可能利用自己的技艺经验针对航行环境、船舶设备故障等做出准确分析，协助船长与船员从而避免一次航海事故。但是，由于技艺本身面对的是变化的事物，单纯地依赖技艺并不能保证道德活动的顺利展开。这也就是，亚里士多德在讲技艺与明智的区别时突出明智中的"实践智慧"之所在。对技艺的运用，在特殊的道德境遇中要具有灵活性，才可能对变化的情况准确判断、应对自如。

技艺在道德实践中也可能对道德价值造成颠覆。这是由于技艺只能是在局部范围内展示人的理智的求"真"品质。"技艺的知识只在可变化事

---

① 〔古希腊〕亚里士多德：《尼各马可伦理学》，廖申白译，商务印书馆，2003，第172页。值得注意的是，亚里士多德的"技艺"概念包含"技术"与"艺术"双重含义。同时，技艺与实践在亚里士多德的思想中是相区别而存在的，尽管技艺中蕴含了人类理智的品质。这一思想，后经马克思关于实践与生产劳动的思想，海德格尔对技术的追问，阿伦特对劳动、工作和行动的划分等有所发展。关于"技艺"的思想已经显现了人们道德观念的历史性变化。

物的可操作的过程这个有限范围内才有效。"① 一旦超出一定的范围，技艺带来的就是一种"失真"的品质。人所拥有的技艺以一种可以"操作、制作"的方式展示着世界，这种展示方式有使道德、智慧等沦为技艺、技术手段的倾向。可见，技艺必须经由主体的理性、审慎而又合理地运用，才有可能在实践中推动道德价值的实现，对技艺运用的方式已蕴含人自身的某种道德能力。

四　执行能力

道德义务要求、道德的实现需要自由意志主体具有一定的执行能力，即："有效地行使实践推理并把推理的结果付诸实践的能力。"② 善良的动机、情感的打动、理性推理的运用，其最终都需要通过执行而在行动中展开。

执行也可以理解为对道德义务的具体履行以及对道德手段、方法等的具体应用。执行能力是一种积极的道德能力，在对道德行动的诸要素进行认知与道德行动的走向做出合理推理预测的基础上，一种意志对自身提出的积极的决定、决断的能力。对自由意志主体而言，执行能力有两个根本性的要求。

其一，自由意志主体在行动中必须要积极、自主，并善于决断。道德的普遍、客观、形式的要求，是特殊、主观的形式被自由意志主体在特定的伦理关系、道德行为中践行。主体总是要依据自身的认知、良心等选择实现目的的方法。"道德原则是抽象的，道德原则的具体定在则是丰富生动的，道德行为的能力核心地就在于能否依据具体情况，充分而又恰当地践履道德原则。"③ 自由意志主体的欲望、信念、价值观念、道德义务的要求等都需要经受实践推理，并按照这种推理的结果付诸实践。

其二，自由意志主体在行动中必须积极反省，并具有坚强的意志力。道德行动所置身的外部环境是变化发展的，只具有相对稳定性，其不但包含自然必然性、自由行动的因果性，还包含外部世界的偶然性、不确定性等因

---

① 廖申白：《亚里士多德的技艺概念：图景与问题》，《哲学动态》2006年第1期，第36页。
② 徐向东：《理解自由意志》，北京大学出版社，2008，第411页。
③ 高兆明：《存在与自由：伦理学引论》，南京师范大学出版社，2004，第373页。

素。而且，自由意志主体自身也无法达到对自己全面的认识等。道德行动的展开充满了难以预料的风险与艰难，自由意志主体在执行的过程中必须具有坚定的意志力，能抵制各种诱惑并具有一定的责任担当精神。

道德在自由意志主体身上的完整呈现，就是人的一种能够将知、情、意相统一的道德能力，其核心在于"意"的行动能力。只有在行动中，知、情、意才可能获得现实的内容，实现真实的统一。

五 想象力的创生

正如前述，可选择的道德行为应当是能够得到合理道德辩护的道德上可允许的行为。康德坚信我们应该从实践理性中寻求道德行动的理由与动机；休谟坚信我们应该从人类的激情与情感中寻求道德的理由与动机。无论我们在理论上是否赞同一种康德式的实践理性观念，在道德实践中我们都无法否认实践理性对道德活动的理性审视及其规范性作用。这种理性审视及其规范作用贯穿行为目的的设定、手段的选择、活动方式的确定等道德活动的全过程。康德在《纯粹理性限度内的宗教》中提出："作为一种有理性同时又能够负责任的存在者，人具有人格性的禀赋。人格性的禀赋是一种易于接受对道德法则的敬重、把道德法则当作任性的自身充分的动机的素质。"[①] 人作为有理性能力的存在者，其行为动机与手段都应经过理性反思。实践理性要求行为主体能够独立于自己的偶然欲望、情感偏好而采取行动，不被感性的冲动所诱惑。

然而，人的行为不可能不受人类知性官能、情感欲望的影响——这也正是休谟反对以理性为根据解释人类行为根本目的的理由。甚至情感主义所提出的下述结论也不失某种理由："理性的辩护必须终止于某些最终不是由理性来判断、辨别和反思的东西，因为那些东西构成了我们的实践生活的起点。"[②] 不过，就本书关注的问题而言，至少有两点值得注意。其一，强调实践理性不等于否定道德情感，而是说情感具有不确定性与偶然性，人的情感不应当是纯粹的自然冲动，人的情感应是理性的净化与升

[①] 李秋零主编《康德著作全集》（第6卷），中国人民大学出版社，2007，第25、26页。
[②] 徐向东：《道德哲学与实践理性》，商务印书馆，2006，第187页。

华。其二，一切道德实践必须以可共享性的价值内容为起点，正是这可共享性价值内容使人类充满主观性的道德价值具有客观性，并使一切道德活动具有可公度性。人类的道德价值具有多元性，道德实践具有多样性，但是，道德及其具体实践的这种多元性与多样性，并不意味着道德的相对主义，更不意味着道德价值没有客观标准、是非善恶没有确定性——如果真的那样，那么，关于道德判断、道德评价等就既没有可公度的基本标准，更不可能形成普遍的基本共识。以康德为代表的理性主义所做工作的要旨正是在于证成并确定道德价值的这种客观性与普遍性。

作为实践理性的道德实践，在其现实性上不可能是纯粹的理性或纯粹的情感，而是理性与情感有机交融一体的创造性活动。任何现实的道德活动总是道德理性与道德情感生机勃勃的相依相生。一般的道德价值精神与法则只能规定人的行为的一般方向及其合理性根据，其具体实存则有赖主体在具体情境中的具体活动。"道德想象力是感知能力。"一方面，这种感知能力是"感知以可能样式存在的经验；另一方面，这种感知能力是由事物之所能是而感知事物之所是，进而对具体情境有合理理解，并选择恰当行为活动"。① 一般的道德价值精神与法则只是告诉人们行为的原则，但它无法告诉人们具体行为的具体活动过程细节，更无法代替行为主体在具体境遇中的自主选择与自主行动。在情感与理性的这种现实统一中，道德想象力起着调节的功能。

在具体道德实践中，行为主体通过想象力在一般价值法则要求与具体境遇之间做出有意义的连接。想象力是行为主体在思想中自由创造可能世界的心理能力。它能够在具有明确目的基础之上，充分地理解行为目的性及其具体境遇，将感觉、感性材料进行综合，并与知性的合规律性协调，即使是面临理性与情感冲突境况，行为主体也能发挥想象力并做出合理的判断、抉择。这就如同康德在谈及鉴赏力时所言："对象恰好把这样一种形式交到想象力手中，这形式包含有一种多样的复合，就如同是想象力当其自由地放任自己时，与一般的知性合规律性相协调地设计了这一形式似

---

① 高兆明：《伦理学理论与方法》（修订版），人民出版社，2013，第490页。

的。"① 道德想象力能够拓展认知，在行为要素的诸多交织可能中抉择现实的道德行为。一个富有道德想象力的人才有可能将道德行为视为艺术，并对道德生活、社会关系保持敏感性，深入所有可能的道德关系，不断调整自己的活动，而这一道德活动本身就是艺术。

想象力在对道德境遇中的感性材料进行综合与再生时，已经在发挥自身的创造性功能。创造性是行为主体创造性地去挖掘道德情境，并将道德法则、认知具体化——包括对诸多可能结果的预估，也就是杜威所言"创造性地挖掘情境中的种种可能性"②。想象力的创造性不但与行为当事人对道德价值的认知和判断有关，甚至还与他（她）的能力、经验，乃至行动外在环境因素有关。

我们对比两个实例："其一，一个英国年轻的登山者大卫·夏普在珠穆朗玛峰约 8500 米高的地方受困，有四十余人经过他身边，他却最终还是孤独地死去。其二，这个事件的目击者登山员罗丽莉在登上第二台阶前，曾不小心滑下雪山，挂在悬崖上，双腿悬空，当时有十多名登山者从她头顶上跨过去，却没有任何人采取施救措施……最后是罗丽莉的登山队采取悬挂吊起的方法把她从险境中救出来。"③ 在第一个案例中，有网友谴责经过的 40 位登山者过于冷漠，没有对夏普施与援手。但对于登山员来说，海拔 7000 米以上的位置就属于"不可援救"的位置。据有关材料显示，夏普处于的位置不但海拔高，而且温度极低，登山运动员处于自身难保的境遇。对于罗丽莉的绝处逢生，主要是因为她的登山队的队员想到了好的施救方法。换言之，"救援"可能的前提是自身要有能力，特殊境遇下此种能力更依赖人富有创造性的想象力。

实践理性的规范性内在要求道德想象力。实践理性要求"行动者在自己的生命历程中努力去实现的复杂理想，与这个世界通过机遇和限制而影响这个理想的形式联系在一起"④。道德不是千篇一律的教条，不是为义

---

① 〔德〕康德：《判断力批判》，邓晓芒译，杨祖陶校，人民出版社，2002，第 77 页。
② 转引自〔美〕费什米尔《杜威与道德想象力：伦理学中的实用主义》，徐鹏、马如俊译，北京大学出版社，2010，第 99 页。
③ 案例参见何怀宏《中国的忧伤》，法律出版社，2011，第 119~120 页。
④ 徐向东编《实践理性》，浙江大学出版社，2010，第 482 页。

务而义务的活动。道德行为主体在履行道德义务过程中不能没有实践智慧,不能没有想象力,不能没有创造力。主体须在道德目的确定性基础之上,在具体情境中准确理解目的、坚持基本价值立场、保持道德敏感性、灵活选择手段方式。主体的这一道德实践过程,正是其创造性活动过程。主体的实践智慧能力与德性也正是在这种创造性活动过程中得以不断提高与养成的。道德实践不仅要求我们有善良动机,而且要求我们有创造性的活动能力。由于事物联系的丰富多样性、生活本身的艰辛与复杂性以及我们具体实践能力的有限性,有时即使我们充分发挥了想象力与创造性,也未必能完满地履行道德义务,依旧会留下诸多遗憾。此时,我们能做的只是追求美好的心灵世界以及对美好日常生活的设想与筹划,并尽可能提高自己自由活动的能力。

上述关于道德能力的阐述已经揭示在道德实践中理解道德能力的价值与意义;而个体也正是在当下的道德文化环境、个性与能力等条件下,以自己的方式实践道德。我们需要在此基础上思考:道德行为中,道德能力会有哪些外部规定?会遭遇什么?如何在道德实践中显现、获得真实存在?

中篇　道德能力的显现

道德不是一个纯粹的主观精神问题，而是与人的道德生活、生命体验密切相关。在一定意义上，道德能力的核心问题不是认知问题，而是实践问题。知不等于行，而且道德上的知识必须进入意志主体内心，真正成为其生命的组成部分，才可能成为实践理性。道德是具有现实性的实践精神。无论是作为社会规范性总和的道德，还是作为个体德性的道德，最终都需要通过意志主体的实践行为才能现实地实现、发挥作用。道德能力对于人而言，总是要通过意志主体自身的活动获得感性的存在。正是通过具体的活动，意志主体真切地在偶然与必然、运气与风险中做出选择和行动，并以自己的行动方式、方法在活动中做到"恰当"。

　　我们在本篇的讨论中，通过对具体道德活动的场景、道德运气、道德风险的考察揭示道德活动的偶然与必然。在偶然与必然的交叉点上，从意志主体自身活动的"动机与效果""目的与手段"的统一反思道德活动"恰当"性的可能，进而推进康德关于自由必然性的思想。同时，反思在日常的道德生活以及悲剧性的道德冲突中，意志主体能够以"恰当"的方式走向道德崇高。

第四章　道德活动中的必然与偶然

道德活动中的必然与偶然在此处分别有不同的理解。其中，必然有两重含义：其一，现实性意义上的必然，指合理道德义务法则精神在其现实性上，要求必然实现。其二，行为的必然性趋势，指意志主体通过道德活动，不断地向道德法则的实现靠近，获得道德自由。偶然也有两重含义：其一，本体论上的偶在，指道德能力的先天的不可控的偶在性，其有存在论差异的含义。其二，具体道德活动的条件、时空、场景等，其中包括运气（但先天与构成的运气则有偶在本体论差异的含义）、不确定性、风险性的含义。意志主体的自由必然性通过偶然性存在。要实现善良动机、建立善行的意志主体，我们必须要对道德场景进行具体分析，并正视偶然以及运气等问题。

第一节　道德场景与道德能力

按照吉登斯的理解，"活动的场景（setting）不是一个简单意义上的地点（place）"。[①]与此相应，道德场景不是单纯地指行为活动的地点，而是指现实的人的具体道德活动的情境。它是动态的。在这里，道德活动的主体、客体、主体之间发生交互关系，义务、规范、时空、对象、习俗等构成现实的道德场景要素。道德场景基本涵盖了现实道德活动的全部内容，是道德能力生成和展开的现实空间。它既有个体性、差异性，也有社会性、共性。从具体的道德行为来看，道德场景处于偶然与必然的时空交

---

① 参见〔英〕吉登斯《社会的构成：结构化理论大纲》，李康、李猛译，生活·读书·新知三联书店，1998，第45页。

汇点。道德场景朝向现实的、具体的人，是孕育道德精神、滋养道德能力的土壤。

道德场景包含道德活动发生的时空条件。同时，道德场景中还包含道德活动主客体之间的交互关系。对道德场景的研究揭示在偶然与必然的时空交汇点上，道德活动的主客体之间，或者说，"偶在"的自我、他人与自然的交融中，意志主体如何现实地把握道德关系与义务内容，以及在意志主体的多重身份、多重义务发生道德冲突时，意志主体所可能做出的合理的选择。

一 道德活动的时空

本书所用的"时空"一词不是要澄明"时空是什么"，而是要澄明道德活动的发生有赖于具体的时空环境。这里的"时空"是道德活动能够展开的基础、条件，这样，传统哲学的时空观与存在主义的时空观的分野就不是我们讨论的议题。任何道德行动或者说道德实践的发生都是基于具体的时空背景。这种时空条件构成道德行动得以发生的基础，同时特定的时空对于意志主体而言又充满偶然性。意志主体正是在这种偶然性中与道德活动的客体发生关系，确立行动要实现的道德价值以及可能采取的行动方式。

时空作为道德活动发生的基础，对意志主体的行为做出相应的限定。这种限定本身就已揭示："道德不可能像康德所设想的那样是'纯粹的'，相反，道德的生命力就在于我们对生活本身的价值和意义的理解。"[①] 同时，时空的规定也说明，康德意义上的普遍道德法则的具体实存一定有着具体时空场景要求的存在。而时空之所以能够成为道德活动发生的基础就在于自由意志行为不是一个脱离时空场景的道德行为。

在一般意义上，时间有自然时间、社会时间与个体的生活时间的区分，而空间有物质空间、社会空间、精神空间、理论空间甚至虚拟空间的区分。此处，我们并不把时间与空间分开来讲，而是取时空为道德活动发生的规定性基础。由于我们是在道德实践的过程中理解时空对道德活动或

---

① 徐向东：《自我、他人与道德——道德哲学导论》（下册），商务印书馆，2007，第532页。

者说对自由意志本身的规定,时空在此处是具体的道德情境之要件,而不是空泛的一般意义上的时间或空间。或者可以说,时空在此处着重指道德实践的境遇性特征。普遍的道德法则义务总是在具体的时空中获得实存,不同时空境遇里的道德义务的内容会有所不同。

时空作为道德活动的基础,首先呈现为一种规定性。这种规定性是指特定道德活动的时空对道德义务的内容有着特殊的规定。抽象的道德法则在具体的时空境遇中,有着具体的、丰富的内容规定。如同黑格尔描述空间时所言:"空间总是充实的空间,绝不能和充实于其中的东西分离开。所以,空间是非感性的感性与感性的非感性。"[①] 同时,时空对意志主体的规定又具有双重性:一方面,时空的规定对处于其中的每一自由意志主体具有同等有效性。意志主体的道德行为要符合具体时空场景的具体要求。另一方面,时空具有绵延性与动态性。不同历史阶段、不同人生阶段、事情发展的不同阶段,时空对意志主体的规定均会有所不同。比如,子女对一位身患绝症母亲的"孝"。我们假设,如告诉母亲实情并配合医生,还有治愈的希望。那么,此处"孝"的要求既对该时空境遇中的儿女都有效,又会有不同阶段要求的差异性。在最初得知病情的时空条件下,子女的"孝"主要表现为为母亲排除心理障碍面对现实;而在随后,"孝"则主要表现为协助医生去帮助母亲治疗并身体力行地解决治疗过程中遇到的困难。此种日常道德生活中的事例揭示,道德义务要求不是空洞的、形式的,而是有具体时空场景要求的道德义务。

时空对道德义务内容、道德活动限定的同时,也为意志主体对义务的赋值性与创造性留下开放性的可能。创造性的道德活动如何展开,并非时空条件所能预设。具体时空中的道德义务内容不但有赖于意志主体对其的理解与把握,而且需要经过意志主体的实践活动获得实存。普遍的道德义务在具体时空中与意志主体相结合,呈现为具体的存在形态。可以说,意志主体不但要能够准确认识具体时空对道德行动的规定和限制,还要采取一定的方法、手段实现道德目的。道德活动过程中,个体并不是被动地接受道德义务的要求,而是要通过自己的主动选择、积极地回应具体伦理关

---

① 〔德〕黑格尔:《自然哲学》,梁志学、薛华等译,商务印书馆,2006,第43页。

系中的义务要求，体现出其作为主体的创造性。从个体的"成人"的视角来看，经历生命的不同阶段也就是经历不同的时空关系。因为"存在的个体既是现在的个体，所以总是特殊化的个体。特殊化的个体既是时—空位置化的个体，所以存在总牵扯到时—空"。① 意志主体在所经历的不同时空中，将普遍的道德法则、自身的道德理想特殊化，使道德法则获得具体存在，使自身获得具体化的、现实化的道德品格。

具体道德活动的时空中，意志主体的创造性涉及多方面的内容，对义务的合理认识、对对象的正确把握、对行为结果的理性预见等都渗透着意志主体的创造性。而且，对具体时空中伦理关系、道德义务的把握和践行也表征了人的道德能力的发展程度。时空也就构成行为主体的某种道德境遇，按照杜威的理解，"处境就是全面调整他所有的能力（才能）和关系"。② 在具体的时空境遇中，道德主体一方面根据已有的经验、认知做出判断，调整自己以适应道德境遇的要求；另一方面通过自己的行动回应具体的道德义务要求并表达出自己的意志能力。而时空境遇的偶然性在一定意义上对人的道德能力提出了调整，也给予了机会。

对意志主体而言，道德活动的时空具有偶然性。现实的道德活动总是在偶然与必然的交叉点上，或者说时空的定点上发生。偶然性在于，特定道德活动的时空场景对意志主体提出的道德义务要求可能不在意志主体的意图、预见之内。必然性在于，这种时空场景中的要求又总是受着先前事件的影响，有着发生的必然性之可能。也可以说，一系列偶然的因素在时空中相遇而造成了道德活动发生的必然。"假如自由不外乎只能通过种种行为的完全偶然性来拯救，那么它根本就不可拯救。"③ 这样，意志主体在实践中对具体时空条件的理解与把握就包含了如何理解、面对偶然性的问题。

时空偶然性对个体道德活动的影响至少包含以下两个方面。

---

① 金岳霖：《论道》，中国人民大学出版社，2010，第132页。
② 《杜威全集·早期著作（1882~1898）·第4卷（1893~1894）》，王新生、刘平译，华东师范大学出版社，2010，第200页。
③ 〔德〕谢林：《对人类自由的本质及其相关对象的哲学研究》，邓安庆译，商务印书馆，2008，第99页。

其一，从存在本体论看，时空规定的偶然性对于自由意志而言具有"本体论差异"的特质。这种"本体论差异"就同罗蒂所引述的弗洛伊德的观点，"打从精子与卵子交会的一刹那开始，与我们生命有关的每一件事物，事实上都是机缘"①。偶然性对自由意志而言具有本体论的特质，正视偶然性、重视偶然性才有可能使道德自由的实现获得必然的可能。承认偶然，努力地实现自由意志的价值精神，并努力地超越偶然与必然的对立，成就自己的个体，个性也成就普遍性、必然性，则是道德能力的内容之一。

其二，从具体的道德生活中的具体行为来看，时空的规定中所蕴含的偶然性可能对道德行为有着决定性的作用和价值。比如，我们假设张某正步行从某公寓下边经过去公司上班，此时楼上的住户李某正把花盆摆放到阳台。在张某经过的时候，恰好李某的花盆没有放稳而砸到张某的头上，致使张某的头部被砸伤并造成重度脑震荡。在这一事件中，偶然性起了决定作用。"偶然性显然是本质的东西，是完全独立的两条事物因果链所固有的，而在它们的交叉点上造成了意外事故。"② 可见，这一道德活动发生的时空无论对于张某还是李某，都具有偶然的不可预见性。偶然性在这里对道德生活起了实质性的作用，甚至使主体对自由意志目的的种种设定产生摧毁性的打击。

当具体时空境遇以偶然性的形式对自由意志发生必然性的作用时，任何有独立自由意志精神的个体要能够通过自身的实践寻求偶然中为意志主体所留下的活动空间。无论这种偶然的境遇对于自由意志主体而言是善的、好的，还是恶的、坏的，自由意志都应该利用它来实现自由意志的目的。"稳定性和持久性构成了一种美的规范，而流动性和生动性才是另一种美的规范的灵魂，这些可不可能只是历史的偶然呢？如果是这样，那么就价值的核心而言，就有纯粹的偶然性这样一个要素，这种偶然性只能通过缺乏必然性的说明，从历史的角度加以解释。这种偶然性为价值的可理

---

① 转引自〔美〕罗蒂《偶然、反讽与团结》，徐文瑞译，商务印书馆，2003，第47页。
② 〔法〕莫诺：《偶然性和必然性——略论现代生物学的自然哲学》，上海外国自然科学哲学著作编译组译，上海人民出版社，1977，第85页。

解性设置了界限，而且可能影响我们对价值的普遍性的本质的理解。"①时空境遇的偶然性，内在地包含了道德生活开放的可能，并由于这种开放的可能而构成了自由意志实践的多样性和创造性。

从存在本体论看，个体的存在本身就具有偶然性。现实意志主体的道德活动也正是通过不同时空中的"偶在"的我的活动而呈现，通过"偶在"的我现实地与他人、自然发生互动，呈现"本真"的我的道德境况，呈现道德义务履行的真实状态。

二 道德活动的主体与客体

作为具体的存在者，意志主体总是置身现实的社会伦理关系之中。从这一方面看，意志主体的道德义务就是尽具体时空境遇中伦理关系所规定的义务并遵循相应的规范。但如何履行道德义务、如何在"偶在"的时空境遇之点实现更大的自由必然性，涉及意志主体——"我"——如何把握"偶在"的自我、他人与自然的关系。

道德活动中，"我"作为道德活动的主体或客体，具有当下的"偶在"性，而此不同时空境遇中的"偶在"恰是"我""本真"的显现，并构成完整意义的"我"的整体。在每一具体的道德活动中，"特殊化"的、"偶在"的"我"以自己的立场、态度、情绪、方式等对道德义务的要求做出接受、认同、反抗或者履行的回应。

作为活动主体的"我"总是特殊的、鲜活的。道德活动中的"我"的"偶在"性有如下含义。其一，从本体论差异看，"我"具有"非普遍化"特征。"我"有自己的出身、个性、素质、偏好等。这种"非普遍化"特征使每一个"我"都是相异的、相区分的"我"，"我"本身就是"偶在"的产物。此种意义上，我们要批判康德用"'我们内心深处'的是非意识取代了'在那儿'的经验真理。否定道德自我不是时间和机缘的产物、不作为自然时空因果的组成部分"②。其二，相对于具体情境中的道德义务、伦理关系，"我"有特有的知情意状态或能力。我们也可以说，

---

① 〔英〕拉兹：《价值、尊重和依系》，蔡蓁译，商务印书馆，2016，第71页。
② 参见〔美〕罗蒂《偶然、反讽与团结》，徐文瑞译，商务印书馆，2003，第46~47页。

第四章　道德活动中的必然与偶然

不同道德活动中,"我"的角色、状态、情绪以及能力可能被激发的程度都具有"偶在"性。此种"我"的"偶在"性至少有两种可能:一种情况,稳定的伦理关系遭遇偶然的道德情境,"我"被"偶在"地置于这种遭遇变化(变故)的伦理关系中。另一种情况,偶然的时空境遇,将"我"直接置于一种原本外在于"我"的伦理关系中。

"偶在"的我通过具体时空境遇的活动,呈现一个"完整"而又"本真"的"我"。在"偶在"的、"变动"的"我"之中,有着"必然"的、"稳定"的"我"的良心的坚守、对自由的执着、对责任的担当、对理想人格的诉求。这就意味着,"偶在"的"我"总是要在时空交汇的道德活动的真实境遇中,通过自己的行动去实现道德义务法则的要求、实现自身的自由必然性。一方面,"偶在"的"我"不但要自觉、自愿地内化道德法则的要求,而且要"通过长期的、反复的实践,对规范的理解、接受和认同逐渐融入行为者的意识或精神结构,成为某种隐默意识(tacit consciousness)及内在的精神定式"。① 在具体的道德实践中,自觉地把握和运用道德法则、规范要求,既不拘泥于教条,又不只眷顾当下。另一方面,在特殊的道德境遇下,或者说,在道德活动本身的特殊性(比如突发性、偶然性事件等)与活动主体"我"的主观能力条件的特殊性(比如我的心情、身体状态等)的交汇点上,"偶在"的"我"能否激发自身的道德情感、理智而清醒地做出道德判断、合理地进行价值选择并付诸行动,则既反映了意志主体的"我"的道德能力,又反映了道德本身的鲜活性与实现方式的多样性。

我们还需看到,人的生命、人的能力是有限的。具体的道德活动中,存在让人无能为力的境况。比如,突发的自然灾害、交通意外等都可以让人瞬间失去生命,使人无力去填充生活的时间与空间。可以认为,"人同外部世界的任何关系都不能把人自身能在的限度抽象掉,也不能把外部世界影响的方式'机缘'抽象掉"②。但是绝大多数情况下,偶然的道德境遇中还是为"我"留下了活动空间,以何种态度、何种精神去面对偶然性

---

① 杨国荣:《成己与成物——意义世界的生成》,人民出版社,2010,第140页。
② 张志扬:《偶在论——现代哲学之一种》,上海三联书店,2000,第52页。

是"我"可以选择的。

道德活动不是在孤立的"我"的主体内部进行，它需要融入世界、融入具体的伦理关系，它现实地涉及"自我"与"他人"的关系。"自我"与"他人"共在，并在具体道德活动的伦理关系中成为相互渗透的整体。

虽然，自我与他人之间的关系具有存在论意义上的本源性、内在性与必然性。"个体在自身世界中与他人发生关系，形成一种整体，只有正确反映这一整体性，才能正确谈论个体自身的根本经验。"① 但是具体道德活动中，"他人"作为道德活动的客体也具有"偶在"性。相对于"我"而言，"他人"的"偶在"性在于，其总是具体的、与"我"有着不同性格、气质、个性、文化等差异的个体。"偶在"的"我"与"他人"在具体时空境遇中构成一定的道德关系及其内容，并发生交互的影响。具体的"我"与"他人"的关系则必须要进入具体道德场景的伦理关系，在特定的场景中理解与把握。

两个偶在，即"我"与"他人"的现实联系就构成了一种现实的道德关系。能否在具体的道德关系中准确把握义务要求的内容、选择合理的实现道德价值的手段，这是"我"的道德实践能力。在具体的道德活动中，他人既可能是单数也可能是复数。同时，一个具体的道德场景往往又牵涉不同的伦理关系，或者说意志主体要面对不同身份、角色的他人。这恰好证明了马克思的观点，即："人不是抽象的蛰居于世界之外的存在物。人就是人的世界，就是国家，社会。"② 可见，不同道德行为主体、主客体之间在不同的时空境遇中的道德关系构成了道德活动的内容。

不同时空场景，"他人"与"我"的道德关系包含的具体义务内容、价值指向不同。"他人"作为道德活动的客体有着自身的利益要求，"他人"的特殊性在于其也是主体，并能够在道德活动中与"我"有一种交互关系。"我"对"他人"的责任义务在具体的道德活动中被赋予特殊的内容。如何面对具体时空境遇中的"我与他"的道德关系，采取何种方式

---

① 参见〔英〕莱恩《分裂的自我》，林和生、侯东民译，陈维正校，贵州人民出版社，1994，第6页。
② 《马克思恩格斯选集》（第一卷），人民出版社，1995，第1页。

实现当下义务要求的内容与意志主体的道德能力相关。但是,"我"的行动中存在基本的道义原则,它离不开"我"关于道德目的、人生目标等的总的观点。或者说,在具体时空规定、主客体限制下,意志主体在"偶在"的"我与他"的道德关系中的决定具有偶然性,但是,这种决定中也有追求道德自由、保持自己人格完整性的"必然性"。正如洛克关于个人同一性的观点,一个人是"一个能够思想的有智慧的存在,具有理性和反思,能够把他自己看作在不同的时间和位置进行思想的东西"[①]。洛克从人的意识能力方面揭示人的持续存在的可能。同样,人在"偶在"的道德活动中的决定、选择也同样处于人生、人格完整性的持续性之中。

道德活动中,"他人"与"我"都拥有各自作为主体存在的价值,拥有自己独立的人格特质。同处于一定的道德关系时,"他人"与"我"所处的角色位置不同,对行动的方式方法、态度也会存在差异。"我"(行动主体)的能力在于,能否真正顾及"他人"的意愿、尊重他人的合理利益和正当权利,理性而恰当地把握义务要求、选择相应的手段实现道德目的。

除自我(意志主体自身)、他人外,自然构成意志道德活动的对象或背景性条件。无论在认知领域,还是实践领域,道德活动都离不开自然条件。

"自然"作为道德活动对象或背景指外在的自然界,而不是指人的"自发性"、内在自然性(天性、本性)等。它构成人的现实生活世界和背景,具有"偶在"性,其与自然界本身的内在规律(自然必然性)之间并不矛盾。道德活动中,意志主体与自然的关系不在于认识与被认识,而在于通过实践,将自然纳入人的自由世界。如同杜威在《确定性寻求——关于知行关系的研究》中指出的:"自然是可能被理解的。但是我们实现这种可能性时不是通过一个外在地对自然加以思考的心灵,而是通过一种在自然以内所进行的操作;这种操作使得自然产生了许多新的关系而这些新的关系又是在产生新的个别对象的过程中所概括出来的。自然具

---

① John Locke, *Essay Concerning Human Understanding* Ⅱ. 转引自徐向东《自我、他人与道德——道德哲学导论》(下册),商务印书馆,2007,第551页。

有可理解的条理的程度要看借我们自己外部的操作去实现包括在自然中的潜能的程度而定。从传统的内在理性转变为人类行动所实现的可理解性，这便在人类的肩上增加了责任。"① 杜威的思想给我们的启示在于：将对自然的认识从一种静观的认识转移到实践的互动，在实践中理解、认识、甚至改造自然。通过主体行动，努力产生一系列新的关系，而并非把主体、自然、经验孤立开来。

"自然"所提供的生活世界或背景的不同，具体的意义世界就不同。道德活动的发生总是在具体的自然环境中展开，并依托于具体自然环境对道德义务的规定。比如，农业文明与工业文明所带来的人的伦理关系的内容与价值取向的转变。比如，突发的地震、海啸等自然灾害中，爱的精神、人道的精神，甚至陌生人间的信任等在这一特殊的自然环境中，都有可能被激发到极限，并对人的道德生活世界产生更为持久的影响。"自然"作为"我"的道德活动的背景或对象，其不是纯粹的"无我"的"自然"，而是蕴含人的价值精神的自然。人和自然在本质上是统一的，人是自然界的组成部分，同时，人又通过有目的的实践活动改造自然。所以，人要能够也必须意识到"'人'在'天'内，'天'由'人'成"②。对自然必然性的认识虽然不必然促使道德自由的实现，但对自然必然性的认识却是自由意志实现道德自由的一个环节。

自然所提供的各种道德生活世界的意义，需要意志主体具有相应的"自然知识"，对自然必然性的规律、价值有合理的认识，既能够发现自然的本真规律，又能够赋予自然以善的价值。意志主体还要使自然进入人的实践领域，成为自由意志实践的对象，从而对道德自由的实现具有现实意义。通过对象化活动，实现自由意志的本质；也使对象得以现实化，获得为我的、人化的存在形态。"既通过人的本质力量的对象化而表现了人的独特存在方式，也改变了对象世界的存在形态。"③ 在对自然对象准确认

---

① 〔美〕杜威：《确定性的寻求——关于知行关系的研究》，傅统先译，上海人民出版社，2005，第 166 页。
② 俞吾金：《人在天中，天由人成——对"天人关系"含义及其流变的新反思》，《学术月刊》2009 年第 1 期，第 50 页。
③ 杨国荣：《成己与成物——意义世界的生成》，人民出版社，2010，第 195 页。

知的基础上，通过自由意志的实践而使其获得具体的现实。同时，尊重自然本身的规律，把自然原则贯彻于道德领域。

道德活动在一种"偶在"性中展开，意志主体在"偶在"的自我、他人、自然三者的交融中把握现实的道德关系与义务内容，实现普遍道德义务法则的"必然性"内容。现实的道德活动不是孤立的，其中的人与人与自然之间的关系也不是割裂的，意志主体的"我"对待自身、他人、自然都要取一种合适的价值立场。或者说，"个人就应以忠恕体物，深觉我之与人，人之与物，一体俱化。我、人、物三者，在思想、情分及行为上都可以成就相似的价值尊严"①。意志主体只有合理而正确地把握具体活动中的自我、他人、自然的道德关系，才有可能不断地趋向道德自由的实现。

由于具体的道德活动场景中的要素充满偶然性，而每一具体的活动主体又有着多重的角色、身份，这样，不同的道德义务要求可能在同一时空场景下产生道德冲突。意志主体的实践智慧、创造力、局限性也更形象鲜明地显现于此过程。当冲突以不可调和的形式呈现，意志主体也要合理做出选择并勇于承担自己的道德责任。

三　道德冲突

在特定的道德场景中，意志主体的多重身份、多个角色所蕴含的多重道德义务之间可能发生冲突并为意志主体的行动带来直接影响。关于道德冲突的表现，有论者认为存在三种可能，即："选择者观念、意识或心理上的矛盾；道德原则、规范间的对立；不同价值体系间的悖谬。"② 就道德主体而言，这三种冲突可能同时存在。简言之，道德冲突包括善与善以及善与恶之间的冲突。尽管存在以伪善面目出现的恶，但是相对于善与善的冲突，善与恶的冲突对于一个有理智、有良心的人而言比较容易做出抉择。让道德主体左右为难、饱受煎熬、难于做出选择与行动的是善与善的冲突。道德冲突中，能否做到合理的行为选择、理性的价值权衡、执善而行、义务兼顾、将道德代价降到最低等，体现了人的道德能力之间的差异。

---

① 方东美：《生生之德》，中华书局，2013，第 232 页。
② 李培超：《论道德冲突》，《道德与文明》1994 年第 3 期，第 35 页。

在道德冲突中，人们会遭遇道德困境，需要在不同的角色义务要求之间做出选择。我们承认道德义务法则的合理性及其要求实现的必然性，承认道德需要有一个抽象的、形式的规定。但是，正如前述，普遍的道德义务法则的实践过程充满了偶然性、不确定性。也正是在履行道德义务的实践过程中，义务的约束会给意志主体带来困境。困境意味着有某种妥协和牺牲，也意味着可能出现某种悲剧。

只要进入具体的道德活动场景，道德法则必然就要被赋予具体的内容规定。这不仅在于意志主体是感性的、有生命力的、鲜活的，有着多重身份、多种利益要求的主体；而且在于活动的背景条件、活动的客体本身也是偶在的、具体的、鲜活的。这样，义务法则本身在实践中就会涉及"绝对性与相对性"的问题。行为主体同时面对多个道德责任而不得不放弃其中的某些责任，此种情况并非罕见。行为主体在因情境与能力限制无法同时履行多个道德责任时，只能被迫做出优先性选择，暂时放弃某些责任，甚至不得不做出一定的妥协和牺牲。在道德冲突面前，我们无法同时履行本应当担当的责任而不得不放弃一些我们本意愿履行的责任，因而我们此时甚至注定是某种道德上的欠缺者。

对此，我们可以通过弗莱彻曾提及的印第安人追击西部拓荒者时的两个事例加以体会。例一，一位苏格兰妇女意识到她患病乳儿的啼哭不止会把她的另外三个孩子以及整个群体暴露给印第安人，但她不愿放弃病儿，仍然抱着哭叫的孩子，最后他们全部被抓并被杀。例二，一个黑人妇女意识到她啼哭的婴儿对本团体有危险，便用双手掐死了婴儿，以确保所有人能悄悄地到达堡垒地带。① 我们能够做出"究竟哪位妇女所做的决定才是正当的"这一道德判断吗？显然，这已超出了我们的能力。因为无论哪一位妇女所做的，均充满了人间大爱精神，泣鬼神，惊天地。事实上，无论是哪种道德理论都无法计算出做决定的那位母亲内心的某种"愧疚感"与"罪恶感"，其行为选择无论怎样终究要伴随着某种深深的遗憾。在此类不同的道德责任无法通约。

---

① 参见〔美〕弗莱彻《境遇伦理学——新道德论》，程立显译，中国社会科学出版社，1989，第103~104页。

对于意志主体而言，道德选择是要做出的，道德冲突是要解决的。道德活动中，意志主体有着自身的利益要求、价值序列、判断力、美德和智慧，他会通过自己的行为在冲突中做出取舍。但是，当两种道德要求（善的）对于主体而言均具有合理性时，主体既不能因为只能择其一，而推卸自身对另一道德要求的责任。可以说，一般意义上，"一个人必须做些什么，应该尽些什么义务，才能成为有德的人，这在伦理性的共同体中是最容易谈出的：他只需做在他的环境中所已指出的、明确的和他熟知的事就行了"①。黑格尔的思想揭示了人们道德行为选择的基本方向，即人的义务是由伦理共同体规定的。伦理共同体中的伦理关系具体规定了人的义务。但是，道德活动总是特殊的、具体的，涉及具体的道德关系与道德义务要求。具体道德冲突中，意志主体应该如何行动以及以何种方式行动，是意志主体的道德实践能力问题。

当我们说道德活动中的代价意识时，并不意味着否认道德活动中存在近乎本能的恻隐之心与同情之心以及近乎习惯的行为举止，也不意味着否认存在为了实现特定神圣道德目的不惜一切代价的实践及其合理性，相反，是以承认这些行为的存在为前提。不过，存在这些近乎本能、不惜一切代价的行为，并不能否认日常道德活动中存在理性计算、权衡的行为选择。

道德代价指行为主体因承担道德责任、履行道德义务而付出的财富、健康、家庭、亲情、友情、时间、精力、荣誉乃至生命等代价。一般说来，根据常识，正常的人在正常的人际关系状态中只要付出不是太大，总是倾向于乐意承担道德责任、履行道德义务，在别人需要帮助时总是倾向于乐意助人的。但是，如果承担道德责任、履行道德义务、帮助别人的代价太大，譬如耗费自己的大部乃至全部财富，严重影响自己的健康，有可能严重违反法律有牢狱之灾、牺牲生命等，人们就会犹豫权衡，甚至选择回避乃至逃避道德责任、放弃履行道德义务。②（此处对道德代价的理解主要是基于代价太大的考虑。）如何看待此类现象？主体的道德责任是有

---

① 〔德〕黑格尔：《法哲学原理》，范扬、张企泰译，商务印书馆，1982，第168页。
② 战场上的士兵、面对持枪歹徒时的警察、救火时的消防队员等特殊职业活动的特殊道德责任，不在我们此处思考范围之内。

限的还是无限的？如果是有限的道德责任，主体是否有道德理由拒绝履行那些代价极大的道德义务要求？如果主体能够有理由地审慎地拒绝，那么，我们如何对其行为做出道德评价？如果主体的这种道德责任是绝对无限的，那么，这种绝对性意味着什么？主体存在的自身价值是什么？

2013 年 7 月 7 日，W、L 与另外两位女子等 4 人相约来到四川达州市郊莲花湖景区玩耍。W、L 下湖游泳（后 L 上岸去卫生间），两位女子在岸边嬉戏。不料，两位女子不慎坠入湖中，湖坡陡峭。在远处游泳的 W 见状潜水从远处赶来救援。他当时在水中抓住了其中一女子的手试图拉出水面，但是不仅因其太重无法拉起，自己反而因此女子在水中挣扎被拉沉入水中。他的水性不是很好，为求自保于是放了手。事后，有人谴责 W "为何要放手，没有尽到救朋友的责任"。W 也为自己没有能力救起两位女子而悔恨不已。① 那么 W 在湖中放开手是否有道德理由？W 是否尽到了救朋友的责任？当我们这样追问时，就必须进一步追问：在此情形中 W 的道德责任究竟是什么？W 怎么样做才是尽到了道德责任？至少就已知事件本身来说，W 不是两位女子坠湖的直接原因，这种道德责任是不完全的、有限的责任。W 见她们遇险后立即潜游赶来救援，并试图拉其中一人出水，在他自己被入水女子挣扎拖入水下、极有可能二者俱遇险时松开了手。就 W 而言，明知自己水性不好，但能第一时间赶来施救，应当承认其有不顾自己安危的精神，有对友情、对他人生命尊重的道德责任意识。W 除了献出生命以外，已做了自己能做的。那么，是否意味着 W 只有献出生命才能说是尽了自己的道德责任？显然，如果我们能够承认对于 W 而言，救坠湖女子是不完全的、有限的道德责任，那么，我们就不能仅仅以没有献出自己的生命为由而粗暴判断其没有尽到道德责任。如果我们因 W 最终"松手"而粗暴谴责其没有尽到道德责任，那么，我们就可能在施加一种道德暴力，以道德崇高的名义要求别人不顾一切地献出生命。

在此案例中，W 最终"松手"是因为事实上基于一种代价的权衡。

---

① 参见《成都商报》2013 年 7 月 9 日；http://e.chengdu.cn/html/2013-07/09/content_411308.htm。

他没有选择以自己的生命为代价（现场是生死瞬间事）继续履行自己的道德责任。这里提出了两个值得思考的问题。

其一，W经过权衡不以生命为代价的这一选择是否能够得到某种有理由的道德辩护？我们至少可以从两个方面为W的选择进行辩护。首先，如上所说，这是不完全道德责任，且W已做了除了献出生命之外所能做的。其次，经过慎思权衡，发现继续施救的代价超出了自己的承受能力，自保生命。当然，这种道德辩护只是一般意义上的，而不是最强意义上的。正因为只是一般意义上而非最强意义上的道德理由辩护，所以，W的行为是道德上允许的，甚至因其在一般意义上主动尽力施救而能获得一定的道德赞美，却未必是道德崇高的。然而，道德崇高毕竟是少数，日常生活的民众更多的是常人，是常识意义上的道德实践者。我们不能希望民众们做到最好的，我们只能期待民众们做到正常人的正常道德实践。道德能力不是人的自然天性的能力，而是人在日常生活的道德实践中习得的一种能力。

其二，我们作为他者是否有权利、有理由要求W以生命为代价履行这一道德责任？当这样发问时，并不否认这个社会需要有自我牺牲精神，并对自我牺牲精神表达真诚的赞美，承认那些主动不惜牺牲自己重大利益甚至生命者所体现的道德精神，是震撼心灵的人类最伟大精神。这样发问只是要区分道德责任实践中有重大差别的两种类型：行为主体的主动选择（牺牲自我生命）与他者的强制要求（为了他者牺牲生命）。如果我们能够承认现代社会人格平等，承认每个社会成员拥有平等的基本自由权利，承认人的生命在权利、价值中的最基本地位，承认政治正义是制度的首要美德，那么，一般说来，社会就没有理由主动要求人们以根本利益尤其是生命为代价——尽管对于主体自愿选择做出这种牺牲的行为社会会给予赞美、敬慕。如果W主动选择牺牲生命履行义务，这是道德崇高，令人仰慕，但是，我们作为他者却没有权利与正当理由要求W付出根本代价、牺牲生命去履行救人这一道德责任。如果我们转换在W的立场看问题，自己除了献出生命以外已竭尽全力，但仍然受到"没有尽到责任"的道德谴责，是否会心生凉意、感到世道"冷漠"："难道我的生命不重要吗？难道我只有一死才算是尽责？"——当然，W并未有如此想法，这只是理论研究中的一种合理假设而已。

困境中意志主体的道德实践能力在于通过理性而审慎的反思，做出合理的行为选择。在道德困境中，康德意义上的绝对义务论已经遭遇到挑战，而"通过选择具有较好的后果的那个行动，包括避免更大的伤害发生"①，即后果主义的思维方式与思想观点会更被日常生活中的主体所接受。但即使如此，道德损失也可能无法避免。道德冲突中的自由意志的行动表明，道德是一种"实践—精神"。它要通过意志主体的做、行动去实践道德原则，而具体的道德规范、原则在实践中的运用则是一种生存智慧的体现。

也可以说，任何道德规范所提供的只能是一般的原则，道德规范既具有康德意义上超时空的绝对命令性质的形式化的道德，又具有时空境遇性的实质性规定的道德。"形式化的道德以'如此做'的形式使道德（道德义务）获得普适性、可公度性、崇高性、神圣性。"② 而道德的实质化在于，道德必须在具体的道德行为和时空境遇中被把握理解，它需要通过自由意志的实践而获得。我应该做什么，又能够做什么是自由意志主体在具体的伦理关系、道德情境、道德冲突中所必须正视的现实问题。道德义务法则的内容不是一本说明书或者操作手册，它所蕴含的价值精神的实现必须进入具体的道德场景，通过自由意志主体的实践才有可能获得真实的、现实的内容。

道德活动中，道德冲突无法必然排除。尤其是在道德两难中，无论意志主体做出什么选择，都无法避免道德损失、找到解决问题的最佳方案。道德活动的复杂性揭示，道德义务冲突不可避免，任何道德法则都有例外的可能。"这些义务冲突是真正的难题，既存在于道德理论之中，也存在于指导个人行为的良心之中。"③ 尤其是当道德义务彼此不相容，而且必须以其中某一义务的实质损失为代价时，一方面，意志主体要反省自己内心的价值序列，兼顾行为中主客体的利益需求，在价值间权衡利弊得失。

---

① 徐向东：《自我、他人与道德——道德哲学导论》（下册），商务印书馆，2007，第864页。
② 参见高兆明《存在与自由：伦理学引论》，南京师范大学出版社，2004，第369~370页。
③ 〔英〕穆勒：《功利主义》，徐大建译，上海人民出版社，2007，第25页。

另一方面，在道德损失不可避免时，意志主体需要用自己的行动将损失降至最低，做到"最小恶"。同时，承担因自身的行为选择而带来的道德责任，并能无愧于自己的良心。任何一种道德理论体系都无法做到绝对、完满、没有例外，这要归咎于道德活动的复杂性、丰富性、多样性与不确定性。无论是功利主义以"功利"为取舍，还是道义论以"道德法则的权威"为取舍，都无法给出一个具体的道德行动方案，毕竟任何标准与准则的应用都有其具体的活动场景要求。

人应当有仁爱之心，应当有利他精神，应当有常识意义上的自我牺牲精神。在日常生活中，在不需要做出太大牺牲、不需要以自身根本利益为代价时，应当毫不犹豫地、近乎习惯地帮助需要帮助者。这是做人的基本美德。如果在需要以牺牲自身根本利益为代价时仍然自觉选择助人利他，这是自觉选择追求道德的崇高。这种崇高精神令人仰慕。对于主体的这种自觉选择，社会不仅尊重，更给予崇高敬意。"自己的善和他人的善应该对我们都很重要。我们既不应该采取一种狭隘而排他的专注于自我的方式，也不应该采取一种极端利他主义的方式。"① 但是，在一个公平正义的社会结构中，社会却不能在普遍的意义上主动要求其成员以自身根本利益为代价去助人，因为这不合乎公平正义的基本价值信念，不合乎公平正义的社会基本结构。

现在回到前述 W 救人的事例。W 是否有自保的理由？回答是显然的。W 已在正常人常识的意义上做了履行救人义务所能做的一切，只是在最后面临自己生命危险的紧急关头选择自保生命。如果我们因 W 没有以牺牲生命为代价救出此女子而谴责 W，那么，我们就是无视 W 的根本权益。这既是对 W 的不公，亦是对 W 生命的冷漠——那样，我们事实上视 W 为履行救人义务的纯粹手段者，而无视 W 作为一个普通人与我们、与那女子一样有其不可替代的目的性价值。

不过，正由于道德实践中存在道德行为代价，存在自保、自爱与利他、同情等的具体实践慎思，存在根本利益冲突的问题，因而，即使出于善良动机，选择了能够获得有理由的道德辩护的可允许的道德行为，意志

---

① 〔美〕卢坡尔：《伦理学是什么》，陈燕译，中国人民大学出版社，2013，第 156 页。

主体仍然会因某些不得不付出的代价、某些人力不可及的无可奈何的结果而留下遗憾。从某一具体活动来看，意志主体凭借自身的能力使道德冲突获得一定程度的解决；但不是所有的冲突都可以凭借意志主体自身的美德与智慧得到解决，道德目的的实现还受到各种因素的影响，其中的一些因素不在主体的意志控制能力之下。道德活动的偶然性中不可避免地有运气问题。

第二节　道德运气与道德能力

道德有运气①特质，道德活动中存在超出主体自身的外在偶然运气问题。运气在生活中难以避免，这是任何一个有生活经验的人都会承认的一个问题。意志总要实现、成为现实的，当意志主体从精神进入现实生活世界会遭遇一系列的偶然性因素，在这些偶然性中就有运气的问题。运气为意志主体的创造性留下了发挥空间，但运气在特殊的道德情境中也有起决定作用的可能。所以此处与通常对道德运气讨论的视角不同，我们从道德能力切入，探讨运气中自由意志如何可能与如何发挥作用。

一　道德运气与道德能力的可能

众所周知，康德以先验哲学为道德免于运气给出证明。对于康德而言，真正的道德价值是免于运气的，我们的道德判断、道德评价都不应该受到运气的影响。如同康德自己所言："你的行动，应该把行为准则通过你的意志变为普遍的自然规律。""真正善良意志所固有的、无可估量的价值，正在于它的行为原则摆脱了一切只由经验提供的偶然原因的影响。"②

---

① 早在希腊，思想家已经看到运气对道德的影响。"道德运气"这一概念是伯纳德·威廉斯对康德伦理思想中蕴含的"道德免于运气"观点的批判。但是，威廉斯并没有明确定义道德运气。道德运气的定义以及具体分类在托马斯·内格尔的思想中趋于系统。我们对道德运气的理解借鉴了威廉斯、内格尔等人的观点，但运气的存在并不直接否定自由意志本身，在这一点上，亚里士多德关于运气的观点值得借鉴。道德运气的存在对自由意志的确构成了挑战，但是对运气的解释与说明却要诉诸自由意志在道德行为中的作用与其他意志无法控制的因素在多大程度上不相容。
② 参见〔德〕康德《道德形而上学原理》，苗力田译，上海人民出版社，2005，第40、45页。

但事实上，无论意志的构成，还是意志的实践行动都不可避免地受到运气的影响。运气的存在证明道德必然性不可避免地包含偶然性甚或偶然性可能起决定作用。根据内格尔的定义："凡在某人所做之事有某个重要方面取决于他所无法控制的因素，而我们仍然在那个方面把他作为道德判断对象之处，那就可以称之为道德上的运气。"① 内格尔关于道德运气的定义突出的是影响人们道德评价、超出行为者控制能力之外的不确定性因素，反观运气对整个道德行为的影响（内格尔对运气的类型划分就是例证）。同时，"意志力的作用这个概念与作为事件的行为和作为事物的人有某种无法相容之处……不考虑意志力作用的内在观点以及它与跟其他价值类型对立的道德态度的特殊关系，就无法理解道德上的运气问题"②。可见，道德的尊严和价值源于人的意志的自律，但是这并不等于道德可以免受意志以外其他因素的影响。运气的存在不是指因果关系本身的缺乏，或者事情的发生是种任意的随机性。"由'运气'引发的事件只是指它不是主动促成的，不是人造或是人为的，是碰巧发生的。"③ 既然自由意志的活动不可避免地受运气的影响，那么，我们就先从自由意志的构成分析运气所可能产生的影响。道德活动中，运气是由意志主体无法控制的事情或因素引起的。事实上，人成为主体的过程不可避免地受到运气的影响，它甚至对生活有着决定性的影响。对意志主体而言，运气对于自由意志的构成具有原生性。

这种具有构成意义的运气就是内格尔和威廉斯所言的"生成运气"（constitutive luck），其含义是指"道德倾向，不管被放在离动机和意图的方向多远的地方，就像任何其他东西一样，是有'条件的'。然而，道德毕竟仍然屈从于生成运气这个苦涩的真理"④。也就是说，自由意志或者说道德主体的形成总离不开一些具有构成性、原生性因素的影响。倾向、潜能、气质本身都受到社会环境、家庭环境等因素的作用，其更多是一种

---

① 〔美〕内格尔：《人的问题》，万以译，上海译文出版社，2004，第29页。
② 〔美〕内格尔：《人的问题》，万以译，上海译文出版社，2004，第41～43页。
③ 〔美〕纳斯鲍姆：《善的脆弱性——古希腊悲剧和哲学中的运气与伦理》，徐向东、陆萌译，译林出版社，2007，第4页。
④ 〔英〕伯纳德·威廉斯：《道德运气》，徐向东译，上海译文出版社，2007，第31页。

影响人的性格进而被人所体验到的一种运气。对于意志主体而言，这种运气含有先天的意味、具有某种康德意义上的先验性质。意志主体所身处的时代、种族、民族、家庭，甚或先天的体力、智力状况都是不能够被主体自愿选择的，但对主体的道德能力具有构成性的、先在的意义。

构成性运气的原生意义在于，道德能力具有先验、先天的属性。道德能力既有主体先在的伦理生活世界的规定，也有主体自身的先天禀赋的规定。这种不可控的、偶然的运气是道德能力在后天得以可能的必要条件。在这个意义上，运气具有本体规定的特点。对于具体的意志主体而言，当这种看似偶然的运气发生时，却无可选择地成为其人生的一种必然。但是这种先验的、先天的道德能力能否在后天的经验生活世界恰当地发挥功用，则有赖于意志主体自身的自主性以及后天道德环境的激发、培育等因素的共同作用。

构成性运气进入自由意志的生活世界，不但具有原生性也具有生成性。原生性强调，道德能力的先验、先天特质，比如，你的性别、出身、种族等。生成性强调，道德能力是生长的、需要经过后天的实践获得的，仅具有先验、先天的道德能力还不足以成为一个道德主体、成为一个有道德的人。承认道德能力的后验、后天性并不等于否定道德能力的先验、先天性，恰恰是先验、先天的道德能力的存在为后天道德能力的培养、激发等提供了可能的基础。同样，对构成性运气的认同，并不等同于有学者指出的"从形式看，自我的构成有一个对构成性运气认可的问题。尽管生成方面是向运气敞开的，但经过认同的过滤而形成的自我就不属于运气的事了，也就是说，根本不存在什么构成方面的运气"。① 由于道德活动本身就是向运气开放的，所以自由意志的构成并不能脱离运气的影响，道德能力也一定有先天、先验的特质。

运气的构成性规定在一定意义上决定了道德能力本身先天地具有不平等性，这种不平等具有命定的色彩。但是，道德能力本身不是孤立地存在的，而且能力本身又是可以培养的。所以，在进入具体的自由意志实践环

---

① 参见 Daniel Statman, ed., *Moral Luck* (Albany: State University of New York Press, 1993), pp. 12 - 13。

节前，我们还需要讨论社会能否消除主体道德能力原初形成意义上的不平等？在何种意义上能够做到？或者换言之，社会如何使个体在最初就能有最好的道德能力状态？在能力发挥的意义上，社会能否为主体的道德能力充分发挥提供平等的机会、条件？在何种意义上能够？

运气以偶然性、不均等、不平等为特征。既然是偶然性，就注定有不平等。道德能力的形成与发挥中的条件、机会也必定是不平等的。问题的关键是：在这些不平等中，哪些是社会的因素，哪些可以在社会的范围内恰当调节控制，使每一个主体的自由天性、道德能力均能被有效激发、培育、发挥？

在运气所造成的不平等的原因中，有社会的资源分配与体制规范等不公正带来的不均等、不平等。在这一问题上，社会可以通过一定的调控机制、在一定范围内使主体间道德能力的不平等、不均等得到平衡。从意志主体道德能力的视角出发，问题主要集中在三个方面：其一，运气在哪些方面应该均等？[①] 其二，社会在哪些方面对"运气应该均等"承担责任？其三，通过社会机制的调整，道德能力是否能够均等？

在运气的哪些方面均等的问题上，是机会还是后果，是福利还是资源，哪一方面的均等更具有基本性的问题成为对运气均等之争的核心。现实道德生活中，机会、资源、福利、后果的均等都有存在的理由。从机会、资源平等看，社会资源的公平分配可以使道德能力在原初就有最好的道德能力状态，并为道德能力的发挥、发展提供平等的机会、条件。从福利、后果的平等看，福利的公平分配，可以弥补道德活动中运气的影响，使道德能力在结果上实现平等。尽管德沃金曾站在"资源平等"的立场批判，"柯恩的公民所拥有的福利机会的平等最终还是会变成福利平等，而阿马蒂亚·森的公民所拥有的平等是不同的'功能表现'（functioning）的上的、在他们以特定的方式行动或达到目标上的能力平等的阐述具有模

[①] "运气均等"源于当代西方"平等"思想中具有影响的理论思潮——运气均等主义（Luck Equalitarianism），从根本上讲，其涉及的是如何对"平等"这一价值予以更好、更合理的解释。国内有学者指出，"均等"侧重定量，而"平等"侧重定性，此处并不做严格区分。我们对这一概念的使用重在说明，不平等、不均等的运气面前，能否通过社会的调节使道德能力达到均等？

糊性"①。运气究竟应该在哪些方面均等,需要把造成实际差异与不平等的社会机制的客观原因和行动者的主观原因都纳入考虑的范围,进行区分。正如罗尔斯在《正义论》中的观点:"所有的社会基本善——自由和机会、收入和财富及自尊的基础——都应被平等地分配,除非对一些或所有社会基本善的一种不平等分配有利于最不利者。"② 也就是说,社会的制度安排需要能够最大限度增进最弱者的利益,尽力减小运气因素的影响。

道德活动中存在意志主体以外的自然因素(比如自然灾害)、运气不佳等。那么,社会就有可能需要对行为结果承担责任,使意志主体的"运气均等",为道德能力的发挥提供平等的机会。这就要区分,意志主体自身选择的行为结果与运气直接决定的行为结果。可以说,"从原则上说,应当解除个人因其运气不佳的处境的不幸特点而造成的结果的责任,但不应解除他们对那些应被视为出自他们自身选择的结果的责任"③。社会要平等地关切处在同一道德境遇下的意志主体,采取一定的政策、法规,保证在社会的能力和权限范围内,尽可能免除或减小外在不平等、不利因素对意志主体道德行为的影响。

运气均等或者说运气平等的诸观点间虽然存在很大的分歧,但是其根本目的却存在相通之处,承认运气的影响并尽可能地达到一种对运气所造成的责任的共担。因为,"许多均等主义都大略地将他们的观点陈述如下:在可防止的不平等情形中,就不平等而言,如果某些人并不因他们自己的任何责任而比其他人更差,这本身是坏的"④。运气均等主义者将自由意志主体间平等作为一种内在价值有其自身合理性,但如同阿马蒂亚·森的思想所揭示的,人自身存在的多样性决定,承认某一方面的平等则会导致其他方面的不平等。运气均等主义者所倡导的平等与责任共担无法从根本上抵消运气对意志主体的影响。每一个人都是在社会化的过程中汲取善观

---

① 参见〔美〕德沃金《至上的美德:平等的理论与实践》,冯克利译,江苏人民出版社,2003,第330~331页。
② 〔美〕罗尔斯:《正义论》,何怀宏等译,中国社会科学出版社,1988,第303页。
③ 〔美〕德沃金:《至上的美德:平等的理论与实践》,冯克利译,江苏人民出版社,2003,第332页。
④ 转引自葛四友编《运气均等主义》,江苏人民出版社,2006,第315页。

念，获得并实现自己的道德能力。社会所可能提供的运气均等是对天赋、能力缺失、外在资源的不平等进行补偿性分配。通过社会机制的调节，只能是在外在机会与资源的意义上，使道德能力获得一个相对公平与平等的机会；从行为结果上，缩小因能力差异以及运气带来的意志主体间的不平等，使得道德能力之间实现更大的平等。

道德能力无法从根本上实现均等，"运气均等"只能在既有的社会背景、个体能力、道德活动发生的情境中，提供相对公平、平等的机会与资源。或者，通过一定的福利分配，对行为过程中的运气因素做出补偿。而意志主体必须通过自己的实践行为，在运气中，切实地践行道德义务要求，具有阿马蒂亚·森意义上的"可行性"的道德实践能力。

二 道德运气与道德实践

意志主体在具体的道德实践中同样遭遇道德运气的影响。这种道德上的运气既可能是自由意志实现的外在保证，也可能是自由意志实现的外在障碍。尽管运气的发生源于一种偶然的巧合与主体不可控制的因素，但意志主体在运气中还是有选择与行动的可能。而且，运气对道德行为结果的影响也有赖于意志主体的实践能力。那么，意志主体能够以何种方式、何种态度面对运气？

运气影响着意志主体的实践活动，从认知到行动都有运气的存在。按照威廉斯的观点，运气可以做两种划分："一种是以计划为中心来划分，分为内在和外在于计划的运气；另一种是内在和外在于行为者本人的运气。"[①] 相比之下，内格尔对道德运气的划分更为细致，他认为运气大体有四种类型。"一种现象是生成的运气：你是这样一种人，这不只是你有意做什么的问题，还是你的倾向、潜能和气质的问题。另一种是人们所处环境的运气：人们面临的问题和情境。还有两种涉及行为的原因和结果：人们如何由先前环境决定的运气，以及人们的行动和计划结果造成的运气。"[②] 可以说，无论是威廉斯还是内格尔，他们都看到了意志活动中有

---

① 参见〔英〕威廉斯《道德运气》，徐向东译，上海译文出版社，2007，第38页。
② 〔美〕内格尔：《人的问题》，万以译，上海译文出版社，2004，第31页。

主体能力不及、外在条件不允许等带来的运气问题。问题的关键是，是否如内格尔所言，"归根结底，一个人所做的事情没有一件或几乎没有一件是由他控制的"①。那么，运气是否是不可控制的，意志在运气面前是否完全无力发挥作用？如果运气是不可控的，那么人在运气之中是否一定是无能为力？还是，即使运气不在行为主体的能动性范围之内，但是行为主体仍然可以选择以什么方式和态度面对运气问题？

运气的存在并等于否定自由意志本身，尤其是在道德行为过程，而不是在行为评价的意义上理解运气问题更是如此。毕竟，承认道德运气、如何看待运气带有一定的主观性。具有自我意识和自由意志的人需要经过自己的认知来判断某一偶然事件对自身的道德行为所可能产生的影响和意义。当这种偶然性事件所产生的影响是意志主体的能力不足造成的，那么可以通过后天自身的努力进行弥补。而如果运气完全超出意志主体的能力，那么以何种态度、何种精神去面对运气依然取决于意志主体自身的选择。所谓不卑不亢、不偏不倚地看待运气，就是自由意志能力的体现。当然，无论从原因还是从结果来看，道德运气的确在影响着自由意志的实践。道德实践问题不只是康德意义上的纯粹善良意志、意愿的问题，更是一个受到运气影响，并能够在运气的影响下积极地行动的问题。同时，我们还应该看到道德运气不但影响道德行为过程，而且影响道德行为的价值。

运气有不可控制的特性，造成运气不可控的原因是多样的，也正是如此，思想家从不同的不可控视角对运气做了划分。我们承认运气对道德行为的影响离不开意志主体的主观因素，但是我们也不否定运气的客观存在。生活中，人们不可能对所有的事情都严格控制，我们必须承认，运气是不可消除的。偶然的运气以一种不可避免的必然性发生在意志主体的道德生活中时，运气带有命运的色彩。命运指明，"自由和必然不是相互分离的，而是在每一个命运事件中相互渗透的"②。

道德运气的存在也对自由意志的实践构成了挑战。这种挑战在于，如

---

① 〔美〕内格尔：《人的问题》，万以译，上海译文出版社，2004，第29页。
② Paul Tillich, *The Protestant Era* (Charles Scribner's Sons, 1948), p. 4. 转引自王珉《爱的存在与勇气——保罗·蒂里希》，河北大学出版社，2005，第62页。

第四章　道德活动中的必然与偶然

何理解自由意志发挥作用的可能和范围；以及自由意志行为的因果关系。不确定的运气因素普遍存在，而这种运气又是在自由意志主体可预见范围以外的因素；同时，运气既可能是好运也可能是厄运。在运气之下，自由意志主体也仍需要通过行动来面对运气的影响。

道德实践无法排除运气的影响，甚至在道德实践的每一个环节都会涉及运气的问题。相比之下，康德式理论所尝试的使道德免于运气的努力，其主旨是"维护这样一种与意志主义密切相关的道德平等观念：人人皆有道德践行能力"[1]。正是出于这样一种道德平等的观念，康德将道德践行能力落在自由意志自身而免于受外在的运气因素影响，并且赋予道德至高无上的价值。当我们承认运气对道德实践的影响，将运气纳入自由意志的践行环节，而运气本身又具有不平等、偶然性的性质，我们就需要在运气中更为全面地理解自由意志的实践能力。

如果恰当地理解道德价值就必须要正视运气对道德的影响，而这并不必然导致一种悲观主义的观点。在这一方面，亚里士多德关于运气的思想能够给予一种平衡的解释。运气虽然对道德实践有着深刻的影响，但是幸福的获得、道德价值的实现不是运气的恩赐，而是自由意志通过实践、学习或者说训练而成就的。一方面否定好的生活是完全受运气摆布与控制的；另一方面又承认获得幸福的实际活动受到运气的推动或妨碍是亚里士多德关于运气问题的基本立场。关于如何减少运气对人自身幸福生活的影响问题，亚里士多德诉诸培养人的优良德性与实践智慧。

尽管亚里士多德承认生活需要运气，但幸福的获得是合乎德性的活动？能够合乎德性活动的人、一个拥有美好德性和实践智慧的人能够以恰当的方式接受运气，甚至面对厄运而不憎恨、不放弃、不抱怨。如同亚里士多德所言："一个真正的好人和有智慧的人将以恰当的方式，以在他的境遇中最高尚［高贵］的方式对待运气上的各种变故。"[2] 亚里士多德强调道德需要外在的善，运气对于人的幸福的获得具有重要性，但是他更强调人的实践智慧。对于一个具有实践智慧的人，偶然性的运气很难真正干

---

[1] 唐文明：《论道德运气》，《北京大学学报》（哲学社会科学版）2010 年第 3 期，第 82 页。
[2] 〔古希腊〕亚里士多德：《尼各马可伦理学》，廖申白译，商务印书馆，2003，第 29 页。

扰他（她）的生活。或者可以说，一个具有实践智慧的人在具体的道德实践中、在运气面前不会教条而刻板地服从某些规范，而是会根据具体的道德情境选择最好的行动可能性。

自由意志不是一个纯粹孤立的变量，它一定是在实践中受到运气、偶然性等意志以外的因素的影响。而自由意志的行动也是在运气或者说命运之网中展开的，并主动而自觉地去行动。充分地认识运气对道德实践的影响，道德最终诉诸的不能只是纯粹理性的善良意志，而一定要诉诸自由意志主体的道德实践能力。正视运气、积极行动，拥有一种实践智慧才有可能避免道德自身的苍白、减少道德悲剧的发生。所以，亚里士多德对待运气的思想至少可以启示我们，正确面对生活与善本身的脆弱性，但仍抱有获得幸福生活的理想并身体力行地去践行。

意志主体通过控制自身的道德行为去实践道德价值、承担道德责任，但运气的存在已经证明：意志以外的偶然性因素对道德实践的直接或间接影响。我们要看到，一方面，运气之下的行动（道德实践）蕴含着不确定性、风险性。另一方面，意志主体能够面对运气问题，在运气下自主地发挥自己的道德能力，通过自身的实践来寻求道德确定性的存在样式与可能，正视现实道德能力的有限性与行动者遗憾的可能。

第三节 道德风险与道德能力

道德活动受偶然性、运气的影响，具有不确定性、风险性。即使意志主体从善的动机、意志出发，也不必然导致善的结果。确切地说，道德风险亦指："可能的道德行为在实际过程中的不确定性，这种道德行为的不确定性既可以指作为行为主体本身的可能道德行为的不确定性，也可以指一种社会措施所可能引起的社会可能道德后果的不确定性，并且这种不确定性主要是立足于其可能的结果及其潜在的危机或风险而言。"[1] 本部分侧重于在道德行为的不确定性中揭示：意志主体如何在"不确定性"中实现"确定性道德义务法则"的内容？道德活动场景中，意志主体道德能

---

[1] 朱贻庭主编《伦理学大辞典》，上海辞书出版社，2002，第22页。

力、道德责任的有限与无限当作何理解？在行为结果面前，意志主体自我反思、提升的道德能力是何？

一 道德行为的确定性与不确定性

具体时空境遇中的道德行为具有偶然性、不确定性、风险性。"情境内在地具有着烦难的和不确定的性质，因为这种情境的后果悬而未决；它们走向厄运，也走向好运。"① 但是，意志主体总是会通过自身的行为从不确定状态转变到确定状态，寻求确定性。那么，究竟该如何理解道德行为的确定性与不确定性？

"确定性"存在多重含义，它可以指哲学上对人的生存根基——永恒本源的探求。这种根基，在泰勒斯那里是"水"，在赫拉克利特那里是"火"，在巴门尼德那里是"存在的一"，甚至包括作为根基的上帝，等等。由于我们预设了"义务—法则"的存在，所以本书中道德行为的确定性指一般道德法则与义务、主体道德行为价值方向的基本确定性。

不确定性与确定性相对。道德行为的不确定性既有可能源于社会制度安排、政策法规、行为举措等对实际的道德状况估计过高或过低致使道德风险、行为不确定性的存在，也有可能源于个体在具体情境中道德能力的发挥而带来的不确定性。

就个体道德能力的发挥而言，"人不是来自外部世界的刺激的消极的接受者，而是在很具体的意义上创造他的世界"②，其行为的不确定性主要包含两方面内容。

就道德认知而言，一般道德法则在当下的具体内容规定具有不确定性，它有赖于主体的理解与创造性把握。世界是无限的，但具体的道德认知是有限，已有的道德认知是无限认知过程中的一个环节。具体的道德认知不是对无限事物、关系的认知，而是对有限事物、关系的认知。普遍的道德法则进入道德实践中要转化为自由意志主体具体行动的目的，而这种

---

① 〔美〕杜威：《确定性的寻求：关于知行关系的研究》，傅统先译，上海人民出版社，2005，第172页。
② 〔奥〕贝塔兰菲：《一般系统论：基础·发展·应用》，秋同、袁嘉新译，社会科学文献出版社，1987，第162页。

目的可能出于主体的原因而不断地修正。同时，伦理关系是变化发展的，而主体的道德认知能力是有限的、有差异性的。同一道德境遇、道德场景，不同的主体由于自身的成长环境、性格差异或者个性特征等可能做出不同的认知与判断。道德认知的差异性证明，道德认知具有相对性，这种相对性亦是一种不确定性。

就道德行动而言，道德法则、义务的具体践行方式具有不确定性，它有赖于主体在具体场景、境遇、偶然中的理智与意志的具体有机统一。自由意志主体的实践行动可能向着多重可能性敞开。这种多重可能性既有主体对道德目的本身的理解与把握，也有道德境遇中运气与偶然性所可能带来的机遇的多重可能。这就使自由意志的行动总是处于可能性之中，而风险和不确定性也就蕴含在可能之中。具体言之，一方面，主体的道德认知与道德行动有发生脱节的可能，有知未必一定有行。虽然对于一个具有道德品性的人，道德行动的向善与向恶的倾向具有相对稳定性，但现实道德行动是诸多因素综合作用的结果，其会有"一失足成千古恨"，"一着不慎、满盘皆输"的可能。另一方面，行动者将道德义务要求付诸行动，根据具体的道德境遇规定，采取恰当的方法、手段，尽力而为。但在执行和行动的过程中可能遭遇内在于行动本身，或外在于道德行动偶然的、不确定的运气的影响。

从个体的道德实践来看，其行为中也充满不确定的道德风险。而只要有人的实践，就有风险发生的可能。同时值得注意的是，自由意志的实践是一个创造性的实践，"自由意志的创造性、创新性有使得道德在风险中获得新生的可能"①。可见，风险虽然不等同于道德进步，但意志主体可以在风险中寻求机遇对道德行为的不确定性做出回应。就道德行为自身而言，由于道德活动是主体在特殊境遇、特殊时空条件中的创造性活动过程；主体的道德行为中不仅有属于"我"的东西，亦有不属于我的东西；主体的具体道德行为不仅有赖于主体的一系列具体判断，而且有赖于一系列相应的主客观条件；在稍复杂的情况下，总是或多或少具有某种不确定性与风险性。这种风险性所要求的是主体在勇于担当履行义务的同时应有

---

① 参见高兆明《应当重视"道德风险"研究》，《浙江社会科学》2000年第3期，第110页。

审慎态度,是道德勇气与科学态度的结合。

二 道德能力的有限与无限

道德行为中既具有确定性,也有不确定性。道德能力的实践智慧,通过具体的行为显现出来。它是具有现实性的、可以实现的精神力量,在不确定的道德行为中,现实性的道德能力在有限与无限之间获得自身的张力。

道德能力主体是现实的,具体伦理关系、道德活动中的主体有着特殊的身份、性格、喜好,他(她)的道德能力是有限的。具体道德境遇中,道德能力的有限性至少存在两个理解层面。

其一,具体性,指意志主体使主观道德精神、抽象道德法则获得具体感性定在的道德实践能力。道德能力在意志主体道德活动的决定、选择中,成为现实的、有限的、具体的道德能力。如黑格尔所言,"意志通过做出决定而设定自身为特定个人的意志"。[①] 道德能力不是要作为无限多样可能的潜能而存在,而是要成为现实的人的实践能力。道德的生命力在于,人能够将其投入现实的道德活动,获得道德自由。人的道德能力要能够将道德精神具体化,比如同情作为一种道德能力,它不仅是人应有的一颗悲天悯人之心,它更是具体道德境遇下对他人给予可能的爱心与帮助。所以,"同情心不在于认同我们和其他同类成员共具的普遍人性核心,而在于以非常特定的方式对待非常特定的一些类型的人,和非常特别的事情"[②]。意志主体的道德能力是具体的、可以实践的,它的真实内容呈现在现实的道德活动中。

其二,限度性,指意志主体道德能力的自我限度。这里的自我限度,一方面指道德能力要有来自意志主体以外的因素的规定,比如,社会的道德环境、道德氛围、道德文化、道德风尚等。一个完整的自由意志行为或者说主体的道德实践至少包括两个部分:"感性、现象层面的,以及精神、灵魂层面的。前者指向具体'做'什么、怎么'做',后者则指向以何种

---

① 〔德〕黑格尔:《法哲学原理》,范扬、张企泰译,商务印书馆,1982,第24页。
② 〔美〕罗蒂:《偶然、反讽与团结》,徐文瑞译,商务印书馆,2003,第49页。

精神、目的、态度去做。"① 具体的"做"什么、怎么"做"离不开具体的道德场景，主体只能够在有限的时空、社会环境下，有所"为"和有所"不为"。另一方面指道德能力具有主观性、局限性。意志主体有一定的主观价值偏好，其内心会有一个相应的价值序列，只是这样一种偏好与选择的可能有赖于具体道德场景的激发。同时，善的、好的道德动机要转化为善的、好的行为，需要主体具有一定的实践智慧。通过行动，主体的实践理性能力逐渐转变为实践智慧。具有实践智慧的行动者总是能够以恰当的方式、手段、途径实现道德目的。但是，任何一个意志主体的道德活动都无法逃脱时代、文化甚至性格以及实际能力带来的影响。尤其是在道德冲突中，意志主体自身能力的有限性表现得尤为明显，无论怎样兼顾，都无法做到使道德不蒙受损失。

道德活动中，意志主体的道德能力呈现为具体性、有限性。但是，因为道德活动是开放的、具有不确定性的，意志是自由的、具有创造性的，所以，意志主体的道德能力有进向无限的可能。

意志主体是具体的、鲜活的、有限的存在者，但是其在有限中有进向无限的可能。意志主体的道德能力在人的有限性存在中，已存在超越、无限的可能。所以，此处的无限，不是终极关怀意义上指向无条件的无限者——上帝，而是指向具体、现实的人的道德能力的开放性。

从道德生活世界的开放性看，道德能力具有无限性。人是发展的、生长的，能力可以通过练习、教育等方式得以提高，也就是说，道德能力有突破既有、超越既有的演进过程。这是一种主体能力演进中的突破既有有限、无限提升中的一种无限。道德能力演进中的提升，就是在将理想不断地现实化、趋于自由的存在。"人既在生命存在、日常形态等方面表现出有限的规定，又不满足于有限性而要求超越其物种及特定存在形态的限定、走向无限。"② 意志主体通过日常的道德行为，扬弃道德能力的自在状态并向自为状态转化，不断突破当下的既有，指向未来。

特定道德场景中，能力有一个激发与超常发挥的现象。在精神支撑下

---

① 高兆明：《黑格尔〈法哲学原理〉导读》，商务印书馆，2010，第229页。
② 杨国荣：《存在之维——后形而上学时代的形上学》，人民出版社，2005，第276页。

超出自身的能力、完成通常似乎不可能完成的事，在诸多价值冲突中，能够恰当行为，并取得理想效果，超出自己的想象，这是对自身能力的一种挑战、提高、超越，是一种无限。此种情景下，意志主体必须要具有坚定的意志力，才有可能超越自身能力的有限性、激发内在的潜能。这种意志力是一种道德意志，是"个体主体性道德精神的统帅中枢，它表现为具有个体性与恒常性的道德信念和道德动机"。① 它表现为，意志主体自控（自制）力与坚持力。但是，不是任何人的道德能力都能够在特定的情境下被激发出来，并必然进向无限。能够在特定情境下做出决定，并以坚定的意志力去行动的主体需要具备基本的道德素质。比如《中庸》中就提出"智""仁""勇"是人人应有的德行。这种基本的道德素质或德行使人能够更主动地对生活的各种遭遇做出应对。

道德能力无限的另外一种形式是以"恶"为代价，在道德两难中意志主体虽恰当却无奈地做出选择，大气担当。在社会的不义面前、在道德义务冲突中，不在乎个人得失乃至牺牲生命，实现一种超越、无限。虽然"以牺牲一种善为代价选择另一种善就既选择了善也选择了恶，这就是道德的悲剧"②；但是，意志主体依然能够为了道德价值而超越自身能力的有限性。

三 道德责任的有限与无限

意志是自由的，道德行为中包含着意志主体的目的、意图、福利等等，当行为以结果的形式呈现，意志主体需要承担相应的道德责任。对于意志主体而言，道德责任是一种有限与无限的统一。道德责任的有限性在于责任的限度，道德责任的无限性在于责任的不可推卸与担当精神。

按照康德的解释，"责任是服从理性的绝对命令式的一个自由行动的必然性"。③ 它表述的是行动的实践必然性在于履行普遍义务要求，同时

---

① 俞世伟、白燕：《规范·德性·德行——动态伦理道德体系的实践性研究》，商务印书馆，2009，第116页。
② 余虹：《有限德行与无限德行》，《河北学刊》2007年第1期，第55页。
③ 李秋零主编《康德著作全集》（第6卷），中国人民大学出版社，2007，第229页。

与理性的绝对命令（绝对命令蕴含了就某些行动者而言的一种责任）法则相一致。在此基础上，康德将义务划分为完全的义务和不完全的义务。对行为主体而言，完全义务的责任不可推卸，行为主体没有推卸、放弃责任的权利。对完全义务的不作为在一般意义上即可视为冷漠。如，B 摔倒在地受伤是骑车人 A 不小心碰撞所致，A 对此被撞受伤者 B 的救助负有完全的义务。不完全的义务要求较为特殊，不但行为主体承担的责任是有限的，而且其有权对自己承担的责任做出实质性的判断。

在具体道德活动中，行为者须就其所承担的有限责任的实质性内容是什么做出判断。这种道德责任是斯坎伦所强调的"实质性的责任"。它是关于"在特定的道德行为中，人们彼此做什么与不做什么的实质性主张，它关系到一个人对他人、社会的义务以及反对这些义务要求的合理性"[①]。斯坎伦通过分析实质性的责任，探讨行为主体在道德活动中的选择机会、最终决定以及承担责任的范围。如果行为主体预见到行为所可能产生的结果，也就意味着其在应然的层面上对自己所可能承担的道德责任做出了预先判断。如果行为主体在此基础之上又自愿地采取行动，并自觉活动以产生相应的结果，那么他（她）就应该在实然的层面承担道德责任。此种对行动结果承担的实质性责任，是有限的责任。

一方面，具体道德行为总是个别的、特殊的，有着意志主体特定的目的与意图。行为的展开，总是围绕着目的和意图的实现。尽管行动的过程中会有意志以外的因素、道德环境也随时处于变化之中，但是"行动使目前的定在发生某种变化，由于变化了的定在带有'我的东西'……，所以意志一般说来对其行动是有责任的……凡出于我的故意的事情，都可归责于我"[②]。具体道德行为发生的条件、根据、原因，行为手段的选择等都包含了我的意志，我需要对行为中属于"我的东西"负责。但这种责任是一种有限的责任，因为行为中有我的意志主体以外的因素，或者说，不属于我的东西。

---

① 参见〔美〕斯坎伦《我们彼此负有什么义务》，陈代东、杨伟清、杨选等译，人民出版社，2008，第273页。
② 〔德〕黑格尔：《法哲学原理》，范扬、张企泰译，商务印书馆，1982，第118页。

另一方面，道德活动结果是一系列因素综合作用的结果，意志主体所承担的道德责任有其自身的限度。问题的关键是，意志主体在何种范围和限度内，以及依据什么标准对自己的行为负责？现实的行为结果是自然环境、社会环境与行动者自身主观能力共同作用的结果。不同的道德行为涉及不同的意志主体间道德关系，责任的内容与限度不同，依据的标准也就不同。一般而言，意志主体要对其应做又能做到的行为承担道德责任。但是，道德行为处于外部开放的道德环境中，有可能产生多种多样的后果，"我"对"我"的行为动机所产生的行为结果负有直接或间接的责任，而不是全部责任。"我必须慎对各个具体行为，使此具体行为成为'我的'实现意图的行为，并对此负责。"①

道德责任的无限性在于，意志主体有限道德责任背后的无限责任担当的精神。

一方面，道德行为结果，是"我"的自由意志活动，结果是自由意志活动的结果，"我"必须对此行为负责任。行为中"我"的目的、意志以外的因素不能成为推卸责任的理由，因为行为中始终贯穿着"我"的道德目的，即使不是出于"我"的目的，而仅是"我"的过失所产生的行为后果，"我"也应该承担相应的责任。如同黑格尔所言，"即使我只造成个别的、直接的东西，但是有一些必然的后果是同每一种行为相结合的，这些后果就构成了包含于个别的直接的东西中的普遍物。我固然不能预见到那些也许可以防止的后果，但我必须认识到个别行动的普遍性质。"②"我"的道德责任的无限性在于，"我"不以任何意志以外的因素为理由、借口，推卸、不承担自己的责任。

另一方面，"我"的道德责任的无限性，不但要对行为结果负责，而且要对行为中涉及的自然因素、手段等有基本的责任态度。一旦行为被置于外部生活世界，就会受到外在环境的影响，有多种多样的后果。"我的行为目的的实现既在我的行为结果之中，又不等于我的行为结果；我的行为结果既是我的，又不是我的或不完全是我的（我的目的的定在、目的的

---

① 高兆明：《黑格尔〈法哲学原理〉导读》，商务印书馆，2010，第248页。
② 〔德〕黑格尔：《法哲学原理》，范扬、张企泰译，商务印书馆，1982，第121页。

实现）。"① "我"对"我"的行为负责，须在具体的情境中，对道德活动的诸要素做出分析与判断；须使手段本身成为目的的内在方面，正视手段、方式、方法的内在价值，反对鲁莽、反对不择手段，做到理智与意志的统一。

道德责任的无限还有另外一层含义，即责任担当精神。人的能力有大有小，但贵在要有一种精神。不能因为能力不足，就推卸道德责任。在这个意义上，道德能力的价值不在于最终成就了什么，而在于意志主体以什么样的精神去做、去履行道德义务。

行为主体的道德责任具有多样性，任何具体道德责任总是有限的，任何具体道德责任并不能否定或拒斥主体履行其他责任的义务；人在其现实性上是有限的存在，作为有限存在的主体对道德责任的担当履行具有有限性；道德行为的正确性与道德责任的确定性是一个因"视角"不同而具有多样性的判断。这样，即使主体确实有理由得到合理辩护的正确的道德行为判断与选择，也有可能因"视角"差异放弃某些有合理理由本应履行的责任。行为主体做了应做的、能做的，甚至以超乎寻常的精神去尽全力而为，也有可能无法避免道德损失、留下遗憾。

四 行动者遗憾

道德行为中蕴含多种不确定的因素，实践中的行动与人的期望之间存在差距，人的遗憾就是源于道德行为原本可以朝着一个更好的方向发展、以更好的结果呈现。而行动者遗憾（agent - regret），按照威廉斯的理解："只有对一个人自己过去的行动，或者至多只是对一个人认为自己参与了的行动，一个人才能感觉到这种遗憾……行动者遗憾不仅要求一个第一人称的题材，也不仅只是要求一种特殊的心理内容，而且也要求一种特殊的表达方式。"② 行动者遗憾是出于行动者的第一人称立场，并非旁观者的立场。它是一种特殊的道德反思能力，也是主体一种道德自我提升能力。

行动者遗憾，是意志主体对自身道德行为的反省、反思性评价的能

---

① 高兆明：《黑格尔〈法哲学原理〉导读》，商务印书馆，2010，第 244 页。
② 〔英〕威廉斯：《道德运气》，徐向东译，上海译文出版社，2007，第 40 页。

力。它有可能发生在行动过程中，也有可能发生在行动结果产生以后。无论是对行为方式还是结果的遗憾式的反思，都证明行动者遗憾是以一种愧疚、自责、罪感等否定性形式呈现的积极的道德自我提升能力。

行动者遗憾是一种特殊的道德自我提升能力。这种特殊性在于，一方面，遗憾带给行动者的感受具有特殊性。例如，对于一个因手术意外而造成病人死亡的医生，那么这位医生对行动结果的遗憾与任何一位旁观者都不可能相同。当行动者和旁观者对这一行动进行反思时，进入行动的方式会有所不同。由于行动者亲历了道德活动的过程，其遗憾的感受性具有"亲身"性。另一方面，行动者遗憾的特殊性本身也会有所差别。这种差别不仅在于不同行动者的主观道德能力不同，比如认知、判断、情感、行动等方面的能力都会有所差异。即使是对同一个行动者，由于行动结果产生的原因与行动者相关的程度不同，其遗憾的程度与强度也会不同。例如，我们在因手术意外而造成病人死亡的案例中附加两种可能的原因：一个原因是手术过程中，病人的身体状况突发意外直接造成病人的死亡；另一个原因是手术过程中，医生的错误判断造成病人的死亡。对于这位医生而言，两种不同的原因所造成的相同结果给其带来的遗憾会有所差异。

行动者遗憾的表达方式与旁观者不同，遗憾的道德情感一旦产生，行动者就有可能期望通过自身的行动对遗憾进行弥补。因为通过自身的行动，而使行动的对象蒙受损失成为受害者，对行动对象而言是不公正的。当行动者反思自身的行动时，是有意识地正视过去，对自身的行动造成的损失进行弥补，并承担自己的道德责任。弥补意味着行动者正视过去因过失、错误甚至是运气带来的有缺憾性的行动方法以及行动结果，并通过自身的行为尽可能地减小损失、做出补偿，而不仅停留于一种遗憾、懊悔、内疚的情感状态。

以何种方式、在何种意义上对遗憾进行有价值的弥补，是道德能力的一种体现。由于行动者遗憾既有可能发生在行动的过程中，也有可能发生在道德结果产生后，所以，在不同的阶段、不同的情况下，补偿责任的履行方式与具体内容有所不同。这种补偿责任的可能离不开行动者的补偿意识与补偿能力。行动者可能在做出道德决定时，意识到行动或计划的缺憾以及可能产生的遗憾。此种情况下，补偿的责任与行动者的实践慎思能力紧密相关。相对于行动者具体的道德境遇，他（她）至少可以反思"他的思想的一致性，他对各种可能性的理性评价，以及在时间上对各个行动的优化排列"。① 意志主体对道德行为必须要有自己的"态度"，"必须有某种关于我们自己的看法，以便使我们成为主动的和控制力的"②。有一定的补偿意识、一定的对待道德行为的态度与看法，才有可能主动而积极地通过实践行为担起补偿责任。

但是，有的遗憾并不因为补偿而免除。在前述关于苏格兰妇女和黑人妇女的案例中，弗莱彻提出了一种近乎功利的解释，以目的证明手段。但是，无论功利论还是道义论都无法计算出做出决定的那位母亲内心的"愧疚"或者说"罪恶感"，其行为选择所带来的遗憾不是通过补偿行为所能解决的。所谓的"最小恶"在此只能说是一种理性的"明智"之举，但事后，行动主体或许无法摆脱因自己的决定而产生的"罪恶"感。它是意志主体被迫选择的结果，它要求人能够担当痛苦和罪，以残缺、否定和痛苦来守护希望。

道德能力在具体的道德场景、运气、风险中显现，通过行动者的行动而得以生成、提高。在这一过程中，道德能力的差异性、具体性、有限性、遗憾性均得以显现。道德对于道德行动者而言是活动的、发展的，其显现于意志主体的具体实践的样式与可能之中。对于一个有着善良动机的意志主体，其总是通过自身的行动，寻求"恰当"的方式实现道德自由。

---

① 〔英〕威廉斯：《道德运气》，徐向东译，上海译文出版社，2007，第46页。
② 〔美〕费舍、拉维扎：《责任与控制：一种道德责任理论》，杨韶刚译，华夏出版社，2002，第212页。

第五章 道德活动中的"恰当"

人作为现实的人、具体的人，总是要在开放的、动态的道德场景中，通过自身的活动实现道德精神、道德品质。道德活动的恰当指，自由意志主体在道德活动中，如何"命中""契合"道德上的"应做"，达到中庸、中道、恰当或者说适度。恰当在此处有两重含义：其一，指道德能力在道德活动中，可能达到的境界、状态。其二，指意志主体选择何种方式、途径，恰当地实现其目的与动机。

本章的内容要揭示：在偶然与必然、运气与风险、主观与客观的交叉点上，意志主体如何恰当地行动，也即如何在行动中恰当地把握"应做"的内容、现实地选择一定手段去实现善良目的、动机，使自身的理智与良知能够获得一个合理的张力①。同时反思，在特殊道德境遇中，在理智与良知的矛盾中，意志主体有无可能做到道德崇高。

第一节 何为应做？

"应做"的恰当是意志主体在活动中所达到的一种合理状态，类似于孔子所言"天之历数在尔躬，允执厥中"（《论语·尧曰》）。通过分析普遍必然性的"应做"的道德义务与自由意志主体"能做"的道德能力之间的关系，阐明"应做"是具体的、完整的，它包含"能做"与"如何做"。"应做"意义上的恰当不是一个可以量化的道德能力评价尺度，其

---

① 此种合理的"张力"强调道德活动中，意志主体所可能实现的道德境界，是通过具体的道德实践而呈现的一种"中—和"。（如《中庸》所言："喜怒哀乐之未发谓之中，发而皆中节谓之和。"）而当出现"不和"或"冲突"时，则有了一种悲剧意义上的、否定性形式的道德崇高的可能。

有价值取向的含义，但这种具有普遍性、理想性、应然性的价值取向又是一种现实的、人可以通过具体的道德活动达到的状态，活动中，"应做"、"能做"与"如何做"的统一则标识了此种"恰当"（状态）是什么。

一 应做与能做

"应做"作为一种价值取向的恰当，其蕴含着实然的"能做"，它总是现实地以一定的道德义务为内容而存在。通过道德活动，"应做"从普遍到特殊、从抽象到具体，与意志主体的"能做"相统一。在具体的道德实践中，只有通过自由意志主体的"能做"，道德义务的"应做"才有可能获得实存。在一般意义上，普遍性的"应做"要求是人所应有的履行道德义务的能力，除非不具有人或成熟人的规定。但是，这种"应做"的内容的标准具有差异性和多样性（比如从儿童、青年到中年、老年的区别）。对于个体而言，道德义务要求的普遍效准性，总是有其阶段性、境遇性、差异性、个性。在道德行为中，一般性义务要求的"应做"隐含着具体时空场景中"应做"与"能做"的规定。

"应做"是指普遍的、一般的义务要求。以道德义务为内容的"应做"的普遍性，不是指道德义务是一种普遍存在的社会现象，而是指道德义务内容的客观性、统一性以及普遍有效性。这就是说，此处普遍道德义务要求本身是合理的，或者说，"应做"作为价值取向，其本身对于人而言要有"恰当"性。

"应做"在康德的意义上强调无条件性、绝对必然性，强调无论何时何地人都应该按照普遍法则行动，所以，"应做"的义务是要排除所有献媚讨好的可能而树立一条法则。此种普遍性的义务是对人自身的规定性，它是人之成人的"命运"与内在规定，具有最普遍的特性。在这一意义上，道德义务法则直接与人的规定性相等同，并具有普遍性，即只要作为人存在，总是要履行义务的。可以说，"凡是作为义务的东西都自行向每个人呈现"①。康德以绝对命令、对义务履行的必然性的方式提出，"应做""能做"与意志主体的"意愿"或者说"法则"与"准则"要内在

---

① 〔德〕康德：《实践理性批判》，邓晓芒译，杨祖陶校，人民出版社，2003，第49页。

具有一致性，这种一致性亦是人之为人应有的道德能力。

以价值精神为规定的"应做"，在道德生活中常常以"规范"的形式出现。如托克维尔所言："人类永远和普遍需要制定出一套使任何人在任何地方和任何时代都不敢违反，害怕违反时会遭到斥责和耻笑的道德规范。违反道德规范的行为，被称为作恶；遵守道德规范的行为，被称为善。"① 这种具有客观必然性的道德义务的实质是一般价值精神、价值取向，对意志主体而言，它是现实伦理关系中道德规范所蕴含的价值精神。任何一种类型的社会生活，总有基于善恶内容而形成的社会基本道德规范、道义法则。

道德活动中，"应做"的道德义务法则要求具有普遍有效性。这种普遍有效性，包含全体、全部的意思，同时，"应做"所包含的全体、全部又是有着时空等具体条件规定的。我们可以认为，"应做"的恰当的无条件性、绝对性指其中的价值取向与价值精神的客观性。这一意义上的恰当就不是一种中庸，而是一个极端。人之为人应该有着最基本的义务感或者说责任意识，这是其成为人的条件，其对所有理智能力成熟的人都具有约束性、无条件性。但是，只要进入具体道德实践过程，"应做"的普遍有效性就是有规定性的。一方面，"应做"的普遍有效性是特殊的普遍、全部，也就是说，道德义务的"应做"是具体伦理关系中的价值精神、价值取向。具体而言，"应做"的恰当所要求的全部、全体是道德行为涉及的伦理关系中的全部、全体，而不是指全部的历史时空中的全部道德行为中的全体行动者。另一方面，"应做"的普遍有效性也允许例外，"应做"的普遍有效性要考虑到具体道德境遇的特殊性以及道德主体的主观条件等因素。

"应做"所蕴含的价值取向、价值精神是客观的，但也是具体的、可实践的。"应做"又总是具有现实性的"应做"，它在不同的伦理关系、道德活动中的内容不同。或者说，"应做"既有普遍性，也有特殊性，它的普遍性、必然性正是通过特殊性呈现的。

具有普遍性、必然性的"应做"在其现实性上，总是要以特殊、具体

---

① 〔法〕托克维尔：《论美国的民主》（下册），董果良译，商务印书馆，2015，第843页。

的样式存在。而所谓特殊、具体的"应做"是指道德义务法则总是要通过具体的义务内容呈现。如果说，"应做"的普遍性是义务对"人"的规定和要求，那么"应做"的特殊性是义务对"具体人"的要求，对"具体人"在具体场景、境遇中的要求。

在现实性上，"应做"的道德义务法则的具体内容总是有着历史性与时间性。不同的历史时代，人们的道德生活方式、交往方式、道德意识、价值观念等不同，因而，道德义务的具体内容规定就不尽相同。"应做"蕴含着"能做"，正是通过具体的"能做"，"应做"的内容得以丰富和发展。即使面对同一道德义务，不同阶层、不同人生阶段的人对其的理解与把握也会有所不同。这些不同反映道德主体之间道德价值诉求的差异，并构成道德义务的具体内容。道德义务的历史性、时间性表明，道德义务的实际内容可能随时代发展而被否定。现实存在的具体道德义务要求可能是落后的、不合理的，这要求意志主体必须要能够辨明道德义务要求背后的价值精神、道义法则是什么。也就是说，普遍的道德义务法则、价值精神是合理的，但是普遍道德法则在具体历史时期所形成的义务要求本身的合理性是需要反思和追问的。只有具有现实合理性根据的道德义务、符合时代精神的道德义务，才是真实客观的，才有可能被真实地实现。

"应做"的特殊性，还表现为实现方式的多样性。一方面，"应做"的义务法则总是具体实存的，实存于具体人的具体生活世界，这亦是善的内容的丰富性与多样性。在具体的生活世界中，人的道德义务获得规定。每一具体的伦理关系都会有特定的义务要求，具体的"应做"必然是一定伦理关系中的道德要求。在这一意义上，"应做"的恰当性在伦理关系中最容易谈论，"应做"的义务是人作为不同角色、不同身份的人存在而必须履行的职责。如果"为义务本身而尽义务，而且我在尽义务时，我正在实现真实意义上的我自己的客观性……着重指出义务的这种意义，乃是康德的实践哲学的功绩和它的卓越观点"①，那么，黑格尔通过批判康德意义上义务的"空虚形式性"以及"无层次性"揭示了形式的"应做"的道德精神必要经过特殊化、具体化才可能获得实质性的内容。

---

① 〔德〕黑格尔：《法哲学原理》，范扬、张企泰译，商务印书馆，1982，第136页。

另一方面，同一"应做"的义务在不同道德活动主体、不同的时空场景，会有不同的存在形式。"应做"的特殊性，即其现实内容的丰富多样性，在于具体的人的道德活动与道德关系的多样性。"应做"的现实义务内容要在具体的道德活动中获得解释，而对于具体的道德活动中的具体的人而言，"任何一种'应该'都有可能是不应该的"①。"应做"义务要求的实现，离不开具体时空、场景中的意志主体的"能做"。离开具体的"能做""应做"会失却生活的合理性根据。

普遍的"应做"与特殊的"应做"，统一于具体的"能做"。但是，"能做"与"应做"并不必然没有冲突。

在道德实践中，"应做"总是要通过特殊意志主体的"能做"实现，这种"能做"主要指向"应做"的现实可能性。"应做"通过具体的"能做"，实现"应做"所蕴含的价值精神与义务要求。在"应做"蕴含"能做"或者说"人的现实存在应当是与其本质相统一"②的意义上，"应做"是一个不证自明的先验普遍标准；而"能做"一方面指，人的实际行动能力，另一方面指自由意志的行动能力通过行动实现"应做"本质要求的道德能力。能做的未必是应做的，但应做的必定内在地包含着能做。

"能做"总是具体的、现实的，"应做"的普遍性揭示道德法则、价值精神的可公度性，"能做"的具体性、现实性揭示道德能力的开放性、生长性。生活世界是开放的，能力是可以提升、发展的。"在一个特定时空中，反思所达到的程度及其具体内容，有其存在的现实理由与合理性根据，但是随着生活世界本身的变迁，随着人们理性能力的提高，既有的'应当'会失却其合理性根据，并为新的'应当'所取代。"③反思的无限开放意味着人性、道德的发展是一个开放的、具体的历史性的过程。这种具体性与开放性在道德实践中是指人们在自己的具体道德行为中阐释"应做"的恰当性内涵。一般意义上的价值精神、义务要求要在具体的实践中

---

① 赵汀阳：《论可能生活：一种关于幸福和公正的理论》（修订版），中国人民大学出版社，2004，第5页。
② 高兆明：《伦理学理论与方法》（修订版），人民出版社，2013，第30页。
③ 高兆明：《伦理学理论与方法》（修订版），人民出版社，2013，第33页。

与意志主体的"能做"相合才有可能实现。同时，具体的"应做"也会在具体的时空境遇中自我否定。

但在实践领域，应做与能做并不必然统一。一方面，对于具体的行动者而言，"应做"的未必是"能做"的。因为"应做"要成为具体的实存，不但需要意志主体具有一定的道德实践能力，而且还需要外在的运气、实际的技能等条件为保障。另一方面，"能做"的未必是"应做"的。具体而言，"能做"的未必是道德上"应做"所允许的。颠倒是非、肆意妄为、为富不仁、唯利是图、媚上欺下等均是人性能力范围内的，却不是人之为人"应做"的。这也就意味着，"能做"与"应做"可能出现分离。道德活动的恰当需要诉诸具体行动者的"能做"，它需要通过具体的做、实践、行动，在个体身上实现"应做"的普遍性与特殊性的统一。

"能做"首先呈现为个体性、差异性的特质。如果说"应做"在一般意义上揭示了善恶的价值精神、价值取向，那么善恶价值的存在样式与实现路径需要每一个行动者通过自身的行动做出判断和选择。此处"能做"的个体性、差异性的实质是道德法则的精神、义务要求的内容必须要经过意志主体的实践才有可能成为人的生活的一部分。具体"应做"的义务要求不能超出主体"能做"的能力范围，"应做"的义务要求必须有其真实性、合理性。比如，在有人落水的情境下，对于儿童或者因残疾行动不便者，我们就不能要求他们有直接救助落水者的义务。而对于因生理、心理等原因而无能力成为真正道德主体的人而言，道德义务可以对其不做要求。抽象的、普遍的道德义务要求只是一个行为指导原则，它需要通过自由意志主体对具体境遇中义务的履行才有可能获得生命力。而影响行动者"能做"的因素有很多，比如个性、身体素质、心理状况、情感能力等。具体的"能做"的个体性、差异性既取决于主体对道德义务要求的一般理解，又取决于具体时空场景下对道德义务的具体理解与把握。这种理解与把握充满了主观性与不确定性，使道德义务实现充满了多样性、可能性。

"能做"一方面扬弃无规定的主观性、个别性上升到普遍性；另一方面保持自由意志主体的个性、差异性特质，以自身对道德义务的理解、把握，通过具体的实践方式获得自身的存在样式。同时，在具体的义务履行中，由于道德活动外在环境的刺激以及主体对道德义务的笃定，意志主体还有可能超出自身"能做"的界限，明知不可为而为之。（此种行为多发生于特殊的道德情境中，尤其是关乎生死存亡的道德选择。）但是，"能做"的个体性、主观性不等于自由意志的实践可以沦为一种纯粹的主观性，任意而为，想做什么就做什么。能做的未必是应做的，"能做"本身要有所依据，有普遍一般的规定性。"意志不应死抱住特殊性，仿佛这个特殊性而不是普遍物才是本质的东西。而应意识到意志的普遍方向。"①"能做"的主观性、主体性使道德义务要求、道德价值向现实转化，但"能做"还要有"应做"的价值精神为规定。"应做"的价值精神规定不是外在于"能做"这一道德实践能力，"能做"的个体性、差异性、多样性是普遍"应做"的特殊化。

"应做"是一种价值要求，不同的时代、不同的人生阶段、不同的道德境遇的自由意志主体会以自身的"能做"赋予"应做"具体内容，并以"辩证否定"的形式进行一种能力的提升。应该如何履行道德义务、执行道德命令，"取决于我们自己对境遇的负责的评估"②。道德义务的"应做"必须通过对道德实践的具体境遇的把握而具体化、特殊化。

二 应做与如何做

在道德实践中"应做"与"能做"需要自由意志主体通过具体的行动方式呈现，也即通过"如何做"来呈现意志主体如何通过行动而做到"恰当"。"应做"不是抽象的、形式的，而是具体的、有着现实内容的。完整的"应做"包含"应然"的价值精神、普遍原则，"实然"的"能做"以及"如何做"的方式、方法、途径等。"应做"的恰当性是相对于意志主体而言的，其是意志主体在实践中所可能达到和实现的境界。但是实践中，"应做"所内蕴的"应做"、"能做"以及"如何做"并不必然统一，因为道德行为是在变化的、充满偶然性的生活世界展开的，而恰当

---

① 参见〔德〕黑格尔《法哲学原理》，范扬、张企泰译，商务印书馆，1982，第144页。
② 〔美〕弗莱彻：《境遇伦理学——新道德论》，程立显译，中国社会科学出版社，1989，第34页。

的道德活动会不断地趋向这种统一的必然性。

"应做"的普遍性与"能做"的实践可能性总是要通过"如何做"而存在，通过具体而实际的行动呈现，在这一意义上，"如何做"的恰当既有其绝对性，也有其相对性。道德活动总是具体的，而恰当或者说适度，"是由逻各斯规定的……在恶的事情上不存在我们对适当的人、以适当的程度、在适当的时间、出于适当的理由、以适当的方式做这些事"①。这也就提出，实践中并非每个人都能做到恰当，要做到恰当是极其艰难的。意志主体需要首先能够把握具体实践中"应做"的特殊内涵，选取恰当的行动方式（"如何做"），才有可能做到不偏不倚。

现实的、具体的"如何做"以行动方式规定道德能力实践的内容，探索怎样去达到或者说实现道德目的。"如何做"突出了意志主体的理智能力、实践智慧。"如何做"的方式、方法具有多样性，也具有因时空境遇而不同的或然性。从"如何做"本身来看，它具有内在价值性、外在功用性。

具体的道德场景中，主体"如何做"的能力依赖于主体对道德情境的认识与把握，它要求意志主体不仅要具有一定的道德知识、善良的道德动机，还要有一定的技能、道德实践能力以及恰当地选择一定的方法、手段，实现道德价值的能力。当多种合理义务处于同一时空，并对道德主体提出要求，具体选择哪一种义务优先履行，与主体的道德情感倾向、价值偏好以及性格等因素均有关系，其对于道德主体而言是种实践智慧。"人的处境和行为呈现出无穷的多样性，是很不确定的。行为的准则经常允许例外，且不能够被机械地应用到所有特殊处境中。"② 具有实践智慧的人能够在变化的道德境遇中，因时因地运用道德法则、进行实践推理、选择适度而恰当的"如何做"的方式和方法实现道德价值。

"如何做"具有内在价值性，具有"如何做"的实践智慧本身就是一种道德品质，也可以称为理智德性。采取什么方式、手段、方法履行义

---

① 参见〔古希腊〕亚里士多德《尼各马可伦理学》，廖申白译，商务印书馆，2003，第48页。

② 〔美〕余纪元：《德性之镜——孔子与亚里士多德的伦理学》，林航译，中国人民大学出版社，2009，第17页。

务，体现了意志主体对道德义务的理解与把握以及主体的道德素质。尤其是在道德冲突或者说利益诱惑面前，"如何做"隐蔽着主体的理性自律能力以及他（她）对道德义务的态度、意向。在这个意义上，"只有意向才决定行为之道德价值的有无，因此同一个行为，可根据决定做出行为的意向，应得到惩罚或赞赏"。① 对道德法则权威的意识、对道德律的敬重、对他人的基本尊重等均决定、影响着意志主体具体选择"如何做"的方式。具体"如何做"的方法、手段等选取的"恰当"意味着，意志主体应该在行动中试图做到既善（目的）又好（效果）地实现道德义务要求，获得真实的道德价值。

"如何做"具有外在功用性，"如何做"总是现实的、具体的、可操作的，其通过做的方式、方法等实现道德价值。"任何行为都显然地要求一个特殊内容和特定目的"②，"如何做"是实现道德义务内容、主体道德目的的途径。我们可以认为，具体的"如何做"蕴含着"做"所要实现的目的。相对于道德目的，"如何做"具有外在功用性。道德是一个生成的过程，人也是通过自身的行动而逐渐地获得道德。如同亚里士多德所揭示的，"在行为上公正便成为公正的人，在行为上节制便成为节制的人。如果不去这样做，一个人就永远无望成为一个好人"。③ 行为过程就是具体的"如何做"的过程，道德义务、主体的道德情感、道德良心等不是空洞的，而是通过具体的道德目的、方法、手段等的选择与实践的展开而呈现丰富的内容。

所谓"不作为"是指行为主体在权衡利弊得失之后采取的一种消极行为方式。我们此处分析"不作为"的几种情形，以反思"不作为"在何种意义上并不意味着道德能力的匮乏？何种意义上的"不作为"可以得到道德辩护。

第一种情形，行为主体基于履行道德责任可能会给自身利益带来一定损害的预先判断，寻找辩护的理由或借口，选择"不作为"。这种基于履

---

① 〔德〕叔本华：《伦理学的两个基本问题》，任立、孟庆时译，商务印书馆，1996，第156页。
② 〔德〕黑格尔：《法哲学原理》，范扬、张企泰译，商务印书馆，1982，第136页。
③ 〔古希腊〕亚里士多德：《尼各马可伦理学》，廖申白译，商务印书馆，2003，第42页。

行责任可能带来的风险性而回避道德责任行为。不过，此类行为本身又有值得仔细区别的两种情形：比如，对一位摔倒在地又有明显骨折或外伤的人，我是否要扶起他/她。一种是因为履行义务本身有可能超出自身能力范围，其结果具有不可预料的风险性。如果我扶起他/她，那么我的贸然救助扶动可能会伤害其神经血管，造成更为严重的二次伤害。我无法承担这一可能的二次伤害后果，我选择"不作为"。另一种是行为可能存在的意外不公平责任对自己造成伤害的风险性。如果无旁人在场，那么我去扶起他/她可能被"讹"，从而选择"不作为"。这是基于对行为对象的不信任而放弃履行义务。前一情形是基于对他人负责任立场所做的判断，后一情形是基于对自己负责任立场所做的判断，二者间有较为明显的区别。只要我们还能承认审慎的美德、承认自保的某种道义合理性，对于这两种情形中的两种判断及其选择而言，就都能获得某种程度的道德辩护。

不过，此种"不作为"是一种较弱意义上的道德辩护——尤其是后者。一般来说，我们所讲的道德辩护有两个层面："在日常的道德生活的层面上，我们提出'我们的行动是否是道德上可辩护的'这个问题；在道德反思的层面上，我们提出'一个约定的道德对我提出的要求是否是合理的'这个问题。"[①] 从第一个层面看，所谓"较弱"意义上的道德辩护是指一方面，行为主体有某种理由，这种理由不仅能为他人理解、本身有某种合理性，而且他人无法合理地否定，但是，这种理由极不充分。基于风险性的审慎考虑可以不去扶起需要救助者，但这并不意味着我有充分的理由逃避对此不幸者的义务。另一方面，道德义务对行为主体的要求是合理的，但主体以何种方式履行义务是会因道德境遇、人的品质等各种原因而有差异。在人的道德选择和行动范围内，行为主体可能看到最大限度的自由和偶然性等因素，但是如何履行义务、如何做的多样性不等于可以不履行义务。相反，我应当积极主动以安全可行的方式施以援手。如及时报警、在旁警戒保护以免他人造成二次伤害、与其对话安抚稳定伤者情绪（如有可能的话）等，这才是道德上的正确行为。也就是说，我们不能混

---

① 徐向东：《自我、他人与道德》（上册），商务印书馆，2007，第12~13页。

涌行为的道德态度与行为的"如何做"的具体方式，以采取某种"不作为"的方式代替了对不幸者施以援手的"仁爱"态度或精神。

第二种情形，在某些特殊历史或特殊道德场景中，行为主体选择"不作为"的形式去有所作为。这里还有两种情况需要辨别。第一种，给定道德情境，行为主体在自己扮演的角色中自主地做出选择。比如，津巴多设计的斯坦福监狱心理实验。津巴多和同事们在大学地下室搭建了一个模拟的监狱，并且征集了24名心智正常身体健康的志愿者，每人每天可以得到15美元报酬，但是必须完成14天的实验。这些志愿者被随机分成两部分，12个人充当警察的角色，另外12个人充当囚犯的角色，实验时每组只有9人，3人后备。实验模拟真实监狱环境，而实验的结果是，所有人都深陷自身的角色中。在这个实验中，津巴多提出"坏苹果"这个短语。"他一心要检验的东西是：残暴的狱卒是'坏苹果'，还是情境是个'坏桶'，它导致'好苹果'腐烂？"①在这个实验中，我们发现人的自由意志对道德情境失去了抵抗能力，认同自己的角色乃至于任其塑造，甚至有可能主动施暴。人的自由意志能力在此处受到质疑，问题是我们会发现仍然有人做出"抵抗"。人们采取公开"抵抗"的方式有可能是"不作为"，也有可能是"直接对抗"。此处直接对抗的人不但要有独立的思想，恰当地调整自己的能力，而且能够对该情境做出一种不同的解释并认同自己的解释。此处的"不作为"可能表现为不参与、不伤害，但不制止、不营救。还有一种情况是行为主体迫于环境的压力、权力的压力以及身心的恐惧等而选择"不作为"。此情形与纳粹屠杀有些类似。与斯坦福实验相比，纳粹大屠杀的例子的特殊性在于价值判断已经预先给出。如阿伦特所言："如果大多数人或我的整个周围环境已经预先判断了某个事件，我如何还能分辨是非？"②在特殊的境遇下，人有可能对事实失去判断力，我们有时会将其称为妄想症。

虽然人们仍然可以做出道德反思，认识到社会道德要求的不合理性，

---

① 〔美〕瑞文：《超越自身的自我——一部另类的伦理学史、新脑科学和自由意志神话》，韩秋红、刘金山、谢昌飞等译，周兰、刘金山校，人民出版社，2016，第74页。
② 〔美〕阿伦特：《责任与判断》，陈联营译，上海人民出版社，2011，第16页。

并采取"不作为"的行为方式。"不作为"如果导致的只是保护自己不是主动作恶者,并任由他人作恶,那么道德责任只是转嫁给他人而已。道德境遇以及道德要求本身的错误并未得到合理的反思,此种意义上"不作为"只能在合理考虑个人自我保存的意义上得到非常弱的道德辩护。而如果"不作为"背后的动机蕴含了对他人的尊重与价值信念的捍卫,那么这种"不作为"中已经蕴含了对人道精神、个人品格的某种坚守,可以得到辩护。同时,在上述两种情况中,具体事件的责任主体是个人,但整个道德境遇的责任主体已经不是个人,而是国家、社会。

由上述对"不作为"的分析可见,"应做"中的价值信念需要通过"如何做"而将其实现。在如何做的过程中既有可能是积极地有所作为,也有可能是消极地"不作为"。而如何做才能恰当地实现道德价值,如何做才能得到道德辩护,这样的问题需要具体分析行为的目的与手段、动机与效果。

第二节　何为恰当?

道德目的、善良动机总是要通过"恰当"的行为才有可能成为现实。而行为所处的时空、场景总是动态的、发展的、开放的,行为也总是要在偶然与必然的交叉点上发生、发展,获得自身的结果。在具体场景中善良意志的适宜实践方式,通过这种适宜实践方式,善良意志本身成为现实的存在。善良意志的这种适宜实践方式,即为恰当。意志主体要在自身的行为中如何做到恰当,就涉及其能否通过自身行为达到动机与效果、目的与手段的统一。

一　动机与效果

实际道德生活中,尽管有偶然、运气等因素,但主体应当努力将善良动机变为现实存在,使善良动机成为真实的。恰当的实践方式既要有善良的动机,又要能够产生好的效果。

善良意志要变为现实的存在,要求动机与效果的统一,不能割裂动机与效果的统一,只执着于一端。首先,意志主体要有善良动机,并能够从善良动机出发去行动。善良动机作为人的内在精神，的确像宝石一样熠熠生辉，其自身就具有价值；人能否具有这种内在的动机则是"人是否配作为人"的一种内在道德能力要求。康德就强调出于纯粹善良意志的"动机"的决定意义与绝对价值。道德行为的价值取决于主体以何种态度和方式去做的内在价值精神，而不在于行为主体最终成就了什么的道德"结果"。在康德的理解中，动机是意志的客观根据，而不是欲望的主观冲动。他认为："道德的最高理由必须不仅仅推论到满足，它必须自身就在最高程度上感到满足。因为它不是一个单纯思辨的表象，它必须具有推动力。因此，尽管它是理智的，却必须与意志的最初动机有一个直接的关系。"① 这种作为意志客观根据的动机，最终被康德追溯到先验领域的纯粹善良意志，而非感性经验的快乐与不快。的确，行为结果是一系列复杂因素综合作用的结果。相对于结果的外在性，动机更具有内在价值性。

善良动机不是纯粹形式的，其有着意志主体的具体道德目的。或者说，善良动机作为"自在的善"需要向"自为的善"转化，它有着转化为客观现实，获得具体感性存在的冲动。单纯地强调意志主体的"动机"至少存在以下缺陷："第一，从逻辑上说，善良动机不是道德行为本身；第二，从动机的存在方式来看，纯粹主观动机进入实践领域，要求转化为客观现实以获得确定性存在。第三，从动机的内容来看，动机有行为者的意图为客观实质性规定。第四，没有有意图却无效果的动机。"② 纯粹地强调"动机"可能使道德成为意志主体自我辩护的理由和借口，使道德只有"空"的形式，而无"实"的内容；只注重意志主体的主观道德精神，忽视承载道德动机实现的客观行为。而事实上，只要有道德行为，就会有行为结果。只是结果以何种形式又在多大程度实现或体现意志主体的动机而已。

意志主体对义务的履行，必然以结果形式呈现。离开具体行为的"效果"，动机无从检验，而且"效果"中已蕴含行为主体的道德实践能力。在这个意义上，如绝大多数功利主义伦理学家认为"动机虽然与行为者的

---

① 《康德书信百封》，李秋零编译，上海人民出版社，2006，第41页。
② 参见高兆明《存在与自由：伦理学引论》，南京师范大学出版社，2004，第389~390页。

品格有很大关系，却与行为的道德性无关"①。道德行为中的"恰当"不可能不诉诸行动的效果（后果）。如何判断一个人是一个好人、一个人的道德动机是善良的等问题，都必须要回到行为本身，并考量行为的效果。道德要现实地使人获得自由的存在，意志主体必须要现实地履行并实现义务的道德要求。注重行为的效果是现实地关心道德实践，关心道德对人的生活的影响。如同有学者对功利主义"效果论"的评价中指出："功利主义不仅提出了一个根本的道德原则，即效用原则，而且向我们提出了这个理论的实质核心内容是促进人类的幸福和改善人类的痛苦。"② 道德行为的"效果"不但反映人的道德自我提升能力，而且反映道德主体义务履行的真实情况、道德义务的真实存在状态。但是，效果本身也要凭借一定的标准检验，如何确定效果更是一个复杂的问题。效果具有时间性，效果之间也存在比较的可能。行为产生的效果可能只是暂时的，它可以继续对后续的行为产生影响，以致人并不能准确、合理地预见道德行为的最终结果。

道德行为的"恰当"既要注重动机，更要注重效果。善良动机本身就标识了个体或群体的道德状况，同时善良动机总是要通过具体的道德行为而获得现实存在的方式。"动机与效果的统一"是道德行为"恰当"的理想状态，现实行为中的动机与效果并不必然具有统一性。具体的道德行为是处于纷繁复杂的外部生活世界，意志主体在行动过程中要遇到各种难以预计的状况、风险等偶然性因素，甚至，"动机与效果的统一"在具体的道德行为中会以偶然性的方式呈现。善良动机未必一定产生好的效果，生活中有很多好心办坏事的例子。

从意志主体善良动机的实现来看，动机与效果的统一才是既善又好的行为。当意志主体对行为进行一种反思性的把握时，"动机可以被看作正在发生的事情的组成部分，并可以被恰当纳入考虑范围。同时，注意考察完整的行为结果，而不只是局限于对狭义的、最终出现的'极点结果'

---

① 〔英〕穆勒：《功利主义》，徐大建译，上海人民出版社，2007，第18页。
② 参见徐向东《自我、他人与道德——道德哲学导论》（上册），商务印书馆，2007，第317页。

(culmination outcome) 的解释"①。对行为的后果有合理的预期把握,"一个人要由任何动机来支配,就必须在每个场合不止是考虑导致其行为的那个事件,还必须考虑它的后果"②。同时,后果的实现要以善良的动机为前提。即使在强调效果、结果的功利主义内部,也出现了动机功利主义的观点,认为"一种动机模式在道德上比另一种更好,这是指前者比后者拥有更大的功利"③。一个人的动机越好,他(她)在具体行动中所可能获得的功利就越大。

由此,"恰当"的行为就需要考虑"人们的道德行为是由动机(目的)—行动(手段)—效果(目的的实现)所构成的完整过程"。④ 意志主体的道德活动是一个有意识、有目的的活动,其作为出发点的道德动机有一定的效果指向性。如恩格斯在分析人类历史与自然历史之不同时指出的,"在社会历史领域内进行活动的,是具有意识的、经过思虑或凭激情行动的、追求某种目的的人;任何事情的发生都不是没有自觉的意图,没有预期的目的的"。⑤ 促使人们行动的动机总是不可避免地指向某种效果意义上的意图(目的)的实现。道德活动亦如此,人总是有着具体的道德权利要求、具体的意图和预期的效果。实践活动中,意志主体善良动机、善良目的要通过行为中恰当的手段的选择来获得实现。

二 目的与手段

善的目的须由观念的变为现实的,意志主体需要选择恰当的手段实现目的。道德行为中,目的与手段不是孤立的、偶合的,而是互为规定、彼此依存的一个整体。道德行为中,意志主体能否合理认识目的与手段的关系,正确而恰当地选择手段实现道德目的、实现目的与手段的统一成为道德行为恰当与否面临的主要问题。

---

① 参见〔印度〕阿马蒂亚·森《后果评价与实践理性》,应奇编,东方出版社,2006,第415页。
② 〔英〕边沁:《道德与立法原理导论》,时殷弘译,商务印书馆,2000,第149页。
③ 〔美〕亚当斯:《动机功利主义》,姚大志、姚得峰译,《世界哲学》2011年第1期,第88页。
④ 高兆明:《存在与自由:伦理学引论》,南京师范大学出版社,2004,第393页。
⑤ 《马克思恩格斯选集》(第四卷),人民出版社,1995,第247页。

目的作为观念中存在的道德价值，需要通过主体的实践来实现。做、行动、实践总是要通过具体的手段，手段本身就包含了实践的方式、方法、途径，是主体道德实践能力的集中体现。

一方面，从目的终极性①与具体性来看，任何一个具体的道德行为都是终极目的行为的一个环节。相对于终极目的，具体的目的就要不断地向手段转化。目的与手段的连续性就在彼此转化的过程中。实践活动中，"如果一个人不能将他的目的，同时也看作是下一个结果的一个变化着的条件，而把这一目的当作'最终的'（在这里，所谓'最终的'意味着事件的进程已经完全中止），那么，这至少说明他是不成熟的"②。在这一意义上，目的就是手段，手段就是目的；具体的道德目的一定要为着、向着终极道德目的的方向。对于意志主体而言，他（她）要具有能够将自己具体的道德目的纳入人生整体道德目的的能力，在行动中选择恰当的手段。

另一方面，从具体道德活动来看，每一具体道德活动均有其特殊性，道德实践能力在这个意义上就是具体选取什么手段解决问题的能力。手段的选择具有内在规定性，"一方面，须源出于目的自身；另一方面，须合乎自然必然"③。正是通过手段的选择、运用，目的的实现样式得以丰富、内容得以充实。如同，杜威在《评价理论》中列举的医生的事例："对于一个病人，获得健康对他而言是一种善。而对于医治病人的医生，这种善价值的建构要建立在他的检查技术向他显示的：病人患的是什么病，以及用什么办法才能治愈。正是通过这样一个过程，健康作为一种善的价值得到了发展。"④可见，目的的实现离不开手段的恰当选择，对手段的认识以及选择手段本身就是一种能力。

从善良的目的与目的实现来看，它要求手段与目的之间具有内在一致性。一旦进入外在生活世界，目的与手段之间有分离的可能。

---

① 此处涉及的"终极性"，不是指道德信仰意义上的终极价值，而是指在抽象意义上的个体人生的总体目的，其具有"最终性"的含义。对于个体而言，这一总体目的也会有个体生活维度和社会公共生活维度两个方面的内容，此处不做展开论证。
② [美]杜威：《评价理论》，冯平等译，上海译文出版社，2007，第51页。
③ 高兆明：《黑格尔〈法哲学原理〉导读》，商务印书馆，2010，第245页。
④ 参见[美]杜威《评价理论》，冯平等译，上海译文出版社，2007，第53~54页。

从手段的选择和运用看，对于意志主体而言，存在以善的目的取代善的行为的可能。以目的证明手段，认为只要目的是正当的、善的，就可以不择手段。目的有具体的价值规定，相应地实现目的的手段也是有着规定的，而不是任意的、无规定的。如同黑格尔所言"为了某种善良目的，把原来完全不是手段的东西用作手段，把某种本来是神圣的加以毁损"①。故意地以善的目的掩饰手段的不道德，不仅是一种道德诡辩，更是使道德退缩为一种纯粹的主观性，一切都可以以善为幌子，世间也就无所谓有真正意义上的善、恶。在目的与手段的关系问题上，中国儒家伦理思想也同样注重手段本身的正当性。荀子就认为，"行一不义，杀一无罪，而得天下，仁者不为也"（《荀子·王霸》）。恶的手段不能假以善名，掩饰恶的目的。对于具体道德行为中的善意的谎言、善与善两难选择带来的道德价值的损失等现象，以否定性、缺憾性的形式揭示，道德实践是复杂的、主体的实践智慧以及道德行为的"恰当"不等于完美，其恰恰有可能以牺牲等否定方式实现道德价值。但是，其与道德主体的不择手段具有本质的区别。

"目的内在地要求有相应的手段，手段是目的的手段……手段要求一定的目的。手段就其是目的的手段而言，只有从目的中才能获得自身的规定与价值。"② 但是，恰当的手段的选择与运用有赖于意志主体的能力。意志主体可能有善良道德目的，但并不具有智慧的道德实践能力，不能够选择既善又好的手段去实现目的。实现目的的手段是多样的，将道德目的转化为人的实际自由存在的能力是多样的、有差异的。即使人们拥有相同的道德目的和社会提供的基本善（也可以说是资源），由于人的个性、身体状况、年龄、禀赋等许多其他属性的差异，都会使选择手段的方式不同。在具体的实践中，并不是任何人都能够因时因地、应情应景地做出判断和选择并恰当地行动。由于手段、方法的不得当、不得体、不恰当，手段的效用不能发挥作用，非但不能实现目的，反而可能把目的推向自身的反面，手段与目的发生偏离，没有实现二者的统一。

---

① 〔德〕黑格尔：《法哲学原理》，范扬、张企泰译，商务印书馆，1982，第151页。
② 高兆明：《存在与自由：伦理学引论》，南京师范大学出版社，2004，第359页。

同时，由于道德活动的复杂性、主体道德能力的有限性等因素的存在，目的与手段的统一对于行动主体而言具有相对性和统一程度的差异。道德活动总是特殊的、具体的，完全理想的、普遍实用的手段是不存在的，存在的只能是具体的解决问题的手段、方法、途径。目的与手段的统一要求，意志主体不但要有善的目的、意图，而且要善于选择手段，并能够利用道德活动的外部环境，将外在的资源、组织条件纳入目的实现的环节，因为"除非在人的活动中，人们用它来完成某件事情，否则便没有任何材料是手段"。① 手段与目的的统一，是行动主体道德实践能力的体现，这种统一不仅具有当下性，而且具有长远性。

众所周知，康德提出"人是目的"的著名思想。康德这一思想的核心是以人的平等自由为前提，反对将人视为纯粹手段，是要强调人是目的而不仅仅是手段。康德并不绝对否定人的手段性，要害在于：人的这种手段性存在特质必须首先置于人的自由存在这一目的性之下，人的自由目的的实现需要通过人的活动实现。离开了"我为人人、人人为我"的共在互存努力，离开了权利－义务的统一，离开了互为目的性基础之上的互为手段性，人的自由是不可思议的。在共在共存、互助努力的意义上，每一个人都具有某种手段性特质。这种手段性特质，是互为目的性这一普遍自由目的的内在环节。在此意义上，应当承认日常道德行为中将自己、他人作为手段性对待的正当理由——这种是在（视他人、自己）人的目的性存在这一前提之下的手段性。

事实上，至少从日常生活经验的角度来看，我们无法彻底否认在日常生活中将他人视为手段以实现自己目的的可能及其正当性——这由我们的社会性存在本质所决定。离开了他人的帮助、服务，离开了协作交换、互利互惠，我们不仅一事无成，甚至无法生存。问题的关键在于前述的平等人格及其尊严、正义精神。如果失却了平等人格及其尊严、正义精神，互为目的性基础之上的互为手段性就会沦落为纯粹的手段性。这种纯粹手段性的"利用"难以获得有理由的道德辩护。这种"利用"包含三个条件："其一，他人在场或参与到道德行为中；其二，他人对我的行为起到一定

---

① 〔美〕杜威：《评价理论》，冯平等译，上海译文出版社，2007，第58页。

的作用;其三,没有征得他人的同意就将他当作一种手段(或者说以一种他不可能同意的方式对待他)。"① 这种将他人视为纯粹手段的"利用"要害在第三点。它通常是行为主体经过所谓深思熟虑的谋划后,通过欺骗、强迫他人的方式发生的行为选择。

人的上述手段性存在特质意味着人有被"利用"可能。或者换言之,在日常生活中,我们每一个人都有可能被别人"利用",与此同时,我们也在"利用"每一个他人,只不过,这种"利用"是在彼此交换服务、履行义务中性意义上。这种手段性的服务或利用就具有正义的属性,服从正义的精神。在此意义上,人作为"手段"存在至少可以获得某种有理由的道德辩护。这种手段性:首先,应当是在"人是目的"这一普遍价值精神之下的,即应当以尊重他人的平等人格及其尊严为前提。一切具体的手段性对待,最终都应当指向并服从于"人是目的"、平等人格及其尊严价值精神。其次,应当具有正义性,即体现权利与义务的统一,体现人与人互为目的和手段。

同时,手段具有独立的价值,手段本身的价值性可能改变道德目的。道德生活中,恶的手段可以使善的目的、价值精神虚化,以背离道德精神的方式满足自身的特殊利益需求。为实现目的而不择手段,最终只能使意志主体丧失良心、无法真正获得实现善的道德能力。

三 "道德妥协"的可能

在道德目的的实现中,有一种特殊的实现道德目的手段——道德妥协。意志主体为了维护和实现较高的道德价值而有意识地、自愿地牺牲某些道德价值,在一定道德情境下做出让步、和解的策略性行为选择,它是一种特殊的牺牲方式。一般意义上的妥协可以从过程和结果两个维度进行分析,如同本杰明的理解,"妥协既是'达成的一种方式',也是'达成'某事"。② 道德妥协亦如此。从过程看,道德妥协是解决道德冲突、困境

---

① 参见〔美〕斯坎伦《道德之维:可允许性、意义与谴责》,朱慧玲译,中国人民大学出版社,2014,第81~82页。
② Martin Benjamin, *Splitting the Difference: Compromise and Integrity in Ethics and Politics* (Lawrence: University of Kansas, 1990), p.4. 转引自赵曙辉、赵庆杰《论道德妥协》,《道德与文明》2010年第2期,第146页。

的方式、方法；从结果看，道德妥协可以成为道德冲突结果的一种类型。从道德主体的行为能力视角来看，道德妥协需要进入道德情境。

道德妥协，着重指不可调和的道德冲突中的主体的行为选择。道德妥协以具体时空境遇为规定，我们应该注意区分两种道德妥协，"一种是丧失原则的彻底妥协，以便入伙分赃、苟且偷生；一种是有条件暂时的妥协，退是为了进"。① 这就意味着，只有出于善的目的、意图做出的道德妥协才有可能具有合理性，而且，善的目的、意图本身必须要具有真实性、现实性。道德法则、道德义务要求进入实践领域会涉及主体的领悟与灵活运用的能力问题，道德妥协作为一种不可调和的冲突中的策略选择凸显了主体的行为能力以及道德义务法则的绝对性与相对性。道德生活离不开道德义务法则的绝对性，它不仅提供了道德生活的客观性内容，而且提供了意志主体组织生活方式的依据。道德生活更离不开道德法则的相对性，正是相对性体现了道德的多样性实践的可能，以及主体的道德行为能力。

道德妥协的"好"只能限于工具意义，其不是行为主体做出选择的最终目的。在具体的道德情境中，主体的道德妥协必须要有原则、有限度。道德妥协作为一种结果只有在总体道德目的实现环节才能获得价值，它是主体为了实现自己的道德理想、社会的道德价值所做出的暂时性让步。孤立地看，道德妥协是对善的否定，但是为了道德价值的整体性实现、为了更高的道德目标，主体需要智慧地因时因事地采取妥协的方式解决道德冲突。但是，道德妥协必须要有自身的限度，它要以不损害道德的完整性为限，也就是，道德妥协的行为不能背离道德义务法则的精神实质。背离了原则与界限的一味的道德妥协，是将道德视为游戏、会产生道德价值精神的沦丧。道德妥协不仅要求主体有对善的价值的合理性认识，还要有坚强的意志力，不屈服、不放弃，经得住困难的考验、名利的诱惑，等等。

道德实践中不可避免地有道德妥协，但不是事事都要有道德妥协。道德妥协是一种大智慧，它有一个"恰当"的"度"的问题。具有实践智慧的人是一个善用妥协，实现道德价值的人。但是，妥协难免带有无奈的

---

① 高兆明：《存在与自由：伦理学引论》，南京师范大学出版社，2004，第373页。

色彩。道德妥协的存在，一方面表明道德实践是复杂的、多变的、不确定的，道德价值在实践中会遭遇难以想象的阻碍；另一方面表明主体道德能力的有限性。在实现道德价值的诸种可能性中，但凡可以选择，对于有理性、良知的人而言都不会愿意做出妥协。从实现道德的整个过程看，道德妥协是其中的一个环节，其以否定的形式呈现肯定的内容。但对行为主体而言，道德妥协无疑是一种牺牲。它可能对主体的精神、体力都会有减损的作用，尤其是当不能预计妥协所可能带来的长足影响的情况下。所以，即使做出了道德妥协，也不意味着道德价值的必然实现。

意志主体在道德活动中要做到"恰当"，就要能够将道德行为的"目的与手段""动机与效果"恰当地统一起来，实现道德价值。通过对具体行为中道德目的（动机）的认知与把握、道德手段的选择、道德目的的实现来呈现意志主体道德能力自身的恰当，以道德后果（效果、结果）的形式呈现道德义务要求的真实实现状态、存在状态。离开具体的道德行为，无所谓道德、道德能力。也正是在如何实践的意义上，道德能力这一概念的提出与论证，推进康德关于自由必然性的思想。

四　推进康德关于自由必然性的思想

如果我们赞同海德格尔的理解："只有当我们不再问康德说了些什么，而是比以前更加坚定地追问，什么在康德的奠基工作中发生了，这样我们才会接近康德真正的哲思。"[①] 那么，在自由必然性的问题上，康德做了如下奠基工作。其一，自由必然性的根据在于理性的自我立法能力，"每一个有理性的东西，都赋有立法能力，规律或法律只能出于他的意志"。[②] 其二，道德价值的根据源于无条件的善良意志。道德行为中，这种可普遍立法的道德能力是人在道德上的、自律性的善良意志（善良动机）。

在承认康德普遍道德义务法则的前提下，我们提出狭义道德能力，即意志主体践行道德法则的能力，通过"如何实践"的分析，推进康德关于

---

① 〔德〕海德格尔：《康德与形而上学疑难》，王庆节译，上海译文出版社，2011，第203页。
② 〔德〕康德：《道德形而上学原理》，苗力田译，上海人民出版社，2005，第54页。

自由必然性的思想，即被奠基起来的自由必然性如何通过意志主体的活动成为现实的、具体的人的自由存在方式。或者说，什么是真实的自由必然性，其在现实中可能实现的程度与达到的境界。

道德活动中，意志主体要通过自身的实践行为实现道德义务要求、获得实质自由。康德以理性存在者普遍立法建立起的绝对命令为自由必然性奠基，也就是说，纯粹理性自身能够是实践的，"它通过表达一项内在地实践的和无条件的法则来确定行动的目标。这才是它的实在运用"①。而任何时候、任何条件下，意志都要根据法则行动。在康德道德哲学的视野中，自由必然性的重要性在于其独立于经验和偶然的基础，而不在于其具体的实践样式与可能。所以，康德没有具体分析实践中道德义务本身存在着层次性和丰富内容规定性。事实上，只有通过义务的履行，通过具体场景下意志主体自身的选择和行动，自由必然性才有可能获得现实的存在。

一般意义上，人应有基本做人能力（忠、诚、仁等），以及人之为人要有一定的人格精神。人需要康德意义上的普遍立法能力，任何时候都抱有对道德法则、对人本身的敬重。或者说，道德意义上的人的价值在于，人究竟以什么态度、什么精神去履行道德义务。但这并不等于我们要接受康德的观点："在行为中本质的善在于信念。至于后果如何，则听其自便。"② 因为，离开行动的效果、手段，动机和目的无从检验与评价。意志主体道德活动的恰当，就是要将"动机与效果""目的与手段"现实地统一在道德义务履行、道德价值实现的过程中。

同时，自由必然性的实现也不能只关注感性效果，因为感性效果中有诸多偶然性、自然性因素的影响。效果的"好"可能是偶然的运气所产生的结果，而不是出于行动者自身自觉、自愿的行为，感性效果不能真正体现行为过程中道德主客体关系的本质。所以，我们还要扬弃康德对感性经验效果的拒斥，并将偶然性、自然性等因素纳入道德活动过程。毕竟，道德行为不可避免地与经验世界发生关系，道德实践能力要在行为中认识、

---

① 〔美〕贝克：《〈实践理性批判〉通释》，黄涛译，华东师范大学出版社，2010，第48~49页。
② 〔德〕康德：《道德形而上学原理》，苗力田译，上海人民出版社，2005，第34页。

把握偶然性的机会、自然必然性等要素，合理认识这些要素在道德义务实现环节中的价值与功用。

康德对自由必然性的奠基也在于，他看到了人的主体性之所在，即自己规定自己的始因性、自律性、创造性。而且，"只要主体的主观性的本质还在于其人格性，而这一人格性又与伦理理性同义的话……一切纯粹综合和一般综合作为自发性必须落实在能力上，而能力在本己的意义上，就是自由的，就是行动着的理性"①。但是，自由必然性的实现必须在伦理关系、道德情境中完成。

通过对自由必然性的奠基，康德看到了道德主体的崇高之所在。"道德就是行为对意志自律性的关系，也就是，通过准则对可能的普遍立法的关系。"人之所以崇高在于他是道德律的立法者，"人类的尊严正在于他具有这样的普遍立法能力"②。康德从这种普遍立法的道德能力中看到了人与人之间的平等、尊重，人之为人的尊严、价值。道德能力不同于人改造自然社会的能力，它在本质上是一种精神力量。在这一意义上，一个人的现实的能力总是有限的、有着差异性的，但只要有持之以恒的对善的信念，善在心中就是一种崇高。但是，康德没有具体分析崇高究竟是如何可能的，也就是可普遍立法能力在经验的道德活动中能否足以保证意志主体能够现实地做到崇高，以及崇高的道德行为对于意志主体意味着什么。

诚然，"道德的一部分最基本而重要的作用，乃在于保持一种习惯和情绪"。③意志主体通过行为而达到的"恰当"在于保持一种精神、养成一种习惯，做到如此，无疑是一种平凡中的崇高。但是，达于中庸（恰当或适度）境界的过程中，主体可能面临的道德情境是多变而复杂的。生死抉择中、情与法的困境中、利益冲突中，意志主体有可能要以一种无畏的牺牲精神与自身毁灭的方式实现道德价值；在有限的生命中，超出自身的能力所及、担当起自己的道德责任，以一种特殊的、恰当的方式实现"应做"——道德崇高。

---

① 〔德〕海德格尔：《康德与形而上学疑难》，王庆节译，上海译文出版社，2011，第159页。
② 〔德〕康德：《道德形而上学原理》，苗力田译，上海人民出版社，2005，第60、61页。
③ 周辅成编《西方伦理学名著选辑》（下卷），商务印书馆，1987，第586页。

第三节 道德崇高

道德活动的恰当在一定意义上澄清了道德能力是如何在意志主体的现实行为中发挥作用，以及意志主体又是通过怎样的行为方式实现真正的道德自由。康德也以自身思辨的方式揭示了道德法则的"崇高"，按照康德的理解，在我们心中能够激起崇高情感的东西，一般会让人感到无力、阻碍、恐惧，但随后会激发、召唤人的内心，使人迸发出新的力量。崇高从根本上讲，不在于人的恐惧与无力，而在于其揭示了一种存于人的本性之中，却有待实践唤起的能力使命。以作为强力的自然的崇高为例，康德认为："自然界的崇高，不在于其激起人的恐惧，而在于它在我们的内心中唤起了我们的（非自然）力量，以便把我们所操心的东西（财产、健康、生命）看作渺小的……它把想象力提高到去表现那些场合，在其中内心能够使自己超越自然之上的使命本身的固有的崇高性成为它自己可感到的。"① 康德通过审美以及道德上"敬重"情感的推崇，对情感维度的道德崇高的主观精神性、意识性做出了解释。在承认应然道德法则的"崇高"性的前提下，本部分的内容从"应做"与"能做"相统一的视角证明：道德崇高的现实存在样式——应做与能做的两种统一方式；道德崇高的特质——牺牲；道德崇高的可能——爱的精神与责任能力。

一 应做与能做的两种统一方式

道德崇高的理解可以有情感能力与实践能力两个维度：从情感维度看，道德崇高在于，意志主体对道德法则的敬重，对自己、对他人的尊重；从实践维度看，道德崇高在于，意志主体能够激发出内在的道德力量、道德责任感、使命感，通过行动与崇高相契合。道德崇高是具有现实性的道德精神，它不只是"应然"意义上人的价值的崇高，更是"实然"意义上人可以实现的崇高。从"应做"的要求出发，以恰当的方式做"应做"的，并始终如一就是走向崇高。在道德实践中，意志主体以"应

---

① 参见〔德〕康德《判断力批判》，邓晓芒译，杨祖陶校，人民出版社，2002，第101页。

做"与"能做"的两种统一方式现实地做到道德崇高。

一种是喜剧性的道德崇高，是一种日常行为中恰当的"应做"与"能做"相统一的方式。一个人的实际能力有大小，但人作为人要有一种崇高的道德精神，这种崇高的道德精神就是通过日常的道德行为显现。"承认人本性中的有限性，从诉诸基本的义务开始，建立一种平凡和朴素的，却能通向神圣和崇高的道德观。"① 在道德生活的日常实践中，能够始终以"应做"的义务要求规范自己，自觉而恰当地履行义务要求，一以贯之，就是走向崇高和神圣。崇高是一种美德，是人在"应做"中恰当地行动的能力。崇高就在平凡之中，意志主体能够持之以恒、尽心尽力地履行不同角色赋予自身的道德义务，以善良的、博爱之心泛爱众人的道德能力就是一种道德崇高。

另外一种是悲剧性的道德崇高，是一种特殊而又恰当的"应做"与"能做"相统一的方式。主体在道德冲突、困境中超越一己当下之能力，明知不可为而为之的献祭精神，以一种看似"不恰当"而实质"恰当"的方式选择自己"应做"的义务。道德崇高首先是一种崇高感②，是主体有要做一个高尚的人的道德情感，这种道德情感本身就是一种能力。在适当的道德场景，它能够激发人做出道德决定，有所为、有所不为。在冲突和阻碍中，崇高感唤起人内心的道德力量，显示出一种抵抗、超越自身的能力。这种崇高的道德感最终诉诸具体的行动，道德品质的优劣、道德信念的坚定与否、意志力强弱与否，通过行为的高低得以显现。不同价值体系、价值体系内部的"应做"彼此冲突时，没有哪一种伦理学理论能够给出一个完整的、最终的答案，意志主体为了捍卫尊严、正义、维护社会的整体利益、追求道德理想而斗争，甚至做出牺牲乃至以献出生命的形式做出抉择。在道德痛苦中，为了某种道德责任的实现，心甘情愿地受苦受难，即使面对最悲痛与沉重的损失，都能够沉着应对、大气担当，表现出崇高的精神境界。这种带有悲剧性的道德崇高，是意志主体以否定乃至牺

---

① 参见何怀宏《良心论》，北京大学出版社，2009，第 207 页。
② 这种崇高感类似于伍德拉夫所言的"尊崇"的美德，"是一种健全发展的情感体验能力，在适当的时候产生敬畏、尊重和羞愧之类的情感"（〔美〕伍德拉夫：《尊崇——一种被遗忘的美德》，林斌、马红旗译，商务印书馆，2007，第 8 页）。

牲自我的形式显示了道德的力量，以及人在命运前的坚强、淡定与睿智。而任何一个有着道德感的人的心灵都会被这种悲剧性道德崇高所洗涤和震撼。

人是有限的存在者，但人总是通过自身的行为进向无限。高尚的道德行为背后有人的不屈的、崇高的道德精神。如同席勒的思想所表达的，"道德意志把人提高到神性，它通过打破自己身上的自然必然性而接近神性，或者说达到意志的道德自由"①。目的与手段、义务与爱好、感性与理性都交织在具体的道德行为中，当其彼此间发生矛盾冲突时，意志的主动性就需要现实地发挥出道德的力量，这种道德的力量往往伴随着一定的自我牺牲。

二 牺牲

"应做"与"能做"悲剧性的统一表明道德实践、道德崇高中的某种牺牲性特质。通过自我利益、个人得失的放弃、做出适度的妥协和让步，甚至牺牲自身的生命而收获道德价值精神的崇高。

牺牲作为一种失去、丧失，它以否定的形式张扬肯定性的价值精神，以特殊的方式揭示实现"应做"的义务要求所可能付出的道德代价。在道德冲突中，尤其是在一种对抗性的冲突中，牺牲在一定意义上彰显了人的崇高的道德精神。牺牲是不计个人利益得失的一种奉献精神，"它既不是死去，也不是葬送，又不是目标"②。牺牲不是泛泛而论的，它缘于人自己对道德理想的执着、对社会正义的捍卫，是在具体的道德情境激发下，主体的一种无畏、勇敢、高尚的行为能力。

牺牲本身不能构成主体行为的目的，一方面，不是所有"应做"的道德义务要求、道德崇高的实现都以主体的牺牲为代价，一些无谓的牺牲是应该避免的。如同功利主义对待牺牲问题的观点，"人具有一种力量，能够为了他人的福利而牺牲自己的最大福利，但牺牲本身并不就是善事。"③

---

① 参见〔德〕席勒《审美教育书简》，张玉能译，译林出版社，2009，第269页。
② 曾钊新：《道德认知》，湖南人民出版社，2008，第79页。
③ 参见〔英〕穆勒《功利主义》，徐大建译，上海人民出版社，2007，第17页。

没有必要的牺牲不应该被效仿和提倡，所谓有勇无谋的牺牲、无知者无谓的牺牲，在一定意义上使人感受到的并不是道德崇高，而恰恰是一种遗憾、感叹或者悲哀。另一方面，当"应做"的道德义务之间发生对抗性的冲突且每一"应做"要求本身都具有合理性时，牺牲就有可能成为实现价值精神的必要手段和途径。尤其是在社会制度与秩序处于一种很不完善的状态时，牺牲则更以一种崇高的行为举止让人震撼、发人反思。无论生活多么艰辛、环境多么恶劣，人都有能力不被摧毁，以一种超然的精神位于命运之上，哪怕注定此在的悲剧。

从主体角度来看，牺牲有三个环节：第一，对善的自觉意识，对道德行为的自觉知识，有关于行为所蕴含的善的、真实普遍的道德价值的认知。第二，明确意识到与真实普遍道德价值实现相对抗的障碍以及破除障碍所可能采取的行动。第三，有意识地把上述两个环节比较，对牺牲的可能与结果做出判断并付诸行动。可见，牺牲不是以牺牲自我为目的的，也不是一种特定情境下的偶然性行为，而是一个有着善的意识、善的知识，又具有道德情感的人在特殊的道德情境中，出于一种近乎本能①的反应，采取一种实现道德理想、价值精神的行为方式。牺牲的存在既表明现实社会道德的不完整性、普遍人性的不完满，也表明个体的自我实现与社会价值的实现需要付出"必要代价"才可能。

在生活中，牺牲以一种"代价"的形式肯定善的内容，以特殊的方式表明善的力量：牺牲不仅承认善的价值，还为了善的价值而自愿自觉地付出、给予。为了实现伟大的抱负和理想，放弃自身的利害得失、不计回报地去牺牲，是一种崇高的道德精神。这不意味着牺牲是无原则的、任意的、与主体价值对立的。牺牲要听从良心的声音，扬善避恶，为了道德、真理忍辱负重，甚至献出生命。同时，牺牲虽然以放弃行为者的快乐、兴趣爱好、利益、生命等为代价，但牺牲从根本上是主体选择自我实现的一种方式。尤其是在道德冲突或者是情境复杂的道德活动中，不介意同胞的

---

① "本能"在此处类似于黑格尔所言的"第二天性"，强调在特殊境遇中的牺牲不是一种狭义利益与个人名利的斤斤计较和权衡，而是一种近乎天性的、瞬间性的判断与选择。诚然，这其实与康德意义上日常中对道德法则或者说人自身的尊重密切相关。崇高在这个意义上是从平凡开始的。由于论证的需要，此处主要对特殊道德情境进行讨论。

不解、鄙视，甚至嗤之以鼻，忍受精神、肉体的痛苦，以自己的心智、行为去实现更伟大也更远大的理想目标。道德是在实践中发展的，但究竟采取什么方式、方法实现道德是一个充满智慧的过程，牺牲作为实现道德的方式有其合理性。也正是由于牺牲蕴含主体崇高的道德理想，主体所付出的代价、生命等才获得善的普遍性内容，从而捍卫道德的完整性。

牺牲生命或者说献身，是讨论牺牲不可回避的问题。通常人们认为牺牲生命是一种最高的也是最后的牺牲形式。道德实践中，牺牲生命是以直接舍弃自身的形式实现道德价值。从生命的失去这一现象来看，牺牲生命是对人的道德精神、道德自由定在的直接否定，但是，牺牲生命本身却表达着对道德精神、道德自由的肯定。从道德义务的要求来看，牺牲生命主要有分内义务与分外义务两种基本形式。分内义务要求基于人对生活于其中的伦理实体所应承担的义务与责任。比如，在逮捕罪犯的过程中，为解救人质或无辜受害者而英勇献身的警察；在战场上，为了祖国的统一而献出生命的烈士；在幼童受到生命威胁时，无条件、不顾个人安危去保护自己孩子的父母等。分外义务要求，比如行善助人、见义勇为等行为举止，在特殊的情境中也有可能使主体选择献出生命。可以说，"牺牲生命"是牺牲的最后形式，但未必是最高形式。

生命本身有着深刻的目的和丰富的内容，个人现实性的生命的牺牲，是实现道德精神的中介。在履行义务的过程中，主体主动地牺牲生命可以有三个理解方面。

其一，道德主体履行了义务却未拥有相应的权利，出于一种纯粹的对死的"无畏"而牺牲生命。这种牺牲包含不明智、鲁莽甚至愚钝的特征。牺牲者对生命本身并没有明确而合理的认识，在道德冲突中有可能采取"同归于尽"的方式。比如，为了向老板讨薪，将自己淋满汽油与老板同归于尽的农民工。① 此种行为不能称为具有崇高道德精神的牺牲，因为行为者对自身生命的价值没有给予珍视，也没有理性地采取解决道德冲突的方法。

---

① 道德生活中有很多类似的现象，我们可以从社会伦理层面反思，但也可以从个体道德能力方面反思当事人的行为举止。道德生活中的道德悲剧绝不是仅社会一方唱主角，个体如何在不公正、不人道的伦理关系中去为自己挣得生存的条件和尊严，不应以单纯地牺牲生命为代价，个体应该在有限的空间内寻求明智地抗争的可能。

其二，由于义务履行的重重障碍、道德理想实现的种种艰辛，道德主体选择主动牺牲而不做任何妥协的可能，以结束生命的方式结束一切。这种对生命的放弃也是一种抗争的方式，不堪忍受人格、肉身的屈辱，以"死"向制度、正义、善提出挑战和捍卫。这种行为举动就提出了一个问题，即"生命的意义"是什么。不同的人对生命的意义是什么有不同的观点，并会以其特有的方式实现生命的意义。有人认为，生命具有至高无上的意义，其是所有价值的载体，只要生命存在，道德精神就有实现的机会和可能；有人认为，精神具有至高无上的意义，我可以牺牲生命，但我的人格、我的精神不能受到玷污。对生命意义的不同理解使道德主体为实现道德精神而选择的牺牲方式不同。任何一个道德主体，其心中都有自己的价值序列。当诸种道德价值的实现发生冲突时，主体会为了保存最重要的价值而牺牲其他价值。所以，危难之中的母亲为解救自己襁褓中的婴儿，可能选择遭受敌人的凌辱，甚至在这种凌辱中生活；也可能与敌人生死搏斗，献出生命。

其三，在特定、有限的道德活动空间中，主体为了伦理实体的利益（民族、国家等）牺牲自己的生命。黑格尔在谈及自我牺牲时，曾有过精彩的论述，他说："冒生命的危险当然比光怕死要高明，但还是属于单纯否定的东西，它本身既没有规定，也没有价值。肯定的东西即目的和内容才给予这种勇敢以意义。强盗和杀人犯以犯罪为其目的，冒险家以他私见所想象的为其目的，如此等，他们都有那种拼命的胆量。"① 黑格尔通过对"勇敢"的论述揭示，牺牲要以肯定的、维护生命之根的伦理实体和国家利益的目的和内容为规定。在国难中、在危难时，舍弃自身的生命，献身伟大的事业，使自己的人生获得意义，留存虽死犹生的精神。

牺牲生命是主体为了实现道德价值所可能做的最后选择，但其未必是最高形式。为实现个人、社会的道德理想，有时需要行为主体坦然地牺牲生命，不苟且偷生；有时却需要行为主体要有坚忍不拔之志，不畏理想之路的艰辛。真正具有崇高精神的道德主体，既能横眉冷对千夫指，也能俯首甘为孺子牛；死，又能不畏生。

---

① 〔德〕黑格尔：《法哲学原理》，范扬、张企泰译，商务印书馆，1982，第344页。

生活中，如同亚里士多德所言，"公道的人常常为朋友的或他的祖国的利益而做事情，为着这些他在必要时甚至不惜牺牲自己的生命。他可以放弃钱财、荣誉和人们奋力获得的所有东西，而只为自己保留高尚［高贵］"。① 悲剧性的牺牲以否定的形式，显现了道德崇高——一种意志主体在活动中以"特殊性"的方式实现的"恰当"。同时，一个人也要能够用"生"的坚韧与恶抗争。只要人生活着，就不可避免地与道德价值发生关系，无论个体做出"生"的抗争，还是"死"的选择都包含了其深厚而凝重的"爱"与"希望"以及一种责任担当。

三 爱与责任

道德活动中，道德法则无法为主体提供可以直接运用、操作的说明书或手册。道德对于人的意义在于，意志主体不但能够以一定的精神、一定的情怀、一定的信念去行动，而且要以恰当的方式实现道德价值、实现自己的人生境界。只要有对自己、对他人、对世界的爱的精神，人就有达到道德崇高的可能。

人作为人需要有爱的精神，在道德实践中，这种爱的精神要表现为意志主体的行动，并希求善的结果。此处的"爱"相当于亚里士多德所言的作为德性的友爱，它要通过人的活动实现。这样，首先，此处的"爱"不等于狭义"爱情"意义上的"爱"。它是一种追求善的德性情感，是产生道德行为的内在心理驱动力，其"不仅追求着美的和善的事物，而且追求我们能够完满地着眼人的生活来理解和实践这种善这个目的"②。其次，此处的"爱"指向道德实践、道德行为，它不可避免地与道德准则发生关系，如同康德所言："人类之爱（博爱）由于在这里被设想为实践的，从而不是被设想为对人身上的愉悦的爱，所以必须被设定在实际的善意中，并因此涉及行动的准则。"③ 爱的精神在对己、对人的义务履行中，尤其是在道德困境中，呈现意志主体内心的价值序列。爱中隐含着奉献、牺

---

① 〔古希腊〕亚里士多德：《尼各马可伦理学》，廖申白译，商务印书馆，2003，第276~277页。
② 廖申白：《亚里士多德友爱论研究》，北京师范大学出版社，2009，第258页。
③ 李秋零主编《康德著作全集》（第6卷），中国人民大学出版社，2007，第461页。

牲、希望、期待。最后，此处的"爱"在实践中是意志主体的一种积极主动的力量或者说爱己、爱人的能力，并试图将自身的行为引向一种完美的理想境界。道德实践中，这种爱的精神要转化为以"责任心"为内容的爱的能力，它"取决于我们本人成熟的程度，以及在我们同世界和同自己的关系中能不能发展一种创造性的倾向"①。同时，爱不等于没有节制、没有自制，或者说，爱本身也有一个"度"与"恰当"的问题。

爱贯穿于道德行为的始终，只是不同的伦理关系、道德活动情景中，爱的内容不同。"爱不对我们说：'象我这样。'爱说的是：'做当下你所能做之事。'"② 爱追求善行，在善行中实现。从道德行为的对象分析，爱涉及爱己、爱他两个维度。

爱己，是人对自己的情感义务，涉及人与自身的关系。它是人与自身相处如何和谐一致的能力，而不是自私自利的自爱。如同亚里士多德在谈及人对自身的友爱所阐明的："人对自己的友爱会归结到善者的自爱；其原因是，因为他像他自己，是单一的，是对自己的善，正是由于如此，他是自己的朋友，并呈现给自身。"③ 一个善良的人、有德性的人呈现给自身的爱是人格、灵魂的一致。人的灵魂总是有理性和非理性的要素，在不同的道德活动情境中，人总是会有冲动、不能自制的可能，真正爱己的人就是要追求人格的一致、行为的统一，在危险、诱惑、困境中依然能够洁身自好，甚至为了理想而做出一定的自我牺牲。一个真正自爱的人是能够客观地与自身悲苦与共，并从中体悟人生，他（她）也不会是一个善变、多变的人，其情感和行为也会具有相对的稳定性和一贯性。而通常生活里的，"推己及人""爱人如爱己"也正是类比于人对自身的爱，可见，自爱和爱人看似相反却有很多的相同。"自爱是基于类比，而不是绝对的。"④ 自爱不是绝对的，自爱也不能简单地与友爱对立或与自私等同。实践中，我们应具体分析，行动者在什么事情上，采取什么方式去实现自爱，其自爱的目的又是什么，等等。"自爱者是做公正、节制、合乎德性

---

① 〔美〕弗洛姆：《爱的艺术》，李健鸣译，商务印书馆，1987，第84页。
② 〔美〕弗莱彻：《境遇伦理学》，程立显译，中国社会科学出版社，1989，第48页。
③ 苗力田主编《亚里士多德全集》（第八卷），中国人民大学出版社，1994，第425页。
④ 苗力田主编《亚里士多德全集》（第八卷），中国人民大学出版社，1994，第423页。

的事情的人,其通过做高尚的事情既有利于自身,又有利于他人。而坏人必定不是一个自爱者,因为,从邪恶的情感出发,必定伤害自己也伤害他人。"① 真正的自爱者是懂得牺牲、礼让、高尚的人,是一个爱他的人。

爱他,是人对他人、社会的情感义务,涉及人与他人、社会的关系。它不是一种美好善良的愿望,而是一种实际的、实践的善意的爱。在实践行动中,由于不同的伦理关系、伦理情境以及我和他人的关系的亲疏远近不同,爱他有程度的区别。这种对他人、对社会的爱不因差别的存在而失去普遍性的意义。对他人、社会的爱的情感能力,也要通过在实践中正确而恰当的行为得以体现。实践中,爱他并不是无条件地将自己置于他人、社会之下,"'爱他人就像爱你自己一样',这并不意味着'爱他人胜过一切',而是,用你的友好平等对待自己和他人"②。爱他进入实践后,不仅与主体的情感态度,而且与其行为方式紧密相连;并且爱他,或者说对他人、社会的友爱的发生要有一种相互性。按照康德的理解,这种爱他在存在者们中间的结合会产生互爱和敬重。"凭借互爱的原则,他们被安排得彼此之间不断接近,而通过他们彼此间应有的敬重的原则,他们被安排得彼此间保持距离。"③ 这也就提出了,爱他也有一个适度和恰当的问题。对家人、对朋友、对邻人、对陌生人、对国家的爱的方式会因具体的道德活动所涉及的关系而有差别,但爱的情感能力,却是一个有德的人应该具有的。

值得注意的是,爱己和爱他在实践中可能发生冲突,它会涉及爱的性质、限度以及爱的能力的实现方式等一系列问题。为了他人的利益而牺牲自身的利益,为了祖国而牺牲自己的生命等现象都是一种爱他的行为,而且这些行为从现象上看与人的爱己相矛盾。但"好人的自爱与他爱是一致的",这种一致源于人的自我一致性。实践中,并不是任何人、在任何情境和条件下都能保持这种一致性。从道德精神的意义上来看,爱体现着人格的尊严和崇高。

爱本身不是空洞的,而是有着具体而现实的内容的。爱也不是一种情

---

① 参见〔古希腊〕亚里士多德《尼各马可伦理学》,廖申白译,商务印书馆,2003,第276页。
② 〔德〕施佩曼:《道德的基本概念》,沈国琴、杜幸之、励洁丹译,上海译文出版社,2007,第68页。
③ 李秋零主编《康德著作全集》(第6卷),中国人民大学出版社,2007,第459页。

绪或者纯粹非理性的情感，它是人对自身、他人以及社会的一种情感能力。它使人能够始终抱有一种情怀，有同情之心、感激之情、行善之力。因为有爱，人不会只是漠然地按照道德要求操作行事，而是会带着希望、情感去实践，即使在艰难中，也能"深情看世界"，不放弃希望。

道德能力总是与自由意志的实践相关，实践就有目的、意图。在一般的意义上，希望与人的目的相关，表达着人的理想、梦想以及想要达到的某种目的。按照亚里士多德的理解："希望可以是对于不可能的东西（比如希望不死）、可以是对自己力所不能及的东西（比如希望某运动员在竞技比赛中获胜），但更多的是对于目的而不是手段。"① 从个体行为看，希望如若不是空想、幻想就必须现实地有所希求（wanting），同时，希望表达了人对人生或世界的"另一种可能"的期待。

每一个人都会有自己的希望，不同的人的希望不尽相同。从实践的一般目的看，对于一个有善意的行动者，他所希望的东西应该是善。在道德实践活动中，善的希望以行动者具体希求的样式呈现。这样，希求意义上的希望不是空的愿望，它的范围也不是任意的或任何东西。在"'A希求X'中'X'的范围涉及所有可摹写对象或事态。这是站不住脚的，譬如，其范围限于现在或未来对象与未来事态……希求的基本标记是竭力获致"②。行动是所希求的善能够发生的途径，在行动中，"希望它能发生"是具体付诸实践的希望，它是行为的动机之一。"善是多种多样的，而对于我们的'希求'概念唯一所要求的就是，一个人应该在某种好的方面看到他想要什么。"③ 希求的善是行为目的、动机意义上的善，行动者的结果未必一定是善。实践中的运气、偶然性等因素完全有可能使所希求之物的善远离

---

① 参见〔古希腊〕亚里士多德《尼各马可伦理学》，廖申白译，商务印书馆，2003，第65~66页。
② 〔英〕安斯康姆：《意向》，张留华译，中国人民大学出版社，2008，第70~71页。需要指出的是，在安斯康姆的观点中，希求不同于希望和愿望，因为希望和愿望都可以不做或不付诸实践而造成退化。所以，安斯康姆说："我们所感兴趣的希求，既不是愿望，也不是希望，也不是渴求感，而且不能认为它存在于一个不做任何事去获致他所希求之物的人身上。"（《意向》，第71页）但与安斯康姆不同，本书则将付诸实践的希望理解为希求；在实践的意义上，希求是希望的存在样式，两个概念只是层次不同，但并不矛盾。
③ 〔英〕安斯康姆：《意向》，张留华译，中国人民大学出版社，2008，第79页。

善。这就需要行动者具体考虑采取何种方式、手段实现"希望"的内容,在此意义上,希望具有实践精神的品质,具有现实性和可行性,可以实现的、实践的希望就进入到亚里士多德所言的选择和考虑的题材。

有爱的精神、有希望和期待,还要有一定的道德责任感和责任担当能力,才有可能获得一种当下实存又面向未来的道德能力。人应该具有一种对自己、他人、社会、民族、人类的责任感,这种道德责任感是一种"自律"的责任感。"我"作为行动主体要能够对"应做"的义务要求有理智的认识和判断,并内化为自主、自愿的内在责任感。在具体的道德活动中,"我"不但知道"我"的"应做",而且自愿立意去做,而不是出于外在道德规范的强迫去做。同时,采取恰当地实现"应做"的手段,不以任何理由推卸责任,在履行"应做"的义务要求时现实地承担责任。道德责任不是外在于"我"的"异己"的存在,它实际上取决于"我"的能力。"每次承担责任就是一次自我的实现"[①],出于这种爱与责任精神,并恰当地实践,这是人之"成人"、拥有道德能力的精髓。

人生总是充满了不幸、困惑、艰难,也充满了幸福、快乐、希望。生活世界的复杂性、实践条件的多变性、人的能力的有限性都注定了行善的路布满荆棘,但作为有自由意志精神、有实践智慧的行动者,其贵在能披荆斩棘,扛着责任和伤痕、怀着良心和情感、带着信念和希望前行。这,才不枉此生、不枉为人!

[①] 〔美〕马斯洛等:《人的潜能和价值》,林方主编,华夏出版社,1987,第 261 页。

下篇　道德能力的培育

在一般意义上，道德能力的形成何以可能？离开公序良俗、正义的政治制度，其是否可能？同时，道德能力如何能内化于心并外现于行？这是我们在现代社会讨论道德能力必须要面对和解释的问题。道德能力的培育并不是指学校德育中的道德能力培育问题，而是从正义论和美德论两个视角讨论道德能力的培育。

对于道德主体而言，能力具有内在性，这种内在性既指人有为善的潜能，也指道德能力指向人为善的品格、修养、精神。但是，道德能力也具有外在性，这种外在性既指人有将品格、潜能外化于行（实现出来）的能力，也指能力本身的非自足性，即需要好的外在环境的濡养和滋润。这也是基于两个视角展开讨论的理由。此种内外二分不是二元对立，而是指人的道德道德能力中的"能力"不是一种功能、功用意义上的概念。道德对人而言是内在属性，道德的力量也是一种内在力量，但这种内在的力量、精神可以"显现"、实现，外化于行。关于正义的伦理环境，我们主要从社会习俗、政治制度、教育理念三个方面讨论道德能力培育的外在环境问题。在美德维度，我们的讨论回到人的"整体性"，即道德能力内化于心的"品格"与外化于行的"智慧"之间的统一。同时，我们始终在"个体－行为"的向度展开讨论，并以"好人－好公民""个体精神－公民精神"之间的内在张力为线索。

第六章 道德能力培育的正义论维度

个体道德能力养成离不开社会的道德环境。通过社会风尚、社会制度安排、教育理念三个背景性框架，具体分析道德能力养成的"社会生态"环境，克服不利于道德能力养成的"社会生态"，构建合乎人性的、健康的个体成长环境。所以，此处的"正义论维度"不只是就政治意义上而言，而且是培育道德能力的伦理环境意义的正义。

社会有无良好的社会风尚、合理而稳定的政治制度、善的教育理念，这些是人的道德能力养成的必要条件。或者说，它们构成了人的道德能力得以生成的外在保证。人是在过好的生活中提升自己的道德能力，成为有道德的人。我们阐述善的社会风尚、政治制度和教育理念的目的是在理论上反思我们应该如何避免个体道德能力的错位与缺失，同时，理性而又合理的社会道德生态环境才有可能濡养好人与好公民。个体道德能力的培育有赖于社会确立合理而稳定的价值信念，拥有尊敬人的生命、尊严、人格的道德环境。

第一节 道德能力与社会习俗

社会习俗是人的道德生活内容之一，它以民俗、风俗、传统等形式规范和塑造人的道德行为，影响人的道德能力的形成。"习俗是人们在一种经常反复出现的共同活动条件下，通过千百年来的口耳相传而变成的一种习惯性力量，它是人类经过世代日常生活相继传承积淀而至的东西。"[①]

[①] 高兆明、李萍等：《现代化进程中的伦理秩序研究》，人民出版社，2007，第147页。同时，我们的日常生活中还会区分习俗、风俗、风尚、风气等概念，根据《现代化进程中的伦理秩序研究》一书中高兆明教授转引的滕尼斯、黑格尔等人的观点，风俗意指"习惯的类似"，习俗意指"性情的类似"，风尚意指人们的"普遍行为方式"。此处，我们不对这些概念做详细区分，但应注意风气、风尚可能是短暂的、易逝的，而风俗、习俗则是长久的、持存的。

在习俗中，我们能够看到人类对自身行为的道德规范要求、限制，也能看到人类对自身的美好期待。社会习俗的内容体现在人们的日常生活之中，比如家庭、婚姻、宗教信仰等都有自己的传统习俗规定。本节的内容并不涉及这些具体内容及其变迁，而是揭示社会习俗的含义以及社会习俗与个体道德能力的关系。

一 作为"共善"的社会习俗

当我们从一般意义上谈论社会习俗时，它有可能并不关乎价值判断。同时，即使关乎价值判断，社会习俗也有可能两极化，即健康向上的良好的社会习俗和消极颓废的不良的社会习俗。我们用"善"定义社会习俗，意味着在社会生活中，人们可以有共同的价值追求，能够形成良好健康的社会习俗。没有善的、健康向上的社会习俗便没有整个社会的和谐与长治久安乃至经济的繁荣昌盛。习俗本身就是人们的道德生活经验和情感的表达，并以约定俗成的形式成为维系人们的道德生活的一种方式。具体而言，善的社会习俗至少包含两重含义。

第一，消极意义上的善的社会习俗指社会习俗本身包含否定性因素，即禁忌。禁忌以否定的形式告诉人们什么是不可为的。社会习俗一方面规定和限制人们的道德行为，另一方面呈现了人们对自己国家民族传统的敬畏、崇拜乃至恐惧的可能。禁忌在某种程度上是社会成员必须遵循的"无上命令"，对人的道德意识的形成具有重要作用。古人认为"威严之教行于天下""物既恐惧，不敢为非"。禁忌有可能成为维持社会秩序的基石，社会的运作需要靠禁忌给予调节。但值得注意的是，禁忌有可能禁锢人们的思想观念，压抑并阻碍人们接受新思想和新观念。所以，禁忌应该以人们对"神圣""圣贤"的敬畏和信仰为前提，而不是以完全否定性的恐惧为前提。"恐惧是一种尚未分化的邪恶，所有较为轻微的恶和错误都源于此。"[1] 禁忌如果只是让人们因恐惧而履行道德义务，那么这种恐惧感就有可能催生一系列恶行并带来道德品格的畸变。只有禁忌无法造就出高尚的道德人格，也无法实现人们对生活的开拓进取以及对新价

---

[1] 〔美〕朱迪丝·N. 施克莱:《平常的恶》，钱一栋译，上海人民出版社，2018，第364页。

值观念的接受。

第二，积极意义上的社会习俗指社会习俗包含肯定性因素，即社会的公序良俗。所谓肯定性因素指，善的社会习俗会引导人们在私人交往与公共生活中积极行动，打造社会的公序良俗。善的社会习俗包含着人们对自身行为和生活的期待与向往，也就包含着人们对社会的希望。习俗相当于黑格尔所说的伦理共同体的"规范"，"它构成共同体成员的日常生活世界，并在向共同体成员提出规范性要求的同时塑造共同体成员。这些规范性要求构成共同体成员的义务根据"。① 习俗先于个人而存在，构成个人道德行为的合理性根据。人们正是以既有的习俗传统为依据来养成习惯，并在此基础上移风易俗，使社会清明有序，人性得到自然的舒展和生长。

从个体道德能力的视角看，积极意义的善的社会习俗至少应包含以下规定。

其一，作为社会价值取向的善的社会习俗。社会习俗既体现一个社会（一个时代）的整体道德价值精神状况，也体现社会中个体的道德素养。一方面，在人类社会的历史进程中，社会习俗发挥了重要精神力量的作用，社会习俗的健康向上，标志着社会文明化程度的提高。社会习俗是人类协调自身以及与之相关的各种关系的一种道德力量，社会习俗的水平体现了社会的整体道德水平。另一方面，社会习俗要落实在每一个社会成员身上，通过个体的思维、行为、习惯等来体现。个体的行为、结果均不是孤立存在的；人们的价值精神可以传递并发生相互影响，行为经验与结果可以分享。人们在生活交往中达成共识，形成善的、积极向上的、良好的社会习俗，这种习俗表达着社会发展的未来方向和可能。

其二，作为社会规范的社会习俗。在规范的意义上，社会习俗对人们道德生活及其秩序提供了某种保证。在社会习俗背后隐藏着客观有效的伦理性的内容，以及人对其伦理内容的自觉意识。社会习俗表达了一种生活、一种行为方式，而人们对社会习俗的态度就是对某种生活、某种行为

---

① 高兆明：《"后习俗责任伦理"：基于"伦理""道德"的考察》，《伦理学术》第6卷，上海教育出版社，第128页。

方式的态度。社会习俗对人们的行为与意识产生重要的影响作用。在生活中，社会习俗往往成为人们选择行为的直接依据。人们对公共生活规则的遵守、对公共秩序的维护，以及人在私人交往中表现出的气质的端庄儒雅、谦虚礼让等都离不开社会风气的规约与熏陶。正是在这个意义上，社会习俗能够培育有素养的人，能够提升人的道德能力。如果社会风气败坏，社会习俗对人们的约束丧失，社会就有可能陷入混乱，乃至礼崩乐坏。反之，良好健康的社会风气，则有可能使人们去恶向善，共建礼仪之邦。

其三，社会习俗既是一种社会规范要求，也是一种属人的美德伦理。社会习俗总是和人的行为相联系，并表现在人的具体行为中的，只有从个人的具体行为活动才能看出他的道德品质，也只有在具体行为活动中才能对不同的人的道德水准做出比较，对不同社会的社会习俗做出价值评价。"一个人做了这样或那样一件合乎伦理的事，还不能说他是有德的；只有当这种行为方式成为他性格中的固定要素时，他才可以说是有德的。"①可见，社会习俗问题绝不仅仅是社会规范问题，还是社会美德问题，是能否养成集体习惯的问题。习俗不只是意味着社会形成了良好的道德风气，人们恪守良善的道德行为准则，还意味着在社会形成了社会美德。而每一个人都是这种社会美德的践行者。社会习俗不只体现为命令、约束等这样的外在要求，它还要求人们具有将规范要求与道德实践、道德品质相统一的能力，并在道德生活中将其成为一种可传承的社会美德，也成为一个民族、一个国家道德文化的重要内容。

概言之，善的社会习俗是指人们在日常共同生活的过程中通过道德行为达成道德共识，并经数代人逐渐约定俗成的行为规范和社会道德。它是人们长期地过有德性的生活而形成的一个地方（或者一个民族，或者一个社会）的习俗、礼节、习惯等的总和，也是人们生活经验与道德情感的积淀。它是社会经济、政治、文化和道德等状况的综合反映，同时也体现一个民族的价值观念与精神面貌。它表达社会全体成员在社会生活中所可能实现与达到的"共善"，是社会共有之善。

---

① 〔德〕黑格尔：《法哲学原理》，范扬、张企泰译，商务印书馆，1982，第170页。

二 社会习俗与伦理共同体

社会习俗反映着人们的生活方式，它有着一定的社会功用。社会习俗对人的道德行为具有制约与引导的作用，它既是人们道德活动的社会背景，也是其活动的产物。社会习俗在一定意义上表达着伦理关系的存在状态，或者说伦理共同体的存在与延续。

共同体的思想起源于希腊，亚里士多德认为所有的城邦都是某种共同体。但是，此处的共同体主要指向希腊城邦，个人是城邦的构成要素。亚里士多德提示我们，"完成一个整体的所谓社团一定有某些事物对于所有参加社团之内的各个分子都是相通的，也是相同的。它们对于这些事物的分配可以在数量上是相等的或是不相等的"①。维系城邦生活需要一定的物质条件，比如粮食、财产、疆土等。同时维系城邦还需要一定的精神条件，也就是共同的伦理精神，它使城邦成为一个有机体。城邦的目的就是使人们能够过上最优良的生活，这种生活是一种奠基于道德基础之上的幸福。城邦虽然由个人、家庭、村落等单位组成，但其在本性上先于家庭和个人，因为它是一个整体。城邦保障人的群体生活的自足，并协调和组织各个小共同体之间的关系。

亚里士多德的城邦共同体是一个政治共同体。启蒙时代，康德提出政治共同体与伦理共同体的区分，他提出："把人们仅仅遵循德性法则的联合体称作一个伦理的社会；如果这些法则是公共的，则称作一个伦理的—公民的社会与律法的—公民的社会相对立或者一个伦理的共同体。"② 在伦理共同体中，人的行为遵循的德行具有内在性而不是外在强制性，它需要人们凭借所有人对"善"的热爱集合而成。当这种内在的法则具有公共性时，一个伦理的共同体（伦理—公民状态）才有可能。同时，这样的一个伦理共同体理念在人的理性中有其根据，具有客观实在性。伦理义务涉及人对整个族类的义务，它朝向人类的一个共同的目的，即促进"共同善"的一种"至善"。伦理共同体谈论的是人的内在德性，而不是行动的

---

① 〔古希腊〕亚里士多德：《政治学》，吴寿彭译，商务印书馆，1965，第369页。
② 李秋零主编《康德著作全集》（第6卷），中国人民大学出版社，2007，第94页。

合法性问题。政治共同体的理想与伦理共同体的理想不同。即使国家间处于一种法权的状态，他们的伦理关系也有可能处于自然状态。伦理的自然状态是一种内在的无道德状态，人类应该走出伦理的自然状态进入伦理共同体。

康德将伦理共同体与政治共同体相区分时已经突出了伦理共同体基于人的内在德性。现代德国社会学奠基人之一的滕尼斯在"共同体"与"社会"相区分的意义上提出"共同体"概念，强调共同体呈现的社会关系基于人们之间的自然本性、情感需求、历史传统，而不是人们理性思维的设计和建构。韦伯在此基础上明确指出"如果而且只要社会行为取向的基础，是参与者主观感受到的（感情的或传统的）共同属于一个整体的感觉，这时的社会关系就应当称为'共同体'。"① 我们的意图不是勾勒共同体思想的理论演变，以及当代学术语境中出现共同体主义的主张，而是由此可见，仅仅一般意义上的联合无法称为共同体。个体在生命的一开始就是处于社会伦理关系中的个体，其无法在根本上与伦理共同体分离。每个"个人"的道德行为都是某种社会伦理与道德文化因素的体现。

当我们将道德个体置于社会习俗与伦理共同体之间时，个体的判断选择、习俗的规范性要求、共同体的价值取向这三者之间的张力就再一次凸显。

社会习俗存在于伦理共同体之中，习俗的传承是文化传统的一种延续。但是社会习俗对伦理共同体的影响存在两重可能性。当社会习俗被人们接受和认可时，它便产生了一种具有普遍性的道德力量。一方面，社会习俗规范人们的行为方式和生活形式。人们在社会习俗中感受传统、陶冶性情，比如各个民族的文明礼仪传统。另一方面，社会习俗也可能给人们造成一种狭隘的道德价值导向，人们在习俗中机械地行动和生活。这既涉及社会习俗的运用，也涉及人们在习俗中养成的习惯。在历史上，习俗的运用掌握在哪个阶级阶层手中至关重要，习俗可能成为吃人的礼教。这也是我们为什么在本节开篇强调"作为共善的社会习俗"。同时，人们在习俗中有可能养成一种生活习惯，而习惯一旦成为人们机械化的行动，就会

---

① 〔德〕韦伯：《社会学的基本概念》，胡景北译，上海人民出版社，2005，第65页。

导致人们在伦理冲突、社会变迁的过程中趋于保守甚至不作为。

社会习俗给予伦理共同体的伦理秩序以外部保证,给共同体成员的道德行为以规范的意义。习俗的传承不但造就了伦理共同体,而且造就了每一个伦理共同体和每一种道德文化的个性、特殊性。社会习俗"根据多种方式组织个人的生活、固定全部习惯、语言、装束、娱乐、乐趣、目标和表达才能,以及对待他人的态度"。[①] 但是如果离开了"善"的价值取向与人们的认同和反省,那么这种伦理秩序只具有一种表面性。人伦环境的变化、社会控制的减弱等都有可能导致伦理失序。同时,社会习俗是伦理共同体的内在凝聚力的体现。而"内在凝聚力"在根本上涉及伦理共同体的价值精神追求与其成员的道德情感认同。

三 "共善"观念与道德能力

社会习俗中的各种规范,实际上是特定的价值观或价值标准的具体体现。价值观念也可以说是一种深藏于内心的准绳,在面临抉择时,它会指引一个人做出某种行为。当习俗完好地保存在伦理生活中时,事实上是习俗中的价值精神得以保存,这种价值精神是在伦理生活中建立起来的一种"共善"观念。同时,"共善"也是社会习俗的内在规定。个体道德能力的培育离不开伦理共同体中起支配作用的价值精神。伦理环境构成了培育道德能力的坚实基础。

习俗存在于人的具体伦理生活与伦理关系中,如家庭、团体、组织、国家。不同的民族文化,其社会习俗是有差异的,不同的伦理关系中的习俗规范也是有差异的。伦理共同体的构成不同,习俗中的伦理精神亦不同。但是,这不意味着社会习俗之间不可通约。社会习俗呈现的具体仪式、习惯、形式之间存在不可通约之处,是文化传统的特殊性、个性的体现。社会习俗的价值导向或者说社会习俗中蕴含的价值观念应该具有普遍性,体现作为类存在的人对"共善"观念的追求与认可。换言之,一种善的社会习俗一定体现了伦理共同体的某种"共善"价值观念,而这种"共善"在一定意义上塑造了个体道德能力的形成。在伦理共同体中,社

---

① 〔美〕E. A. 罗斯:《社会控制》,秦志勇、毛永政译,华夏出版社,1989,第141页。

会习俗背后的"共善"观念不是空洞的,而是有着具体的结构、内容的。"共善"观念应该能够体现一个伦理共同体的价值精神追求,即对某种价值精神的笃定与实践。在个体道德能力培育的意义上,此"共善"观念在于确立一种共生的价值信念。

如果社会习俗能发挥调节伦理共同体成员道德行为的作用,那么这要求它能恰当地体现"共善"观念,体现个人价值诉求与共同体价值精神的统一。虽然习俗只能体现人类道德生活的某个方面或某些方面,但"共善"观念在于使人们认识到"每个人的生活都具有同样的重要性","道德的目标就是要创造一个繁荣昌盛的人类共同体"。① 在这个意义上,"共善"作为一种价值观念隐含在社会习俗与伦理共同体的日常生活中。个体在习俗中体会并践行自己道德行为的规范意识,确立一种公共精神。个人的行为、结果不是处于孤立的状态;人们的价值精神可以传递,行为经验与结果可以分享。社会的价值精神由人们的行为的交互作用共同结合而成。社会的公共福祉关涉每一个体的福祉,因为社会不是单一的、固定的组织,它是人们在共同行动与交往中结合而成的。社会生活、伦理关系中的个人有着不同的身份角色,处于不同的社会关系之中。每一个人的价值信念、利益诉求不同,但通过人们之间的交互作用会形成基本的价值共识。而社会作为一个整体,它的公共价值精神又是不同形式的共同体在交往行为中确立的。

公共价值精神给个体的心灵成长以滋养,它对人的道德感、道德规范意识以及道德习惯的养成均有重要作用。人的生活方式会发生历史的演变,但伦理关系的形式可以保存并以某种精神传承。"经年持久的关系从典型意义上来说,并不是那种多年保持不变的关系,而是历经变化的关系,它随着时间获得了新的意义,以取代已经褪色消亡的价值;它也可能是虽然过去建立在关于自己或他人的错误感知和单纯误会的基础之上,但是一旦误会澄清,通过更好地理解它们事实上对自己或他人究竟意味着什么而重获生命力的那些关系。"② 在习俗中,公共价值精神的存在样态以

---

① 徐向东:《自我、他人与道德——道德哲学导论》(上册),商务印书馆,2007,第40、41页。
② 〔英〕约瑟夫·拉兹:《价值、尊重和依系》,蔡蓁译,商务印书馆,2016,第22页。

仪式、礼法、规范的形式保存。或者说，习俗的生命力在于公共价值精神的传承。但是这个传承不是确立刻板的教条规则，在这个过程中，其需要取得个体的认同感。同时，在社会变迁、伦理秩序更替之时，人们有无破旧立新、返本开新的道德能力更是尤其重要。

要使人真正意义上获得一种自我统一，道德自身并不足以完成。除了个体的道德能力、智力能力、体力能力、技艺、兴趣等诸多因素，还需要社会能够提供满足个体道德发展的基本的善，在社会建构"善"序。社会习俗具有相对的稳定性，这一方面提醒我们习俗习惯难改，人可能处于习惯而不加反思地行动；另一方面，新的习俗习惯的养成是一个长期的过程，需要不断地重复、练习直至被整个民族接纳。社会习俗具有某种自然性、直接性，也就是黑格尔说的"自然的自由"。相比之下，政治制度具有人为性。个人的道德自由与共同体的自由以及共同体中的每一个其他成员的自由需要共存，并且能够成为一个有机的整体。在这个意义上，正义的制度是考察道德能力培育不可或缺的维度。

第二节　道德能力与制度正义

道德能力的培育离不开基本的正义制度环境。而政治制度本身即蕴含了相应的伦理精神。换言之，好的制度能够濡养具有正义精神的公民。同时，制度能够为人的道德能力的培育提供基本的制度性保障，以及对能力缺失做出某种补偿。本节内容不是在一般意义上反思制度正义、制度的伦理性等问题，而是从道德能力培育的视角反思善的政治制度的伦理内涵，进一步阐释制度正义与道德能力的关系。在此，人的道德能力体现为一种权利能力要求。

一　善的政治制度：确立善的政治秩序

制度表达了人与人之间的社会关系的性质。我们可以从多个角度对制度做出解释理解。但是，"制度在根本上首先是客观、稳定的社会交往关系结构，这个客观稳定的社会交往关系结构，首先标识的是特定社会交往关系的框架结构、运行机制及其程序，这种框架结构、运行机制是对社不同阶层、集团基本权利-义务关系的基本安排"①。作为社会交往关系结构,制度是一个关系系统,它本身就应具有一种伦理价值或者说道德属性。在这个基本结构基础上的社会不同的阶层、领域、集团有着不同的交往结构类型。但是基本的制度结构尤其是政治制度结构具有规范性和层次性,而政治秩序就是政治制度的感性呈现。正义的政治秩序代表着社会制度的安排可以构成一个健全的、善的等级系统。

政治制度的功能性价值在于保证社会有秩序地运转。"秩序表示一种和平与安全的状况,它使文明生活有了可能……秩序,如奥古斯丁所定义的,包含一个善的等级系统,从保护生命一直上升到促进最高类型的生活。"② 从外在的秩序所包含的人类社会的和平与安全来看,秩序内在地体现着人类对"至善"的追求。政治秩序以客观实存的社会结构、政治制度、法律规范等呈现着善的等级。人之所以服从法律的强制、政治的权威,也在于法律制度、规范使人的自由的实现有序化。个体自由权利的实现要能够遵循、维护一定的社会秩序,并使社会朝着一个理想的秩序方向发展。在权利能力要求的意义上,秩序表示人生活在有序的社会伦理共体之中,个体权利获得制度性的保障;而文明也就是在这个社会化、公开化、公共化的进程中得以推进和发展。

那么,一个"善"的政治制度应该反映现代性的社会关系及其结构,为人提供一个合乎人性健康成长的环境并保持有序生长的开放性。一个"善"的制度不但是合理的社会关系状态的表现,而且是治理现实生活世界的有效工具。一方面,现代性生活世界是存在的价值合理性基础,属于制度伦理研究据以出发的本体论范畴,反映美德与正义的内在关系。另一方面,善的政治制度最终指向现代性生活世界中心灵秩序与政治秩序的和谐。换言之,个体的道德精神需要在秩序表达的善的等级系统中实现。

对于个体而言,进入并构建这个善的等级系统是必然的。社会需要一

---

① 高兆明:《制度伦理研究——一种宪政正义的理解》,商务印书馆,2011,第12页。
② 〔美〕沃林:《政治与构想:西方政治思想的延续和创新》(扩充版),辛亨复译,上海人民出版社,2009,第9~10页。

种能够把个体联合起来的原则,在遵循这个原则所建立的共同体之中,人对他人负有义务并能将这种义务提升为对一个民族和他自己的义务。"有理性的存在者的每个物种在客观上,在理性的理念中,都注定要趋向一个共同的目的,即促进作为共同的善的一种至善。"① 秩序呈现善的等级,并以善为规定,它在政治法律领域以法的形式促进人类的共同善。政治秩序体现着社会关系的结构及其运行机制。公民的自由权利在不同的等级阶段、关系结构中具有不同内容。

秩序中的善的等级体现公民社会生活中的交往关系结构。"社会交往关系结构,不仅在总体上揭示了社会不同阶层之间的关系,而且在总体上规定了不同阶层之间的权利-义务关系;不仅在总体上规定了由这种权利-义务关系所决定的一般社会资源分配方式,而且也在总体上规定了由这种权利-义务关系所决定的一般交往规则及其秩序。"② 不同的社会结构关系、社会等级系统有着不同的权利-义务要求。自由意味着存在一个人按照自己的意愿和决定去行事的可能,他人对他的决定限制的合理性源于自由本身;自由指涉自我与他人的关系,这种关系背后是人与共同体、自身的关系,对自由的强制只能是来自自由。"我的外在的(法权上的)自由应当这样来解释:它是除了我已经能够同意的法则之外不服从任何外在法则的权限。而不是一般而言的只要不对任何人行事不义,就可以为所欲为。"③ 因为权利意义上的自由是一种权限,是一种行动的可能性。如果说制度应给人以和平、安全,那么制度的确立就应以公民的平等自由为原则,依据他们之间的平等人格尊严而建立。

秩序体现着限制、强制、约束、服从等特质,但无论是自然而然形成的秩序,还是人为构建的秩序都应体现人的自由精神能力,它应该与自由协调一致。秩序不是一套固定的模式,或者发展路向。正义的、好的政治秩序应该体现善的理念,它的机构设置、运作程序都应该合乎善的目的展开,体现个体的人格尊严。

---

① 李秋零主编《康德著作全集》(第6卷),中国人民大学出版社,2007,第98页。
② 高兆明:《制度伦理研究——一种宪政正义的理解》,商务印书馆,2011,第13页。
③ 李秋零主编《康德著作全集》(第8卷),中国人民大学出版社,2010,第355页。

二 政治秩序的伦理意蕴

政治秩序作为人类社会生活中存在的现象，有着自身的伦理价值指向。政治秩序应该表达人们对"公共善"的追求，并依此展开政治公共事务。尽管对政治秩序问题的思考由来已久，但因为立场、偏好、时代等不同因素的影响，人们对政治秩序的理解亦各不相同。从古希腊哲人们以不同的视角探讨城邦的公共生活到当代哲人们对政治制度架构的哲学反思等，均已直接或间接地涉及政治秩序问题。

政治秩序承担着人类潜在的自我救赎的义务，是政治事务运动变化中的秩序。它可以被理解为现实政治规范、政治体系之下形成的有序的社会政治生活状态。而政治秩序的伦理内涵在于以下三点。

其一，政治秩序内在地体现着人类对"公共善"的伦理价值追求。按照康德的理解，"有理性的存在者的每个物种在客观上，在理性的理念中，都注定要趋向一个共同的目的，即促进作为共同善的一种至善"[1]。这样一种作为"共同善的至善"在政治领域和道德领域都存在，但内容有所差异。政治秩序以"公共善"为规定，确立政治共同体的行动规范。对个体特殊善的价值的实现起着保障的功用。具体而言，政治制度和政治理论"都旨在根据某种有关共同福利（common good）或共同利益的观念来阐释人、目标和事件并把它们勾连在一起"[2]。政治制度关注共同体的公共福祉以及具有普遍性质的个人权利，而并非以某一特殊阶级、团体、组织的特殊利益为根据。对现代社会国家而言，此"公共善"以宪政国家的形式呈现。

其二，以"公共善"为价值取向的政治秩序在社会确立人们"生活善"的等级系统。从外在的秩序所包含的人类社会的和平与安全来看，政治秩序以客观实存的社会结构、政治制度、法律规范等呈现着善的等级。政治的善的等级系统遵循正义的法则，通过一定的运行机制形成人与人的

---

[1] 李秋零主编《康德著作全集》（第6卷），中国人民大学出版社，2007，第98页。

[2] 〔美〕萨拜因：《政治学说史》（上卷），索尔森编，邓正来译，上海人民出版社，2008，第14页。

社会交往关系结构。政治秩序要保证每一个人的自由权利，并形成公正、健康的社会交往关系结构。尽管不同的社会结构关系、社会等级系统有着不同的权利-义务要求，政治秩序的内容也有着时代的规定，但是正义的法则对于政治秩序的建立具有不可撼动性。亨廷顿在《变革社会中的政治秩序》中也表达过类似的观点，亨廷顿从政治秩序必须面对的政治正当性与合法性两个方面阐明政治秩序不但要让人们能够生存发展，还需要得到人们的信任、支持和认同。而良好的社会交往结构也正是基于这种正当性与合法性。

其三，政治秩序在正义的法则下维护和保证人的外在自由，实现秩序与自由的统一。如果将康德的自由概念简略地划分为内在自由与外在自由，那么心灵秩序涉及人的内在自由，社会秩序（主要是政治秩序）涉及人的外在自由。从形式上看，政治秩序是对人的自由的限制，但事实上自由恰恰要以秩序为前提，政治秩序是人的自由实现的基本保障。康德在法哲学、政治哲学的视域下理解政治秩序，政治秩序是一种法的强制，要使人们过一种公共的有法权的生活。政治秩序之下的人的自由权利是"人们在公共的强制性法律之下的法权，这些法律能够为每个人规定'他的'，并保障它免受任何他人的侵犯"[①]。秩序与自由的统一表现为人与制度、人与人的和谐共处，而这种共处以制度、法律为依据。

自由涉及人与自身、人与他人、人与共同体的关系。无论从人的内在心灵自由还是外在行为自由来看，自由与秩序应该具有内在一致性。秩序的持续性存在离不开对现实、对人性的审视。自由与秩序的和谐标缔着人的心灵是否有序、社会的价值系统是否稳定、法律制度是否完备、国家是否正义。

三 "善制"与道德能力

我们考察制度正义对道德能力培育的作用，就需要进入"善"的制度的现实形态。从现实形态看，一个"善"的制度应具有三个基本要素："第一，从存在论角度言，它应是一个基于平等自由权利的多元平等的制

---

① 李秋零主编《康德著作全集》（第8卷），中国人民大学出版社，2010，第292页。

度，这种制度能够公平地分配社会基本资源；第二，从人性论角度言，它能够通过日常生活中的利益分配方式有效地防止人性中弱点的破坏性作用，并能够将这种人性的弱点有效地转化为积极力量，使之成为社会成员创造新生活、建设新世界的内在动力；第三，从运行的角度言，它应是一个自身运行及其演进变迁有着稳定基本规范的制度。"① 从道德能力的视角来看，存在论意义上"善"的制度涉及政治共同体在何种意义上保证能力的平等以及公民个体参与政治事务需要具备哪些基本的道德能力；人性论意义上"善"的制度涉及制度如何以分配的形式协调能力之差异以及展开一种人际比较的可能性；运行意义上"善"的制度涉及制度如何能保持自我有序生长与个体的发展之间的互构并保持一种开放性。

"善"的制度以社会的关系结构是否合理为规定，而社会关系结构合理与否取决于制度设计如何处理个人与政治共同体的关系。政治共同体的严格定义以国家为典型代表，它是基于一定的政治立场，以共同体的成员的政治利益的共识为基础，具有一定的政治组织机构的共同体。当代政治学者亨廷顿认为政治共同体以种族、宗教、职业为基础，需包含三个要素：其一，"道德和谐"；其二，"互利互惠"；其三，"建立起能够包容并能反映道德和谐性和互惠互利性原则的政治机构"②。亨廷顿详细地阐发了尽管存在家庭、部落等自然而然的共同体，但在复杂的社会里只有政治才能造就共同体，并且要通过政治机构来维系共同体。个人与政治共同体的关系构成了制度的背景性框架。在此框架之下，涉及制度设计在何种意义上将公民视为平等的主体。在该问题上，罗尔斯的思考极具启发性。罗尔斯把组织有序的人类社会视为康德意义上的目的王国理念，这样一个社会的成员是自由和平等的，他们被称为"自由而平等的公民"，或"自由平等的道德人"。这里的"平等"既包含公民作为自由的道德人应该拥有的平等权利，也包含公民平等参与社会合作的机会，罗尔斯自己将其解释为"平等的自由权"与"公平的机会平等"。

---

① 高兆明：《制度伦理研究——一种宪政正义的理解》，商务印书馆，2011，第103页。
② 〔美〕亨廷顿：《变化社会中的政治秩序》，王冠华、刘为等译，沈宗美校，上海人民出版社，2008，第9页。

政治共同体通过政治机构的权力运作，为人的基本道德能力的实现提供保障，使人的道德能力能够在"秩序"中获得实现；实现个体的能力尊严的同时，实现共同体的公共利益与价值精神。社会、政治共同体对于任何个人而言都具有在先性，人是共同体的成员，是共同体不可分割的组成部分。善的制度表达社会的共同价值诉求，"联合行动或者共同行动是创建一个共同体的条件。但是，联合体本身是有实体的、有机的，而共同生活是关于道德的，也就是说，是靠精神、文化和意识来维系的……只有当联合行动的后果被感知并成为意愿和努力的目标时，'我们'和'我们的'才会存在"。① 政治共同体要确立的社会法权系统是一个有秩序的、善的系统，并充满了自由的活力，它朝向理性的目的——共同善的方向进展。制度以规范性的力量为人们营造美好的生活。制度之所以为善就在于，它体现着人类对"公共善"的伦理价值追求。

政治制度以"公共善"为规定，确立政治共同体的行动规范。对个体特殊善的价值的实现起着保障的功用。具体而言，政治制度关注共同体的公共福祉以及具有普遍性质的个人基本的道德能力、权利要求，而并非以某一特殊阶级、团体、组织的特殊利益为根据。国家的制度安排既具有外在的行为规范性，又具有内在的价值规范性，公民在公共事务的参与中感知制度的价值精神。制度安排的不正义有可能使公民趋恶避善，消极不作为。国家是公民联合而成的共同体，应该代表正义的精神。依法治国、依法行政、依法执政，使国家的制度体制、法律规范能够引导积极健康的社会风气。

政治制度应当体现正义精神、"公共善"的观念。政治共同体应遵循正义的法则以确立社会善的等级系统。在正义的社会状态下，个体的心灵自由能力在于他能够合理地处理好个人与社会的关系，既拥有合理的个人观念，又拥有理性的社会合作观念。在这个意义上，我们对善的制度与人的道德能力应该有一个基准（底线）要求。"其一，对社会而言，指维系社会正常交往的最基本且必不可少的道德价值及其规范要求；其二，对个

---

① 《杜威全集·晚期著作（1925~1953）·第2卷（1825~1827）》，张奇峰、王巧贞译，华东师范大学出版社，2015，第266页。

人而言，指做人的最基本且必不可少的道德品质。""基准道德在现实生活中就有两种功能：其一，对于公民个体而言，基准道德是公民做人的最基本要求。其二，对于社会而言，基准道德则使社会获得最基本的交往秩序。"① 相对于公民的道德理想而言，基准道德是道德理想的生长点，也是社会道德整合形成共识的基础。正义制度的建立、维护与发展都离不开公民的道德能力，公民道德能力的提升也离不开善的制度体制。

四 道德能力作为公民平等的基础？

道德能力的实践过程是人追求自由与幸福的过程，也可以说是人寻求属于自己的"好生活"的过程。道德能力的实现是人追求自由精神、独立人格的过程，也是一个现代国家逐渐走向开放、民主、宽容的过程。因为人的道德能力的形成、发展、培育、实现总是要置于社会、国家、民主结构之中。在这个意义上，自由与平等的问题就不可回避。为了使问题简洁，我们从罗尔斯关于"平等的人"的观点说起，并进一步解释道德能力是否公民平等的基础。②

罗尔斯在民主社会的公共政治文化和历史传统中来看待和解释公民平等。这一问题被他转化为"在什么意义上，公民被当作平等的人"。从罗尔斯对现代社会制度的设计来看，公民平等的第一重含义是平等的权利要求，也就是康德哲学意义上的人生而具有的唯一法权——平等的自由权利，其在最抽象的意义上不包含任何内容。在《一个康德式的平等观念》一文中，罗尔斯把组织有序的人类社会观念视为康德意义上的目的王国理念，这样一个社会的成员是自由和平等的，他们也被称为"自由平等的道德人"。由此，罗尔斯只需要解释"自由"与"平等"的含义，使其顺其自然地成为"康德式的"。这种康德意义的平等观念从正义制度的角度出发并与康德的消极自由和积极自由相对应。在消极自由的意义上，平等体现为公民能够按照正义的原则行动，并使正义原则的基础免于偶然性。在

---

① 高兆明：《道德失范研究——基于制度正义视角》，商务印书馆，2016，第273、275页。
② 虽然罗尔斯对道德能力内涵的解释有一个变化的过程，我们此处主要在道德人的意义上理解罗尔斯所说的道德能力。同时，我们对道德能力内涵的解释事实上已经容纳了罗尔斯的两种基本道德能力——正义感和善观念。

积极自由的意义上,平等体现为"组织有序的社会将公民视为自己的目标和欲望的自由的、负责任的主人。所有人都平等地分有实现目的所必须的手段,不平等的获利方式必须有助于所有人处境的改善"。① 换言之,正义的两个原则体现了公民平等的观念。这里的平等既包含公民作为自由的道德人应该拥有的平等权利,也包含公民平等参与社会合作的机会,罗尔斯自己将其解释为"平等的自由权"与"公平的机会平等"。

从公民自身能够平等地参与社会合作来看,罗尔斯提出公民应该具有基本的道德能力,使他们对权利与身份平等的诉求得以实现。平等权利的主体是公民,也是有道德的人,他们具备两个特点,也即拥有两种基本的道德能力——正义感和善观念。平等的权利主体要能够得到平等的对待以及过自主的生活,那么他们自身应该具有最低限度的道德能力。在《作为公平的正义:正义新论》中,罗尔斯指出公民"是在这种意义上被当作平等的,即他们全被看作拥有最低限度的基本道德能力,以从事终生的社会合作,并作为平等的公民参与社会生活"②。与权利相比较而言,能力具有基础性的地位。罗尔斯认为对平等的基础这一问题的讨论就是对人的特征的讨论,正是基于这些特征,人们才要求受到合乎正义原则的对待。道德能力表达了一种理性而合理的公民观念。理性的与合理的两个观念分别对应正义感的能力和善观念的能力。这两种能力相互补充,但二者之间并不存在相互推导的关系。

相比之下,森将问题聚焦于"什么要平等"。"什么要平等",究竟是权利、机会、福利、资源还是能力?森认为我们应该以能力确定平等的评估域。能力有大小强弱之分,那么森所言的能力究竟是什么含义?能力在何种意义上能够确定平等的评估域?森所言的能力既包含分析方法意义上的可行能力方法,也包含个体生活意义上的人的可行能力。在分析方法的意义上,"可行能力方法是一种一般的方法,着眼于有关个人优势的信息,

---

① 参见《罗尔斯论文全集》(上册),陈肖生等译,吉林出版集团有限责任公司,2013,第299~300页。
② 〔美〕罗尔斯:《作为公平的正义:正义新论》,姚大志译,中国社会科学出版社,2011,第29页。

并且根据机会来判断这种优势,而不是如何组织一个社会的具体设计"。①在判断公民平等的问题上,我们必须要找到信息焦点,个人的哪些特征/优势应该被纳入聚焦范围就显得尤为重要。与机会平等、效用平等、福利平等的分析方法不同,森认为可行能力方法侧重指向人可能实现的实质性自由,从"生活内容"——"可实现生活内容的能力"——的视角评估公民平等。我们判断和比较个体优势的标准是个体是否拥有可行能力以及可行能力是否发挥作用,而能力不平等在社会不平等的评估中也就居于核心地位。

罗尔斯在权利与能力两个维度理解公民平等。森则更为直接地从能力角度讨论公民平等。与权利平等相比,能力的平等更为重要。一方面,人的自由可以大致平等,主要是基本权利的平等得以保障。另一方面,只有具备基本的能力,人才有可能在社会合作中得到平等的对待以及为自己争取更多的自由。无论森还是罗尔斯,他们都承认公民平等的含义不应仅局限于平等的自由权利,而是必须要有能力的平等,这也是现代公民应该具有的基本素质。

罗尔斯要求公民必须具备基本的道德能力保证公民平等,也就是作为平等的人参与社会生活、从事终生的社会合作以及追求属于自己的人生价值。罗尔斯认为最低限度的道德能力是公民平等的基础,也是公民能够公平合作的前提。一方面,原初状态下的公民平等意指代表的平等,具体指他们拥有平等的社会地位与平等的权利,也即相互平等。另一方面,以道德能力为公民平等的基础意味着要在民主社会与其内部的共同体之间进行区分,保证民主的政治社会在政治领域有共享的价值与目的,即划定政治正义的约束范围。这提示我们,罗尔斯不是在完备的道德学说意义上,而是在政治正义与平等的公民政治观念的意义上理解道德能力。

道德能力是公民的人格根基、是公民尊严的体现,并构成了公民平等的基础。公平正义秩序和良好的社会对公民而言就是一种善,"该社会确

---

① 〔印度〕阿马蒂亚·森:《正义的理念》,王磊、李航译,刘民权校译,中国人民大学出版社,2012,第215页。

保他们享有正义的善和相互尊重与自我尊重的社会基础"①。公民平等的实现也是对公民尊严（自尊）的尊重，并兼顾个体差异性。此处，道德能力的基础地位体现在公民作为平等的人的身份要求，尤其是罗尔斯所言的正义感能力。作为一种理性的道德能力，正义感具有公共性。正是通过正义感，人们才有可能平等地进入社会公共生活，并提出社会合作的条款。社会合作是社会结构正义的基本主题，而正义感能力就在于公民能够有效地按照正义原则行动，既尊重正义原则又能合乎理性地做出选择。同时，道德能力的基础地位还体现在公民的社会地位身份之差异，主要涉及罗尔斯所言的善观念能力。作为一种合理的道德能力，善观念能力并不要求具有公共性。在《正义论》中，罗尔斯只是简要地提及善观念能力是一种合理的生活计划能力。

公民作为平等的人来对待的基础是公民具有最低限度的道德能力。同时，这两种道德能力与其他基本能力构成了公民是自由的。道德能力扮演了三重角色："一、界定人人平等的基础；二、界定自由人的内涵；三、界定我们共同的、较高序的道德旨趣。"②正义感的能力和善观念的能力对于公民而言是一种"道德人格特征"，也是一种自我的统一能力。这种统一能力不但要求公民具有正义感，理性地参与公共生活，承受政治判断的负担。同时，公民也要具有善观念，合理地追求自己的人生价值和利益，遵循自己的生活计划。

第三节　道德能力与善的教育理念

道德能力的养成离不开好的教育。教育是塑造人的艺术，人的成人过程是一个接受教育的过程。在教育的过程中，人学习的不仅是知识、技术，更是人生观念、生活观念。通过教育，提升人的能力并完善人的人格。雅斯贝尔斯提出："教育活动关注的是，人的潜力如何最大限度地被调动起来并加以实现，以及人的内部灵性与可能性如何充分生成，质言

---

① 〔美〕罗尔斯：《政治自由主义》（增订版），万俊人译，译林出版社，2011，第188页。
② 周保松：《自由人的平等政治》，生活·读书·新知三联书店，2017，第46页。

之，教育是人的灵魂的教育，而非理智知识和认识的堆集。"①在这个意义上，教育理念对人的道德能力的培育具有至关重要的意义。

一 何谓善的教育理念？

教育理念可以称之为教育观念或者说教育学说，我们将理念与观念不做严格区分。所谓善的教育理念是好的教育、正义的教育应该秉持的理念。教育作为人的实践活动，它不但要促进个体的完善，而且要促进社会的文明。那么教育理念之"善"应如何理解？"善"对教育理念的规定是一种内在的规定还是一种外在规范性要求？

"善"理念是教育的内在价值规定，也是教育的本真规定。这里的善概念类似于黑格尔说的最终目的。"善"是教育的最终目的，或者说是教育的价值追求。由此，"善"也就是评价教育的价值性质的标准。"善"作为教育理念和评价教育价值的标准具有客观规定性，具体而言，"这种客观规定性并不是感性确定性意义上的客观存在、现实，而是自由理想（理念）的存在与实现：它是自由理想（不是妄想）的实现，是作为目的性的自由的实现"②。这里有两个方面值得注意：第一，善的教育理念以自由为内容，善的教育理念是教育的完满性理想，它不是空泛的、玄幻的东西。第二，作为教育理念的"善"不是人的自由的某一方面，而是自由的整体和真理性存在，是教育为之而努力的最终价值。当然，完满性、最终价值是相对于欠缺性、具体（特殊）价值而言的。教育的内容、方式总是具体的，有着其所属领域的具体善价值的追求，但这种特殊善是最终的善的存在形式。现实的教育也总是有所欠缺的，但这种欠缺恰恰是对理想的完满的一种反思性把握，并不断接近完满。

"善"的教育理念作为教育的最终目的，不是独断论意义上的善。它一方面强调善恶有别，教育不能离开基本的是非善恶标准。无论是一个社会还是一个人，都不能没有基本的善恶原则。在这个意义上，绝对目的的

---

① 〔德〕雅斯贝尔斯：《什么是教育》，邹进译，生活·读书·新知 三联书店，1991，第4页。
② 高兆明：《心灵秩序与生活秩序：黑格尔〈法哲学原理〉释义》，商务印书馆，2014，第157页。

善是一元的，它表达的是教育理念的"本真"性、"真理"性、客观性，而不是主观任意性。另一方面，善的教育理念包含的具体内容是丰富的、多样的。善的教育理念需要社会生活中的各种具体教育体现出来，或者说，善的教育理念需要通过具体的教育实践、教育主体才有可能获得具体的存在，而善也是教育主体、教育实践的一种真理性追求。具体的教育总有其要实现的具体目的、目标，这些目的、目标因教育的对象、类别、主体等诸多原因而存在差异并体现教育的个性、创造性、人的意志的特殊性，但其最终的也是教育自身的目的性追求是"善"。这也就是黑格尔所言的"善就是被实现了的自由……善是特殊意志的真理"①。善是教育的本质规定，同时，善的内容具体化在教育活动中以获得现实感性的存在样态。作为教育理念的善以人的自由的实现为质的规定。教育只有为了人的自由才有可能是善的。这里的自由不是个别人、单个人的自由，而是普遍与特殊、抽象与具体相统一的自由。虽然人的自由的实现总是具体的、现实的，而且是有着充实内容的，但现实的人的自由恰恰是普遍自由的具体存在。

善的教育理念蕴含了自由教育的可能。根据 R. S. 彼得斯的观点，自由教育至少有三种解释：第一种解释，"追求知识必须纯粹是为了知识自身的发展（for its own sake），而不是把它视为工具，用来达到一些其他目的"。第二这种解释，自由教育是"用来反对理智发展仅仅局限于一门学科或者局限于理解形式的一种措辞"。第三种解释，自由教育"与由教条主义教学方法强加在理智之上的限制有关"②。自由教育的三种解释明显强调希腊传统中人的理智德性的发展，缺乏对人的实践性知识中的道德德性的关注。我们主要是在第一种解释的意义上使用自由教育。同时，我们将第一种关于自由教育的解释做一修正。所谓自由教育，是指人通过教育获得自由思想的能力，使理智德性与道德德性获得充分发展而成为一个完整的人。自由教育的目的内在于教育本身，而不是将教育视为一种工具，

---

① 〔德〕黑格尔：《法哲学原理》，范扬、张企泰译，商务印书馆，1982，第132、133页。
② 〔美〕肯尼思·A. 斯特赖克、〔加〕基兰·伊根主编《伦理学与教育政策》，刘世清、李云星等译，北京大学出版社，2013，第4页。

或者视为一种人们追逐功利、权力、职业等的手段工具。自由教育并不意味着教育可以不受任何形式的约束和限制，而是要求所有的形式、方法乃至于学校的组织、老师的教学方法等均是实现人的自由发展的手段。

作为自由教育的最终目的和评价标准的善是一种理念，它具有理想性，此理想蕴含着教育具有一个终极的价值目标。教育的终极价值也可以称之为教育的终极目的，是道德上可辩护的目的，它不是其他任何价值的手段。"终极价值或终极目的之所以是终极的，意味着没有超越于终极价值的价值，这个价值是最高的，而且因为这种目的或价值是理性上正当的，也是应当追求的对象，因此它是终极善。"①这种终极价值目标一方面指善是教育追求的普遍的、客观的价值，它关系到什么教育是善的、好的、正当的，真实而又合理的教育观念应该是普遍的、客观的，也是可检验的、可公度的。但这种可检验不是指教育的终极价值是可以量化的具体目标，而是指教育应该提供符合人性、人的发展的环境与条件，因时因势地发挥导向作用。另一方面，这种终极价值目标指向"善"的教育的真实内容，即培育健全的精神人格。健全的精神人格涉及人的理性、情感、意志等诸多要素，而不是可以量化的优秀率、就业率、工资收入等。教育的终极价值的合理性就在于是否能够培育健全人格的人。如果教育只教授人知识认知、工作技能，那么它就没有承担起培育完整、自身和谐、有尊严的人的责任。

善的教育理念不是空洞的，它不仅指教育应该有自由的精神，追求客观价值；而且，还包含人们真实的权利、利益、欲望等诸多方面的诉求，也可以说是包含了人们的福利与幸福。而这个福利、幸福不是纯粹个别的，它是人作为"类"的普遍福利、幸福通过个别（我）的特殊福利、幸福而获得的具体存在。虽然人们在现实生活中既有可能面对福利、幸福与自由精神的背离，也有可能面对好人与好公民之间的矛盾冲突。但是，这并不妨碍教育培育健全的精神人格。

二 道德能力是否可教？

教育是塑造人的艺术，它在根本上涉及培养什么样的人这一问题，涉

---

① 金生鈜：《教育的终极价值与教师的良知》，《教师教育研究》2012年第4期，第2页。

教育持有一个什么样的人的观念。教育培养人，就是培养个性健全、能力卓越的人。如果道德能力不是一种功能，那么道德能力是否可教？如果道德能力可教，那么善的教育理念提供了什么样的价值引导与规范性要求？

苏格拉底在与美诺的对话中已经论证了德性的可教。如果这种德性也是一种能力，那么道德能力可教。道德能力对人而言具有本体论的意义，它是人之为人应该具有的一种规范能力，这种能力通过行动将其"功能"呈现出来。同时，道德教育以及道德心理学的发展也在证明道德能力可教。道德能力可教意味着，道德不是一个基因遗传的问题，也是不是一个价值观（或者说价值灌输）的问题。道德能力是可教的，这提出两个问题：第一，我们可以教授什么样的道德能力，怎样教授道德能力？第二，道德能力的习得需要什么样的具体的教育理念？

我们教授什么样的道德能力？关于该问题，一直以来有一个争议。这个争议涉及我们对道德概念本身的解释，即道德究竟是一种外部标准和规范还是人的内在标准和规范（良心）。遵从外在标准的观点强调人类社会的规则和规范要求，教授道德能力在于确定这些规则标准怎样应用、应用于谁以及可以取得什么样的效果，对规则本身是否具有道德合理性缺乏反思，同时容易忽视道德行为应该从内部的观点进行判断和评价。遵从内在标准的观点强调，行为道德与否的标准出自行为者的良心和内在道德原则。这样，我们仍然会追问善的良心是否能够足以说明一人的行为是善的。有鉴于此，我们认为道德能力与道德的含义相当，是一个综合性的概念，其对人而言具有本体论的意义。这样，我们既应该避免道德价值观念的灌输式教育，也要避免完全不进行道德教育。

我们教授什么以及如何教的问题则涉及我们如何理解道德能力具体构成以及人的道德发展。按照科尔伯格的解释，道德发展可以分为六个阶段、三个范畴，突出道德推理（判断）的核心地位。"道德阶段与认知发展、道德行为密切相关，但我们对道德阶段的确认只能根据道德推理。"① 科尔伯格主张在一个宽泛的自我意义上理解道德发展。换言

---

① 〔美〕科尔伯格：《道德发展心理学：道德阶段的本质与确证》，郭本禹等译，华东师范大学出版社，2004，第163页。

之，个人的道德发展与社会的观点之间存在一种对应关系，道德发展阶段不仅呈现了人的道德能力的发展，而且呈现了人的社会性能力的发展。对科尔伯格而言，道德能力的培育应该着重培养人的道德推理（判断）能力。道德教育能够促进的是人在道德行为中呈现的那些道德倾向。林德在反思科尔伯格、皮亚杰等人的思想基础上提出道德能力的培育需要关注道德自我的两个层级——外部行为与伦理反思，同时外部行为能直接体现一个人的道德能力。道德能力是"通过思考和讨论，而不是使用暴力、欺骗和强力，依据普遍的道德原则来解决问题和冲突的能力"①。林德认为道德教育要能够促进人的无意识道德能力，也就是人们在道德行为中表现出的情感倾向与道德意识（理念）。人的道德能力越高，他就越有可能接受共享的道德原则并拒绝低等的道德倾向。科尔伯格和林德都尝试将道德能力细化，并能对能力本身进行测量和评估，以实验的方式进行检测。同时，林德还提出了学校教育中培养人的道德能力的两种方法，即康斯坦茨两难困境讨论法（KMDD）和公正社区方法（Just Community）②。尽管他们对道德能力及其道德能力的教育方法的解释存在差异，但是不约而同地指向一个共同问题，即道德能力的习得离不开对人的道德－民主能力的发展。

　　道德能力始终呈现为个体与社会这两个面向，分别指道德自我与社会沟通。在现代多元社会之下，一个人如何与他人一同面对道德困境，能否采用合乎人性的、对话协商的方式面对共同的道德困境就是道德能力的体现，也是道德－民主能力的体现。善的教育理念在道德教育中尤其体现为民主的教育理念。这里的民主指一种道德理想，"根据民主的核心道德理想，人类的共存应该在诸如合作、公正、自由和基本人权等共享的道德原则基础上，通过深思熟虑、相互协商和讨论而进行调整"③。建立在民主

---

① 〔德〕格奥尔格·林德：《怎样教授道德才有效：德育心理学家给教师的建议》，杨绍刚、陈金凤、康蕾译，中国轻工业出版社，2018，第50页。
② 在《怎样教授道德才有效》一书中，林德对 KMDD 和 Just Community 这两种方法以及结果的有效性做了详细的阐释，KMDD 的教师需要经过专门培训。林德的方法已经在40多个国家得到应用。可以说，道德能力培育有可操作的方法和检验标准，这是一项有可持续效应的研究。当然，这已经超出了我们的讨论范围。
③ 〔德〕格奥尔格·林德：《怎样教授道德才有效：德育心理学家给教师的建议》，杨绍刚等译，中国轻工业出版社，2018，第19页。

基础上的道德原则才具有道德性而不是强权性。将民主视为一种生活方式，我们才有可能、有希望实现人类共同体的思想，对每一个公民而不是个别特权个体或群体进行道德－民主教育。人的道德能力是有差异的，但是在社会认可的普遍道德原则下，我们应该正视能力的差异、多元，并倡导一种包容的道德理想。

三 好人与好公民之离合

道德－民主教育主张将人视为独立、自由的主体，主张培养具有健全人格能力的人。这样的人既是一个好人，也是一个好公民。那么，我们如何理解好人教育、好公民教育以及孰为根本？同时，好人与好公民之间的离合在根本上究竟反映了人的道德能力中的什么核心问题？

所谓好人，不是特指哲人，而是在普遍意义上指有德性的、善良的人。成为一个好人，是一个人发挥道德能力，不断向善的过程，也是一个人的美德不断形成的过程，并稳定为人的一种性格特质和习惯。按照亚里士多德的解释，好人离不开好的行为的实践。好人是能够合乎德性而行动，并能在"一生"中去践行德性；而"公民的一般意义原来是指一切参加城邦政治生活轮番为统治和被统治的人们……在一个理想政体中，他们就应该是以道德优良的生活为宗旨而既能治理又乐于受治的人们"[①]。与好人指向人的自我完善不同，好公民指向人作为政治生活的权利主体的德性。公民在政治生活中发挥作用的过程体现了一个人的公民能力，而其公民能力背后隐含的公民的基本政治素养就是公民道德能力。现代文明也是一个现代政治逐渐走向文明的过程。政治文明离不开公民文明，也就是公民能力的提升以及公民对政治生活的积极参与。公民的道德能力蕴含着一个人应该亦能够按照公共价值原则而行动。

教育培养的人应该是个性健全而且理性成熟的人，这样的人既是好人也是好公民，公民教育必然是教育的一部分内容。那么这里的"好人"与"好公民"之间的离合指向的是什么？所谓"离"指教育没有

---

① 〔古希腊〕亚里士多德：《政治学》，吴寿彭译，商务印书馆，1965（2010年第11次印刷），第157页。

正确理解"人"与"公民"的含义，从而导致过于注重培育人的"为己性"与"服从性"。一方面，教育，尤其是公民教育应该将公民视作政治生活的权利主体，教育培养的"好公民"应该是具有共同合作、公共精神，用自己的言说和行动参与公共政治生活的公民。如果缺乏对"人"与"公民"的理解，那么有可能出现教育过于注重培养人追逐个人利益的社会现象，教育的公共性品格也会遭遇冷落。教育不可以强化个人的自我利益意识，而忽视个人的公民意识。教育必须直面受教育者的个人生活和公共生活，也就是培养他们过好自己的生活并积极参与公共生活的能力。

另一方面，教育如果不能正确理解公民，那么就有可能培养出只具有服从意识的国民或臣民。如果国民仅仅具有服从意识，缺乏反思精神、为我、不作为、没有公共价值精神，那么这就存在人的自我认同、国家认同之间的矛盾冲突以及人的人格分裂的可能。这里隐含着将国民视为国家的工具，培养国民的教育也是驯化其服从国家机器的过程。虽然在任何国家，公民也总是国民或臣民，"臣民的能力主要是知道在法规管辖之下自己有哪些权利，而不是参加制定法律。人作为公民的能力侧重指政治能力，而人作为臣民的能力侧重指行政能力"[①]。好的政治文明与公民教育在于，其能引导一定量的政治能力有序地向行政能力转化。

所谓"合"指"好人"与"好公民"的内在一致性。人性的提升与人的公民品质的提升之间具有一致性。在公民身份中，人能够感受到自身的"个体性"与"公共性"的结合。公民既不是霍布斯意义上的原子式的个人，也不是仅仅具有服从意识的臣民，只具有服从意识的公民无疑是具有奴性精神的愚民。如吉登斯所言："公民身份不是一整套统一的、同质性的社会安排。"[②] 现代国家与古代城邦相区分的标志之一就在于，国家公民摆脱了对宗法等级的依赖以及奴役关系，以具有独立人格的、平等

[①] 参见〔美〕加布里埃尔·A. 阿尔蒙德、西德尼·维巴《公民文化——五个国家的政治态度和民主制》，徐湘林等译，东方出版社，2008，第200～201页。

[②] 郭忠华、刘训练编《公民身份与社会阶级》，江苏人民出版社，2007，第212页。

的公民身份参与公共生活。具体而言,"好公民"的理念表达了符合人性尊严的"好人"的人格理念。这种"好公民"既不会自我孤立也不会盲目服从,而是具有反思精神、理性判断、平等交往以及公共合作的能力的"好人"。

第七章　道德能力培育的美德论维度

虽然自近代伦理学以来，伦理学界存在关于"我应该如何行动"与"我应该成为什么样的人"的争论，也就是我们通常所说的美德伦理学与规范伦理学的争论。但是对于个人而言，其道德能力必须要转化为主体自身的道德品格。这不意味着道德上的对错、义务、如何行动等对于个人不重要，而是我们无法完全从一个行为自身去评价行为主体。我们需要回到行为主体的品质、性格、动机等这样一些要素来反思行为与行为主体。

换言之，道德能力于人而言不是一种规范、约束、功用，而是一种内在的道德品质，这也是道德能力与一般而言的"能力"的区别之一。教育需要也应该注重培育人的美德，道德能力只有内在于心，才有可能最终外化于行。

第一节　道德能力的内化：道德感

道德感这一概念的提出源于对道德奠基的理解，也就是道德究竟是源于理性还是道德感。在这个意义上，近代英国的伦理学家沙夫茨伯里首先提出道德感是人具有的一种辨别善恶的内感官能力。同时，他还进一步区分了自然的善与德性的善，以及人的天然情感、自我情感和非天然情感等概念。我们不是在道德的起源/根源的意义上讨论道德感问题。此处，我们对道德感的讨论聚焦于两个问题：第一，道德感作为人的内在道德能力应如何理解。第二，此种内在能力培育的可能性以及价值。

一　再论道德感

我们在关于良心的讨论中涉及道德感的先天性，或者说道德感是人性的天然本性之一。但同时,从哈奇森开始,他已经提出道德感是一种有别于人的本能也有别于人的理性的道德情感,亦是人的内感官能力。与外在感官带来的短暂快乐相比,道德感带来的快乐更为持久。在哈奇森和休谟关于道德感的讨论中,我们会看到:道德感具有自然性,源于人的自然本性,是全人类可以共有的道德感;但是它又不局限于这种先天的自然性,还具有后天性与人为性。道德感本质上是一种情感,是人们知觉善恶的能力,但它也离不开人在生物、心理意义上的感觉、冲动、情绪等的本能反应。

根据人类心灵的"天然能力",哈奇森提出五种感官能力的划分:外在感官、内在感官、公共感官、道德感官、荣誉感官。"通过道德感官,人们知觉到自身或他人的善或恶。道德感产生对德性的欲望,对恶的憎恶,其根据在于我们所具有的造福或损害公众的行为倾向的观念。"① 道德感使我们能够感知他人行为的道德上的善恶,把自我与他人的快乐连接起来,做出道德判断。道德感具体呈现为我们的怜悯、友谊、人类的普遍仁爱等情感能力。

无论哈奇森还是休谟,他们不约而同地将人类的先天道德感和本能意向指向了同情和仁爱。但是,哈奇森也看到了自爱在道德行为中的作用。他认为自爱与仁爱是人的本性中的两种情感,自爱与仁爱共同推动人的行为。自爱不是人性的全部,人与人之间的普遍仁爱之情可以推广到全社会。"我们的本性是容易受最严格意义上的、真正无私的感情影响的,并且不会直接从属于自爱,或者不会直接瞄准任何类型的个人利益。"② 当个人的自爱超越一定限度并完全追求自己利益时,个人会做出对他人以及社会有害的行为。此时,人的道德感受到削弱。同时,哈奇森认为无论自爱还是仁爱的情感都存在沉稳与充满激情的可能。个体的特殊利益、幸福以及每个人的特殊仁爱感情都应该限定在普遍幸福、普遍利益要求的范围之内。

---

① 参见〔英〕哈奇森《论激情和感情的本性与表现,以及对道德感官的阐明》,戴茂堂等译,浙江大学出版社,2009,第6~7页。
② 〔英〕哈奇森:《道德哲学体系》(上),江畅等译,浙江大学出版社,2010,第49页。

相比之下，休谟则更为直接地提出道德感是一种特殊的苦乐感，道德的区分来自情感而不是理性。"德和恶是被我们单纯地观察和思维任何行为、情绪或品格时所引起的快乐和痛苦所区别的。"① 他将恶和德比作声音、颜色、冷、热，它们不是对象的性质，而是我们心中的知觉。我们应该在人的情感结构中去发现道德善恶的区别和标准。而理性起着确定情感的对象以及发现因果联系的作用。既然道德的区分在于人的道德感这一特殊的苦乐感，那么它的特殊性究竟指什么。休谟没有直接回答这个问题，对于休谟来说，理解道德品质最为关键的问题就是找到引起人们特殊苦乐的原则是什么，也就是人的道德感产生的原则是什么。

休谟在人性或者说人的自然本性中发现道德感，但是道德感不仅有自然的，还有人为的。休谟更为直接地定义"自然"的含义，提出"自然的"与"不自然"的区分无法从根本上标志恶与德的界限，人既有自然的道德感，也有人为的道德感。他认为："没有人是与他人的幸福和苦难绝对地漠不相关的。他人的幸福有一种产生快乐的自然倾向；他人的苦难有一种产生痛苦的自然倾向。"② 这种普遍的同情与仁爱是自然的，建基于我们心灵的原始构造之上。休谟也同样承认人有自爱的本性，但人也生而具有同情心。通过想象力和同情心，我们每一个人都有与他人产生共鸣的能力。人必须要依赖社会，但是人的自私和有限的慷慨使人有可能与社会相抵触，矛盾冲突也有可能加剧。由此产生了人为设计的德性——正义。对休谟而言，正义感虽然遵循人的情感这一自然途径，但它是人为教育与社会协议的结果。正义不是自然而然发生的。

哈奇森与休谟均立足于人类普遍的道德情感，对道德哲学进行阐释。关于哈奇森的道德感理论（基本属于一种德性论的道德理论）如何容纳他的政治理论以及休谟如何阐述道德感中的社会政治内容等问题已超出我们的讨论范围。尽管如此，我们需要看到他们都重视道德感的实践性质和社会性质。道德感的自然性在于人有成为道德的人的可能与本性，道德感的

---

① 〔英〕休谟：《人性论》（下册），关文运译，郑之骧校，商务印书馆，1980，第515~516页。
② 〔英〕休谟：《道德原则研究》，曾晓平译，商务印书馆，2001，第70页。

社会性在于人的可塑造性和后天行为习惯的养成。但终究，道德需要内化为人的某种精神和品格。也正是在这个意义上，我们提出道德感这样一种内在能力的培育问题。

二 道德感的培育

我们此处不是要阐述应该如何进行道德感的培育。而是在哈奇森和休谟等人的讨论中再一次澄清道德感作为人的人性或者说精神结构的基础性地位。道德教育不应该是道德知识的灌输，更应该是一个人的基本道德感、道德实践精神的培育。换言之，如果道德教育应该注重人的精神能力的培育，那么它需要找到人的精神结构与道德实践连接的基础是人内在的道德感。

善恶的认知进入人心，有一个发生、接受、发展的过程。如果说善恶知识倾向于人的理性认识，那么道德感则倾向于人的情感体悟。缺少最基本的道德感，社会有可能出现普遍的道德冷漠状态。而过度的道德感既无法形成良好的道德秩序，也无法培养人与人之间的道德情感。道德感外化于行，才能产生道德行为。在教育中，我们培养人的道德感，在一定程度上是在探究道德实践得以可能的基础和可能路径，这就必须要注重道德感的基本特质。道德感作为人共有的情感，其既有主观性、自然性也有客观性、社会性，它的基本特质至少包含如下三个方面。

第一，正义感的能力。情感具有主观倾向性，由道德感如何导向公正等就成为一个必须面对的问题。我们借用斯洛特（Slote）曾经列举过的一个关于"移情"的案例：一个女孩的父亲被授权为领导，并有权命令纳粹部队行军。如果这个女孩临时藏起父亲的假牙或假发，那么这位父亲就有可能无法发表演讲和参加行军，从而挽救很多幸存者。这就会产生分歧，即女孩藏起假牙（假发）与干涉父亲言论自由之间哪一个是错误的。

小女孩的道德感作用的对象不但涉及那些可能被屠杀的人，而且涉及自己父亲。我们可以想象，小女孩应该已经预见到：如果父亲发表演说，那么将造成大量的无辜者被屠杀。在能够挽救幸存者与对父亲自主性的自由进行干涉之间进行比较，显然前者受到的伤害更大。对父亲的干涉，不等于小女孩不爱自己的父亲。但是也存在另外一种可能，即小女孩爱父之深，以至于她虽然知道父亲的演讲可能带来的后果，但还是允许父亲去做演讲。这里不但涉及个体的私人道德情感与社会正义感之间的冲突，也涉及个人多种价值信念之间的冲突。无论是后天道德感或者说人为的道德感的培育都离不开人，其都是要寻求培育人心的基本移情能力。诚然，这种移情能力需要建立在共通感的基础上，这种移情能力指向的可能是一个人在具体的道德行为中的具体的同情、仁爱、正义等道德能力的具体内容。爱有等差、爱有偏向，这本身就是情感的特质，问题是恰当的移情需要建立在基本的正义感基础之上。

第二，敬重的情感能力。情感的炽热与冷漠相对，但炽热本身也有界限。换而言之，人们要在情感上做到公正无偏私，就需要敬重他人。这种敬重可能涉及康德意义上的道德法则也可能涉及一个人的尊严人格等不同内容。我们回到斯洛特对移情的解释，他说："典型的移情不能被理解为两个灵魂或人格的融合。因为如果一个人过多地包含另一个人，那么他很难区分他自己的需求、欲望与他人的需求和欲望……敬重是在同他人的关系中表现出的一种恰当的移情。"[①] 这里蕴含着，一方面我们要避免过度移情，模糊他人的欲求与自己的欲求之间的界限，避免将自己的意愿"强加"给他人。另一方面，恰当的移情要表现为对他人的敬重。行为者要有道德敏感性，敬重他人的自由和获得道德自由的权利。虽然移情与对他人的敬重有可能在行为中以看似冲突的形式表现出来，但是对他人的移情与对他人的敬重无法分割。行为主体在道德活动中可能会面临究竟选择对某一特定个体还是对某一共同体的敬重。按照斯洛特的说法就是，当一个人干涉他人的自主性并表现出某种不敬重时，一般是涉及防止行为中的第三方受到伤害。只有在这种情形下，对他人自主性的不敬重才有可能获得道德上的辩护。但即使如此，也不能以共同体之名遮蔽乃至践踏个体的基本权利。

---

① Michael Slote, *The Ethics of Care and Empathy*, Routledge Press, 2007, p.57. 斯洛特提出的"移情"概念主要是针对自由主义者提出的"自主性"概念，并尝试用移情包含自主性，以及以移情为基础构架关爱伦理学。此处借用斯洛特关于移情的理解重在阐明人在道德行为过程中的移情能力的运用。在"移情"机制的问题上，斯洛特给出了相对系统的解释，但这不代表赞同斯洛特的伦理学。

第三，反思的情感能力。人们不可能完全采取一种情感主义的立场，它需要理性的监督与权衡，培育人的"反思性情感"的能力。这是哈奇森和休谟等情感主义者也在强调理性的重要作用，这也就是当代的纳斯鲍姆、德沃金等人提出的人们对情感要抱有"批判性的警觉"（critical vigilance）的态度。"如果没有批判性的警觉并激发人们反思情感的适宜性，那么情感不能足以指导人的生活。"① 尽管"批判性的警觉"使我们对情感和移情充满了审视与质疑，甚至它有可能弱化人与人之间的情感关系和情感的真实性。但是，这种理性的审视仍然是必要的。在行为主体做出道德决定之前，追问移情是否恰当和适度、预先对道德情感做出批判性的反思，避免情感成为一种冲动、盲从。事实上，康德也曾提出我们应该防止情感的滥用，情感尤其是过于热情的情感有可能对理性、对人的自主性构成损害。

道德感在具体情景中包含着具体的道德内容，但从根本上说它构成了人的道德精神结构的基础。我们可以将正义、仁爱、同情、责任感等视为是建立在道德感基础之上的人的具体道德能力。只有具备了内在的道德感这种心理机制，我们才有可能进一步讨论教育对人的道德精神的培育，也就是培育一个有个性的人、一个积极公民的可能。

第二节 道德精神

我们说人活着不仅仅是生活着，更是要有某种精神。在人具有、获得、拥有道德精神的意义上，道德精神是人认同、敬重并坚守道德的心理意识，它指向人的精神品质。道德精神是人的道德意识结构的最高层次，它以道德规范、原则、行动为载体将自身呈现。道德具有实践精神的特质，这个实践精神能够被实现。秉持道德信念，以道德自由为追求，探究道德实现的可能，这是道德能力主旨之所在。

一 世俗道德还是神圣道德？

道德能力的内在指向始终是人的道德（德性）精神，这种精神中隐含

---

① 转引自 Michale Slote, *The Ethics of Care and Empathy* (Routledge Press, 2007), p.77。

着人有什么样价值信念、精神气质。无论家庭、学校还是社会的教育,都可以为人的道德精神成长打下坚实的基础。在现代社会,世俗道德与神圣道德同时存在。世俗道德不是指与宗教相对应意义上使用的概念,而是指人们的日常世俗生活中的道德。与此相对,神圣道德也不是指宗教道德,而是指近乎至圣完满的道德。那么,社会应该倡导以世俗道德还是神圣道德为范型培养人的道德精神?哪一种范型更有利于人的德性的养成?

一般来说,世俗道德的提出有两个理论背景:其一,社会从传统到现代的转型;其二,神学道德向世俗道德的转变。这两方面从根本上反映的都是现代社会需要确立新的道德规范,人们需要从宗教的道德生活走向属人的日常道德生活。"世俗道德与神圣道德不是两种不同的道德境界,而是两种道德范型,分别立足于现实此岸俗世生活和彼岸至圣理想。从道德品质形成角度看,在大众层面,世俗道德优先于神圣道德。"① 世俗道德与神圣道德作为一种社会倡导的范型而存在,对人的道德行为有着引导和约束的作用。人的道德品质的形成首先在于能够在日常生活中做到道德的基本要求,然后才有可能进一步接近神圣的道德境地。在这个意义上,世俗道德具有优先性。现代社会首先应该倡导世俗道德,即让人们在日常生活中遵循道德原则,引导人们在世俗日常中走向道德的崇高与神圣。

世俗道德与神圣道德并不是根本对立的,世俗道德并不违背神圣道德的精神。神圣道德范型确实可以塑造具有崇高道德品格的人。这些神圣的道德精神是时代的良心与社会的道德理想的体现。他们的精神也能给后世以精神力量,成为人们的道德榜样。越是社会转型、时代变迁、价值秩序混乱,我们越是期待社会出现神圣道德的代表。但是,这里有一个问题值得注意,就是我们应该向神圣道德的代表学习,社会也应该弘扬神圣道德精神,但是这并不意味着社会应该以神圣道德为范型,在全社会推行神圣道德。如果以强力的方式推行神圣道德,那么有可能导致顶礼膜拜"道德圣人"的社会现象。同时,传统社会向现代社会转向的一个明显标志就是从熟人社会到陌生人社会,随之而来的人际交往关系就明显地表现为从亲缘信任(基于熟人)到抽象信任(基于契约关系)。市场经济的逐利精神

---

① 参见高兆明《道德失范研究:基于制度正义视角》,商务印书馆,2016,第284~291页。

带来人的利益至上、人的价值的失落等问题,尽管我们努力地在物质与精神之间寻找平衡的可能。也就是说,现代社会的道德精神必须正视的两个基本现实是人与人之间的交互平等的权利-义务关系和人们对自己切身利益的追求。从既有的社会现实出发,也就意味着我们应该从世俗生活出发,建立世俗道德精神。

从世俗道德精神出发不意味着陷于利己主义、享乐主义以及道德庸俗化。虽然世俗与超越是一对相对的概念,但人们恰恰是应该从世俗走向超越的。世俗道德一方面要求人们能够从既有的伦理关系出发,做好自己分内的职责,从现实的一个个权利-义务履行的关系中找到适合自己的人生价值和道德理想。另一方面,世俗道德要求人们对自己的利益追求不能违背社会的基本正义精神,以避免滑向利己主义和享乐主义。社会的经济生活能激励出一种自由、正义的竞争机制。政治生活能以制度的形式为人的道德权利要求提供保障、鼓励利他行为、净化道德环境。在一个人性化的社会关系结构中,人能够被平等地尊重和对待,能过一种有尊严的生活。这样,健康的积极的世俗道德精神才有可能确立。

个人的道德生活、经济生活和政治生活三个活动领域是现代社会的三个层次结构,涉及人的生活的私人领域和公共领域,相当于霍耐特说的三个行动体系(私人、经济、政治)。这三个行动体系"都要制定出它们各自的相互承认和角色义务互补的模式,以这些模式为基础,社会成员才能够在当今条件下实现他们的社会自由"①。如果搁置霍耐特对社会的错误发展与法定和道德的病态之间的区分,那么他的这一观点提供了一个重要的启示:世俗道德的规范和导向作用需要从人们生活的三个行动体系的权利-义务关系角色与角色的互换的关系出发。一个好的制度、好的社会需要人"作为公民,组织有序社会的成员集体性地承担起如下责任:在对(扩展性)需求的一个公共量度基础上,他们之间相互正义地对待的责任;而作为个体和联合体的一员,他们对自己的偏好和自己愿为之献身的东西负责"②。世

---

① 〔德〕霍耐特:《自由的权利》,王旭译,社会科学文献出版社,2013,第202页。
② 《罗尔斯论文全集》(上册),陈肖生等译,吉林出版集团有限责任公司,2013,第295页。

俗道德立足于让人做一个公民应该做的本分,在此基础上,公民可以自由地追求自己认为的崇高的道德理想。社会倡导的世俗道德与神圣道德并不矛盾,现代社会的世俗道德范型的目的恰恰是尽可能地让公民在个体精神与公民精神之间保持足够的张力和自由。

二 个体精神与公民精神

个体精神是一个人的个性、精神气质。它的主要特征表现为人追求自己独立、完整的个性。现实生活中,人总是作为一个家庭、社团、民族、种族、国家中的一员。或者说,我们总是通过这些一般范畴认识人,但同时人也是特殊的个体、有自己个性的个体。正是这种个性使人能够打破藩篱和桎梏,有所创造。

我们通常说公民身份指向人的公共美德,而个体身份指向人的私人美德。事实上,私德和公德、个体精神与公民精神之间是不可分割的。在《公民身份——世界史、政治学与教育学中的公民理想》中,希特提出一个好的公民需要有多种美德,他能够根据情况的不同而表现出不同的道德品质。公民美德的构成要素很容易给出:"即忠诚、责任、对政治与社会秩序价值的尊重。但是这些美德的任何一种都包含着一系列复杂的个人品质、积极的态度和善良的行为。"[1] 可见,一个人如果对自己不负责任,那么也很难想象他对家庭、民族负责一个人如果可以为了利益不顾自身的尊严,那么他也不太可能尊重他人的尊严和社会的价值秩序。教育要培养人的个性,亦要培养人性。那么这里的个体精神首先不是一种个人主义精神。也就是说,我们不要把个体精神与个人主义尤其是利己主义混为一谈。个体精神体现为教育对个人自由人格的培育。一方面,人作为"人"而存在要看到个体精神的高贵。另一方面,也看到要人对自身"个体"超越的可能,在自然、共同体、信仰中看到自身的局限,提升人生存在的意义。

关于个体精神和公民精神的定义和具体内容,不同的学者有不同的看

---

[1] 〔英〕德里克·希特:《公民身份:世界史、政治学与教育学中的公民理想》,郭台辉、余慧元译,吉林出版集团有限责任公司,2010,第275页。

法。但现代民主国家，人与人是平等的权利主体，并享有基本的权利自由是可以达成共识的。或者说，人的自由精神是对个体精神与公民精神的规定。

这种自由精神首先是个体的自律精神与公民的自治精神。自律精神是人的自我意识、人的主体性的觉醒，这也是道德的显著特质。自律精神不是空洞的、抽象的、苍白的、无内容的，它离不开主体对道德生活世界的认知。自律精神建立在主体为自己立法、自己约束自己的基础上，没有主体的认知和立法能力，就不可能有道德精神。道德认知与立法能力表明，人作为人存在应有基本的道德素质。道德法则与一般规范相区别的关键就是内在约束性。人作为一个人存在，不能没有独立的自由意志、主观精神，不能没有精神操守，不能没有道德底线，不能没有良知。在这个意义上，无论康德关于"意志自律是一切道德律和与之相符合的义务的惟一原则"[①] 的思想，还是黑格尔关于良心是"内部的绝对自我确信……是自己同自己相处的这种最深奥的内部孤独"[②] 的思想都已阐明，自律精神是主体道德精神的确立和独立的标志。

具有自律精神的个体才有可能在有效的自我管理中实现自由并在公共生活中成为有自治精神的公民。公民的政治参与通过社会团体、社会的自我组织，公民的自我管理而实现。社会自治需要公民有相应的自治精神。现代社会公民的政治参与不是一个可以通过教育完成的问题，但教育可以通过培育人的自律精神而培养人作为公民的自治精神。公民自治精神是社会自治与国家治理现代化的基础。公民自治精神是公民有明确的权利主体意识，在公共生活中发挥自主性，激发公民主体的内在道德力量。以公民自身的道德素养引导自己的行为，从而使内在的公民道德意识、美德、自我规范转化为外在行为规范、社会价值导向，创建公平正义的社会伦理关系和社会正义环境。

其次，自由精神体现为责任精神。这种责任精神中包含了对自己、对他人的责任意识以及一个人对尊严的基本理解。粗略地说，责任既有可能

---

① 〔德〕康德：《实践理性批判》，邓晓芒译，杨祖陶校，人民出版社，2003，第43页。
② 〔德〕黑格尔《法哲学原理》，范扬、张企泰译，商务印书馆，1982，第139页。

是一种政治法律责任也有可能是一种道德责任。一个公民需要理解他的角色、职责担当、权利享有，他与他人以及与一个抽象的国家的关系。一个人的正义感、宽容、合作等精神都离不开一个人的责任精神，或者说离不开他对责任的思考和理解。责任总是具体的，问题是责任的内在规定是什么？一个积极生活的人，一个积极行动的公民是一个有责任精神的公民，这种责任精神以人的"尊严"为根本规定。"人在内心有某种尊严，这种尊严使得他比一切造物都更高贵，而他的义务就是不在他自己的人格中否认人性的这种尊严。"① 人的尊严、对人的尊严的尊重使人意识到违背尊严与人性不相容，要做一个正派的、有正义感的人。有尊严的人不会为了权力和利益而卑躬屈膝、阿谀奉承，也不会麻木不仁、残酷冷漠。当行为有悖人性的尊严时，他们会自责。意识到人性中的尊严意味着意识到"我"与他人的平等，意识到人之为人的高贵。有尊严的人亦不会是知行分离的人，其会在自己的实践行为中做到对他人权利的敬畏和尊重。离开人的尊严、对人的尊重，责任可能成为空洞的形式，也可能成为"为恶"的借口。具有责任精神不是只意识到义务的要求，更是能够从人之为人的尊严出发审视义务，避免视责任为机械操作的指令和固执己见。

最后，自由精神体现为个体的自我反省精神与公民的批判精神，尤其表现为能够且敢于表达自己言论的能力。在这个意义上，教育的作用在于培养人的自由表达能力以及创造自由表达的公共空间。言论自由亦在于公开地运用理性，使意见得到公共的表达和讨论、权利要求公开化。言论自由不是没有理性原则的托词和非分要求，言论自由的内容承载着公民的人格性，言论是公民人格的表达和诉求。康德甚至提出言论自由是公民权利的唯一守护神。他说："言论自由——通过宪政自己所造成的臣民们的自由思维方式而保持在尊重和热爱人们生活于其中的宪政的限度内（而且各种言论也自行相互限制，以便它们不丧失自由）——是人民法权的惟一守护神。"② 优良的政治体制、宪政国家有益于公民自由思维方式的养成。人们的言论自由能够自行限制，使人们的言论最终不会背离自由这一精神

---

① 李秋零主编《康德著作全集》（第9卷），中国人民大学出版社，2010，第489页。
② 李秋零主编《康德著作全集》（第8卷），中国人民大学出版社，2010，第308页。

主旨。言论自由不但表达着公民的法权要求，更体现着公民独立的自由精神能力。密尔在《论自由》中也曾提出：我们能够意识到"意见自由和发表意见自由对于人类精神福祉的必要性了……一切意见应当许其自由发表的，但条件是方式上须有节制，不要越出公平讨论的界限"。① 密尔还进一步表达了思想自由与讨论自由的重要性，以及言论自由所应受到的公共法律的规范与制约的边界。

个体精神与公民精神的平衡需要一个社会能够形成道德共识，形成共识的过程是一个探索和讨论的过程。公民的批判精神与言论自由精神价值的重要性不在于培育公民有能力探索如何治理社会，而是公民能够有能力分辨社会提供的价值信息、福利权利等，尤其是在新闻媒介迅猛发展的当下。李普曼在《舆论学》中就指出："人们不再对自己的'环境'做出反应，他们只是对'拟态环境'（pseudo‐environment）做出反应。所谓拟态环境，就是新闻媒介给人们塑造的外部世界的非真实景象。"② 这不仅可能导致人们无法知道真相，而且会导致人们对事件本身逐渐丧失判断能力。问题的出现绝不能归咎于新闻媒介以及新媒体的出现，它还离不开人们如何审视看待世界、如何构建世界。无论个人的品性修养、主观精神，还是道德自由的实现，都涉及社会伦理环境、伦理关系所处的状态。如果一个社会、民族没有基本的民族精神、没有合乎正义道德规范，那么生活在其中的个体的自由从根本上就无从谈起。但是，外部环境对人的影响和塑造取决于人自身的情感认同和理性认知。

同时，在历经现代启蒙、工业化以及后现代思想的冲洗之后，人们开始对一切有可能导致"同质化"的思想产生怀疑，并盘点现代性所产生的种种问题。就像鲍曼在《后现代伦理学》的导言中描述的："在我们这个时代中，自我牺牲的观念已经非法化了；没有人被激励或者愿意使自己达到道德的最高目标，并去守护这种道德价值观；政治家为乌托邦付出了代价，原来的理想主义者变得务实了。我们最普遍的口号就是：'不可越

---

① 〔英〕密尔：《论自由》，许宝骙译，商务印书馆，1998（2005重印），第61~62页。
② 转引自〔美〕迈克尔·舒德森《好公民——美国公共生活史》，郑一卉译，北京大学出版社，2014，第181页。

界!'我们的时代是一个彻头彻尾的个人主义的时代,对美好生活的追求仅仅被对宽容的需求所限制（当宽容与自我赞扬的和毫不犹豫的个人主义相结合时,可能仅仅表现为冷漠）。"① 如果公共空间的退化、个人主义的膨胀是当下的社会现实,那么在这样的环境下,一个人在个体精神与公民精神之间的平衡能力就更为重要。

个体精神与公民精神的培育离不开具体的教育和实践,尤其是公民教育和公民实践。人的精神养成于日常生活和自己经历和参与的每一件小事,也正是在这个过程中,人逐渐养成自己的品格,成为一个对自己、对他人、对社会承担责任的人。

三 品格的养成

品格是人的人格、个性的标志,是人们对道德精神的内化与守护,它通过人的道德行为体现出来并在道德行为中养成自身。关于品格的定义存在分歧,学者们基本从人的道德认知能力、情感能力、行为能力等不同层面定义品格。伯科威茨提出一个较为综合的定义,认为："品格是影响个体道德功能发挥能力与倾向的一系列心理特征……它是一个复杂的心理学概念,其包括了思考是与非,体验道德情感（内疚、移情、怜悯）,参与道德实践（分享、向慈善机构捐赠、讲真话）,坚信道德善以及展示出一种习惯性趋势;即坚持践行诚实、利他精神、责任感等支持道德功能实现的优良品质。"② 在个体的心理维度,伯科威茨将品格定义为一个复杂的集合体。但是通过他的定义,我们可以看出品格其实就是人的品质德性。品格是一种获得性的品质,人一旦获得某种品格就获得了某种精神定势。亚里士多德对人的品质问题做了较为完整的阐述。

亚里士多德认为："人的德性就是既使得一个人好又使得他出色地完成他的活动的品质。"③ 德性是人通过道德实践而获得的品质,是相对于活动而言的品质。德性使人们倾向于做、行动,并且合乎理性地去做和行

---

① 〔英〕鲍曼:《后现代伦理学》,张成岗译,江苏人民出版社,2003,第3页。
② 〔美〕戴蒙主编《品格教育新纪元》,刘晨、康秀云译,人民出版社,2015,第56~57页。
③ 〔古希腊〕亚里士多德:《尼各马可伦理学》,廖申白译,商务印书馆,2003,第45页。

动。可以这样说，德性不是一种被动的情感或自然本能，它是道德主体（行为者）通过行动、活动而实现并获得的一种品质。任何德性的获得都是一种实现活动，它需要具体的实践。就如同健康的身体来自合理的饮食与积极的锻炼，德性是来自具体实现活动中的道德判断、选择与行动，道德责任就与这种实践活动相伴随，并以人最终养成的品格习性为根本规定。行为先于品格，品格养成于人的道德行为。既然品格成于人的道德行为，那么行为中既有可能产生好的品格也有可能产生坏的品格。

人的品格的形成是一个长期教育与习惯行为的结果。人们通过做好事，慢慢养成好的品格，反之亦然。家庭教育、学校教育以及社会风气、价值导向等对品格的形成具有重要作用。已有教育学、心理学的研究者具体阐明过家庭与学校教育在人的品格的形成和发展中发挥的作用。比如，婴幼儿时期，家庭教育应该注重孩子的移情能力、个体意识的发展以及建立人与人的可信的依赖关系。而童年到青少年阶段，孩子的品格培养大部分由学校完成。这个时期需要培养孩子的自我控制、价值认同、道德推理等能力。诸如此类问题还涉及具体的教育实践、方法、路径，并且一定要因时因地制宜。我们此处对具体的教育方法等问题不做讨论，而是回到好品格的形成和坏品格的避免这一更为基本的问题。

一般来说，坏品格一旦养成，人的道德敏感性、道德推理能力、对自身行为的控制能力就会减弱，导致错误的道德观念。如亚里士多德所言，"如果一个人不是不知道，却做着会使他变得不公正的行为，那么就必须说他是出于意愿地变得不公正的。但是这并不意味着，只要他希望，他就能够不再不公正并且变得公正"①。他还用生病做过一个类比。如果一个病人出于意愿不节制、不听医生的话而生病，那么不是他希望病好就能病好。亚里士多德的思考启示我们：品格一旦形成就有一定的不可逆性，人很难轻而易举地改变自己的品格。当然，亚里士多德不是否认人无法转变自己，或者无法弃恶从善，而是看到品格的转变还需要外在偶然性的运气以及个人的意志力等其他的因素。由此，品格的养成中我们必须避免两个极端——极端的利己主义和完全的自我牺牲、完全的服从。

---

① 〔古希腊〕亚里士多德：《尼各马可伦理学》，廖申白译，商务印书馆，2003，第74页。

极端的利己主义从根本上对人的品质、社会的道德价值造成伤害。反之，完全的自我牺牲与完全的服从也会导致同样的问题。它们以一种近乎"唯我"和"无我"的方式处理自我与他人、与社会的关系。深陷其中的人们无法以恰当的方式去设想自我、自我利益、他人、他人利益等道德行为中的诸要素之间的关系。虽然结果也可能产生形式上的利他行为，但是从根本上看，人的好品格无法养成，社会公德亦无法确立。

好的品格需要通过教育和反复地践行而获得。这个过程也就是我们将道德精神内化的过程。好品格也就是亚里士多德讲的人的两种德性品质，即道德德性与理智德性。道德德性以追求适度为目的，适度是道德德性的特点。道德是需要实现的品质，是生成的品质，是在实践活动中成己成物的品质。

道德不能囿于抽象、主观、内在的心性，它必须要能化为具体、客观、外在的行为。如果内在的精神世界是道德的"神"，那么，外在的行为世界是道德的"形"，离开"神"的"形"是躯体，离开"形"的"神"是虚无。人的品格以行为者为中心，在道德行为中获得真实的存在。同时，"每一种美德都包含着实践智慧，包含着正确对待实践事物的理性能力"[①]。要做到"适度""中庸"，就需要人有将品格外化于行的实践智慧。

第三节 道德能力的外化：实践智慧

好的道德行为离不开好的品格，好的品格在道德行为中养成。德性是一种品质，问题的关键是人以何种态度、以何种方式获得这种品质。有实践智慧的人（明智的人）善于在具体的变化中考虑对他自身是善的和有益的事情，运用理论知识与实践知识选择善的手段以实现善的目的。实践智慧是人将内在的道德能力外化于行，并能以恰当的方式完成道德行为的能力。实践智慧以实践理性为规定，也是亚里士多德所言的理智的最高状态。在这个意义上，教育的最好方式就是道德实践，并对实践进行反思，

---

① 参见〔新西兰〕赫斯特豪斯《美德伦理学》，李义天译，译林出版社，2016，第113~114页。

强调养成一个良好的道德习惯。

我们此处以亚里士多德的思想为主要思想资源，阐述道德能力外化于行的实践智慧应该如何理解，以及习惯的养成与实践智慧的关系。教育不是教给人教条的道德知识、道德原则，而是让人习得好的行为习惯和实现道德自我。

一 理性与明智

亚里士多德曾提出理论之学、实践之学与制作之学，并认为实践领域的知识的要旨在于行动。知识与行为，也可以称为理论理性与实践理性。对于亚里士多德而言，理论理性要处理的是不变的事物，其表现为人们对某种普遍的"形式"的认识能力，具有事实性。而实践理性要处理的是可变的事物领域，它无法通过把握不变事物的知识与智慧来完成。具体到道德行为领域是指人不但要有关于"善"的普遍知识，不能是非善恶不分，同时还要使善的知识与行动能够保持一致。实践智慧恰恰指向行为的方法手段，强调如何付诸实践和实践中的具体选择。比如，你不但知道你应该帮助处于危难中的人，而且知道如何采取正确的措施帮助危难中的人并能够在实践中做出决断和选择。

理解实践智慧时，我们需要先注意两点争论。第一，亚里士多德对实践智慧的解释是否前后矛盾。在《尼各马可伦理学》中，亚里士多德侧重从个体利益、对个体而言的"好"的视角谈论实践智慧。但是在《政治学》中，亚里士多德则提出只有统治者才有实践智慧这种德性。这种看似矛盾的表达隐含了一个人的"好生活""好品质"的习得离不开一个好的政治体制、政治伦理共同体。斯科菲尔德尝试弥合和勾勒这一看似矛盾的说法，认为："自足、道德德性、实践智慧是好生活所需要的紧密联系的构成要素，亚里士多德说得足够清楚，对于一个人来说，只有通过在各个方面把他的公民身份落实到行动中，他才能实现自己的潜能。"[①] 当人以公民身份参与政治时，他的实践智慧能得到更好的锻炼。第二，实践智慧

---

① 〔美〕理查德·克劳特主编《布莱克维尔〈尼各马可伦理学〉指南》，刘玮、陈玮译，北京大学出版社，2014，第349页。

是否仅具有工具性的价值，而不具有主导性。实践智慧与人的实践领域相关，充满了偶然性、不确定性、变动性。道德活动中，实践智慧需要对这种变动的人、事、环境做出某种反应或回应。但是，这不意味着实践智慧仅具有工具价值。只有当实践理性得到恰当的运用，人们做出了正确道德判断和选择时，我们才能说这个人有实践智慧、理智德性。

实践理性以具体、个别为对象，是关于实践智慧的，其要处理的是可变的事物领域，这无法通过把握不变事物的知识与智慧来完成，只能"因时因地制宜，就如在医疗与航海上一样"，因而其"只能是粗略的、不很精确的"。实践理性不同于理论理性，它是善的一般目标在具体、个别化对象中的不确定活动。实践理性也不同于"技艺"。技艺有具体操作"法则"，实践理性没有此种具体法则。[①] 当然如果以为实践理性真的不存在某种"法则"，那么就与亚里士多德所强调的"善"的目的性、"幸福"追求这一人生存在与活动目的性相矛盾了。实践理性有普遍法则，这种法则是抽象的、普遍的。亚氏所说"善"的目的性本身也是如此。只是，这种普遍法则的实践却是"粗略"的，这种粗略表现在这种法则本身的多样性，以及实践环境、境遇的个别性等方面。

理智的最高状态就是明智（实践智慧），具体而言，亚里士多德用"明智"表达人的实践智慧。一方面，具有实践智慧的人，或者说明智的人善于考虑对他自身是善的和有益的事情。出于自身的善、好以及有益的事情指向人的"好生活"和"幸福"。同时，它要具体化为人们"生活得好或做得好"。人的幸福、好生活就构成了人们实践活动的目的，而这样的幸福也是灵魂合于完满德性的实现活动。这样，人的实践活动的目的就是出于人的本性的自然展开，并以自身为目的。明智的人考虑的是人生的总体，并从好生活这一总体目标权衡自己的选择。此外，"明智是一种同善恶相关的、合乎逻各斯的、求真的实践品质"[②]。具有实践智慧的人要能够了解具体情境，对变动不居的实践做出正确的判断。亚里士多德认

---

① 参见〔古希腊〕亚里士多德《尼各马可伦理学》，廖申白译，商务印书馆，2003，第35～38页。
② 〔古希腊〕亚里士多德：《尼各马可伦理学》，廖申白译，商务印书馆，2003，第173页。

为，与道德德性帮助我们确定目的相比，理智德性帮助我们选择实现目的的正确手段，离开了实践智慧，人的选择就不会正确。

一个明智的人、具有实践智慧的人是能够把习得的品质加以运用于道德实践的人。对亚里士多德而言，实践智慧在思维中表现为一种奠基于目的论的推理。实践智慧的环节几乎涉及人们完成道德活动的一整套心理机制，人的情感、欲望、实践深思、决断以及执行的意志力均在这个过程得到呈现。实践智慧的运用与习得就涉及一个如何培养和训练的问题，而这最主要是通过习惯的养成来获得。

二 习惯的养成

品格的养成、实践智慧的提升都需要通过道德实践来实现。同时，好的品格、美德有助于人们拥有正确的道德目的和倾向，促使人们在当下特殊的道德情景中做出正确的道德判断。美德需要通过习俗的熏陶、习惯的养成才有可能成为一个人稳定的性格和品质。毋庸置疑，养成良好的习惯非常重要，习惯的养成过程就是道德能力不断地实践并获得提升的过程。那么，我们究竟如何理解习惯？教育在习惯养成中发挥什么作用？习惯与实践智慧的关系又应该如何理解？

通常来说，习惯是一种经验的累积，这种经验以人们近乎本能的行为方式和思维方式呈现，具有相对稳定性。在习惯中，形成了人的品格/品质。人的品格存在于他的习惯中，并通过习惯得以表达。正是如此，黑格尔将习惯称为人的"第二自然"，"习惯是精神塑造出来的自然物，具有机械性、本能性"[①]。习惯形成于人的感觉规定的不断重复、练习。习惯的机械性侧重指习惯成自然，人的品质直接存在于习惯中。但是，习惯不能仅仅停留于此。"习惯的本质是一种习得性的反应方式或模式的倾向，而不是各种具体行为（除非在特定环境下这些习惯才表现为一种行为方式）。习惯意味着对某类刺激，固定的好恶的敏感性和可接近性，而不仅

[①] 参见〔德〕黑格尔《精神哲学——哲学全书·第三部分》，杨祖陶译，人民出版社，2006，第187~188页。我们此处谈及的习惯是个体意义上的习惯的养成，而不是社会共享性的历史传统意义上的习惯。

仅是行为的反复。它意味着意志（will）。"① 杜威将"习惯"概念的内容做了更为详尽的阐述。在杜威的观点中，习惯不是人的完全机械、固定的行为反应模式，而是人的一种能动的反应模式。如果意志的自主性、能动性、创造性在习惯中不再发挥作用，那么人就会死于习惯。

道德能力不只是在心灵中，更是在个体的行为中形成。道德要向人的精神"内生"，寻求独立的人格、善良的美德、崇高的品格。习惯虽然是品格养成的途径，但是习惯也需要随时间、环境、其他习惯的改变而有所变化。人的习惯也在于能够应对这些所有外在环境和因素。如果对一切丧失兴趣，意志也不再发挥能动作用，那么品格也就无法形成。同时，还会导致人在习惯中丧失自我。"当他完全习惯于生活，精神和肉体都已变得迟钝，而且主观意识和精神活动之间的对立也已消失了，这时他就死了。"② 在习惯中，人有可能不再去反思道德行动的理由，而是认为理应如此而已，从而丧失一种反思和批判的精神。人也有可能抗拒变化，只生活在习惯的"舒适区"，从而对伦理道德的变迁、价值多元的包容等均丧失敏感性。

教育的重要性恰恰在于培育人的良好习惯并使人能够保持一种开放的、批判性的精神能力。在人的习惯养成过程中，教育至少有两个方面的作用：第一，通过教育，唤醒、培育人的向善精神与向善的情感，为良好习惯的养成培育精神的土壤。这又包含两个方面的内容，其一，教育教给人的绝不仅仅是知识、技术、技能。"因为教育的意义本身就在于改变人的本性，以形成一些与朴素的人性截然不同的，用以表达思想、情感、欲望和信念的新方式。如果人性不可改变，我们也许就只能进行训练，而不能进行教育。因为训练与教育不同，训练只不过使人获得某些技能。"③ 其二，教育唤起人的向善精神，即使是技艺、技术、专业知识的学习和习得，也蕴含着人对知识、技术中隐含的人的价值精神的习得。第二，通过教育的示范和引导，尤其是道德实践、榜样教育等使人养成良好的行为习惯。好的行为习惯才有可能使人养成良好的道德品格和道德能力。

---

① 转引自〔美〕托德·莱肯《造就道德——伦理学理论的实用主义重构》，陶秀璈等译，张弛校，北京大学出版社，2010，第57页。
② 〔德〕黑格尔：《法哲学原理》，范扬、张企泰译，商务印书馆，1982，第171页。
③ 《杜威文选》，涂纪亮编，涂纪亮译，社会科学文献出版社，2006，第370页。

习惯的养成，或者说我们最终养成什么样的行为习惯、道德品质，涉及人的实践智慧以及实践智慧能力的提升。生活教育也好，学校教育也罢，人所习得的知识最终需要一个人将其整合为整体，并形成一种较为稳定的道德态度、观点主张。这样的一种整合能力对人的认知与行动的能力均提出挑战。"习惯涉及个人和社会两个维度，但它们不能通过'愿望'或'意志的行动'（acts of will）而改变，只能通过习惯所互动（transaction）的环境条件的复杂影响，才能改变。"① 在道德实践中，人们不断改掉旧的习惯，形成新的习惯。道德对于人而言，是具体的、鲜活的、生长的；道德能力是一种可以显现的精神力量。道德实践不是一个简单的美德的应用、道德法则的执行和操作过程，而是一个包含自由意志主体实践智慧的实践过程。

三 自我实现

日常道德生活中，道德能力体现为人的实践智慧。这种能力最终是使人成为一个有德性的人，在德性上有属于自己人生价值的自我实现。在这个意义上，实践智慧指向人的德性和人的自我实现。

就德性本身而言，不同哲学家有不同的观点。对亚里士多德来说，德性至少有两重含义。其一，德性泛指事物自身的卓越性（好）。人有人的德性，马有马的德性，眼睛有眼睛的德性。其二，德性指人的习性品质，又分为理智的德性和道德的德性。我们通常会说这是美德论意义上的德性。但是对康德来说，德性论从属于义务论，"德性是人在遵循自己的义务时准则的力量"②。对康德来说，德性在于人能以普遍法则为自己的准则，克服自身的主观偏好与自然欲求。人的德性在于能够正确使用实践理性。人的德性的养成在于"遵循理性确立起来的对自己的义务，树立一种品格意识，使人自由地（无任何强迫地）朝向完全的自主和责任前行"。③

---

① 〔美〕托德·莱肯：《造就道德——伦理学理论的实用主义重构》，陶秀璈等译，张弛校，北京大学出版社，2010，第57页。
② 李秋零主编《康德著作全集》（第6卷），中国人民大学出版社，2007，第407页。
③ 邓安庆：《启蒙伦理与现代社会的公序良俗：德国古典哲学的道德事业之重审》，人民出版社，2014，第131页。

德性不能仅仅理解为一种单纯的自我强制，因为强制本身还涉及自然偏好之间的强制。这里的强制是义务的自我强制，需要将内在自由置于法则之下。对亚里士多德来说，通过道德实践，人获得了行动得好、生活得好的德性，这种德性始终趋于一种个体的完善的状态。康德尽管也谈及这种完善，但是他更突出德性的力量在于理性抵抗感性冲动的力量。

在实践的过程中，人们能够智慧地根据道德情境调整自己的道德行为做出判断与选择，甚至做出超出常人的富有想象力的抉择尤为重要。此智慧能够成为一个人的德性，需要不断反复地练习和养成习惯，并最终成为一个人性格的一部分，成为一个有德性的自我，也就是道德自我。无论亚里士多德还是康德，他们不但揭示了德性的实践性，也揭示了这种实践性的具体特质，这种实践性的特质涉及人在道德的意义上有一个成人的过程。

在关于道德能力的理论溯源与内涵的讨论中，我们已经强调了道德能力本质上是自由意志能力（实践理性能力）。这里的实践理性并不拒斥情感能力，它的优先性在于以理性节制情感，并能克服情感本身的冲动。实践智慧作为外化于行的道德能力，体现实践理性精神。这种精神也是道德自我得以形成和自我实现得以可能的关键要素，它至少包含我们上述讨论中的自律精神与批判性反思精神。自律精神的要旨在于一个有自由意志的个体具有自我管理、自我发展的能力。道德的基础要求以及道德的主体性要求均体现为一个人的自律。一个按道德规范要求去做的人不一定是一个有道德的人。一个有道德的人应该是一个有道德规范意识并主动地将这种意识践行的人。这里的自律表达了道德主体的自主性、能动性以及创造性。当我们说一个人具有自律的德性时，这意味着这个人是一个具有自我决定能力，能够自愿地做出道德选择的人。一个自律的人既具有开放良好的心态，也具有批判反思的能力。对康德而言，这种批判性的反思就是一种对道德规则的反思能力。对杜威来说，其就是一种想象性的预演能力。无论怎样，这里的批判反思不是一个人形成道德自我的有效工具，而是一种具有内在价值的德性品质。虽然反思是推理的一种有效工具，但是反思能力本身具有内在善的属性。这种批判性反思精神不仅是一种自我反省的能力，还是对我们共同生活的伦理生活世界的批判性反思能力。

自我实现本身是一个保持开放的、不断生长的过程。在道德判断和选择的过程中，人不断地打开面向未来的新的可能性。在生活的连续性和生命的可持续性的意义上，自我是一个整体。在阶段性的意义上，每一阶段的自我都有其创新的可能。也就是说，在阶段性和具体道德活动中，自我始终处于一个不断发展变化的过程，有着属于那个阶段的特殊性的自我，此特殊性中又渗透着发展变化的可能。自我的"道德"含义也是在这个过程中不断地丰富起来。"自我总是一个具体的特定（specific）活动；并且，从而（预想到）自我和实现的同一。"① 这样，我们就会发现一方面，人倾向于一个习惯性、旧有的自我；另一方面，人在寻求一个新的、不断发展中的自我。道德规范不是让人对规范、规则俯首称臣，而是让人在普遍的规范之下追求自由的道德精神。通过道德能力、理智能力等的发展，人才有可能实现道德自我，过一种充满意义的生活。

自我实现不是让人们去填充一个预设的框架或图式，自我是由不同的社会关系相互作用而形成的。我们可以说："康德确立了现代意义上的具有普遍性、客观性、绝对性的道德法则，黑格尔在康德基础之上以思辨方式提出并回答了普遍法则的特殊实践问题，要从为义务而义务的形式主义中走出来，达到普遍与特殊的统一……杜威要向已经确立起现代价值精神的人们揭示：面向生活，有智慧生活的能力，创造性地具体实践普遍价值，过好的生活。"② 人与人之间的差异不仅在于做什么、应该做什么的问题，更在于如何决定做什么的问题。如何做、如何决定做什么的问题体现了人的实践智慧。这世界有公理、有康德意义上的普遍道德法则，但法则内容的实践充满了个体差异性、多样性与智慧性。社会应该确立并引导个体尊重道德法则，个体应该在社会提供的道德环境中调动可能的潜能，实现自我。

---

① 《杜威全集·早期著作（1882~1898）·第4卷（1893~1894）》，王新生、刘平译，华东师范大学出版社，2010，第39页。
② 高兆明：《伦理学理论与方法》（修订版），人民出版社，2013，第492~493页。

结语　道德能力、平等、自由与伦理学方法

　　哲学伦理学是对世界与人生根本性问题的理性反思之学。伦理学的研究涉及研究者对人性、人生意义本身的态度和信念。道德能力的实现是人的自由获得感性存在的过程，而人的道德自由与政治自由不可避免地发生关联。我们如何理解道德能力，意味着我们如何理解人的平等与自由，甚至如何理解伦理学方法。

　　道德能力体现的不仅是一个人的自我承诺，它还体现了一个人对生活世界的道德精神的认可和接受。在这个意义上，道德能力也是政治哲学研究不可回避的问题。罗尔斯的政治哲学思想在这方面富有启示意义。罗尔斯认为道德能力是公民的人格根基、是公民尊严的体现，他强调正义的社会应该确保公民享有相互尊重与自我尊重的社会基础。公民平等的含义是平等的权利要求，也就是康德哲学意义上的人生而具有的唯一的法权——平等的自由权利。这意味着制度设计本身必须具有正义性，且是公平的正义，制度设计给予公民法权意义上的平等保障。对康德来说，平等的自由权利衍生出公民应该拥有的财产权、表决能力、自由精神能力。对罗尔斯来说，平等的权利要求表现为人们平等地拥有基本自由，也就是人们的思想自由、人身自由、良心自由、政治自由等，这些基本自由应该以平等的形式被分配。

　　具体而言，两种道德能力与其他基本能力构成了公民是自由的。罗尔斯指出："个人凭借其两种道德能力（正义感和善观念的能力）和理性能力（判断能力、思想能力以及与这些能力相联系的推论能力）而成为自由的。"① 由此可见，正义感和善观念这两种道德能力并不能穷尽公民能力

---

① 〔美〕罗尔斯：《政治自由主义》，万俊人译，译林出版社，2011，第17页。

的全部内容；公民平等的实现离不开公民是自由的。在公共正义观念允许的范围内，在公民作为自由人的公共身份或合法身份不受影响的前提下，人们可以形成、修正和追求自己的善观念，也可以对其制度提出权利要求并促进善观念的发展。换言之，平等规范着人与人之间的关系，而自由指涉的是个人的存在状态，只要你的自由与他人的自由不冲突即可。

但是，罗尔斯没有解释公民如何获得实质性的自由与能力之差异会引起怎样的不平等。如果我们不是在政治哲学，而是在一个更为普遍的意义上谈论道德能力的差异、自由多样性，以及不平等的问题就是一个涉及如何实现善的问题。如杜威所言："如果不存在是否实现和如何实现善的问题，我们就不会对善进行慎思。"① 道德能力的提出和论证，就是在实现以及如何实现善中思考道德，并以此对伦理学基础理论做出某种反思。

在道德能力的问题研究中，我们取康德的伦理思想资源，尝试将康德的思考向形而下的领域推进。借用伽达默尔的表述，康德的"形式主义"使"实践理性的无条件性脱离了人的本性的一切条件性并表达在其先验的纯粹性中"②。同时，我们尝试进入道德实践的具体语境，以亚里士多德等思想家的学术思想为资源，思考普遍义务原则的具体化与对具体应用，在这个意义上，道德能力问题的研究不断进入道德实践、道德冲突，关注人在具体的境遇中如何行动。在行动中，道德精神、道德义务要求得以个体化、个性化，使道德获得具体的、实体性的存在。由此，理性与经验、伦理学与形而上学之间的关系和张力内嵌于研究之中。

具体研究引发的关于伦理学方法的思考如下。

其一，伦理学与形而上学的关系问题。我们通常将伦理学方法视为伦理学研究中采用的论证的方式、途径、程序、遵循的逻辑等具有"工具"性质的方法。伦理学研究和其他学科研究一样，都需要遵循语言与逻辑的基本要求。在元伦理学、规范伦理学、描述伦理学等具体分支领域的研究中，我们会根据不同的问题、问题的不同性质采取不同的研究方法，而不

---

① 〔美〕杜威：《经验与自然》（*Experience and Nature*），转引自莱肯《造就道德——伦理学理论的实用主义重构》，陶秀璈等译，北京大学出版社，2010，第 77 页。
② 〔德〕伽达默尔：《论一门哲学伦理学的可能》，邓安庆译，《世界哲学》2007 年第 3 期，第 64 页。

同的方法有可能使同一个问题的研究呈现不同的观点、主张。无论是具体的描述、道德语言的分析，还是反思伦理学家的逻辑论证，我们秉持的立场、论证的依据等都需要我们反思伦理学与形而上学的关系。在道德能力问题的研究中，我们对所有问题的追问都涉及在本源、根源的意义上如何理解道德能力的基础这一形而上学的问题。

自20世纪开始，伦理学研究出现去形而上学化的转向。比如，以摩尔为代表的元伦理学强调应避免传统伦理学脱离语词具体含义的抽象论证方式。以罗素、普特南等为代表的实用主义伦理学反对将伦理学视为由一系列原则构成的体系，主张建立基于具体道德实践生活的没有形而上学的伦理学。同时随着哈贝马斯《后形而上学》的发表，更是出现了后形而上学伦理学的主张。尽管如此，我们仍然可以在康德哲学的遗产中发现形而上学对于伦理学的重要性。康德认为，形而上学就像"呼吸"一样。康德试图解决传统形而上学中的很多问题，建立不掺杂任何感性事物的真正科学的形而上学。与当时的理性主义、经验主义的研究方法不同，康德对形而上学的理解取先验哲学方法。"先验"不掺杂"经验""感性事物"，却是"经验"得以成为可能的根据。这亦如康德所言："形而上学无非是一种关于我们认识的最初根据的哲学罢了。"[①] 法的正义、德性的养成、历史的进步等无不涉及道德价值，但是与我们的形而下或经验式的讨论不同，康德在形而上学的意义上以先验的方式给出它们的根源、范围、界限，它们自身合理性（得以可能）的原则。在伦理学上，康德的"哥白尼"革命表现为这种新的思维态度能够让我们认识知识的界限。"它不再按照'自然的倾向'去认知'形而上学'的'对象'，而是去'思考'它们对于我们'实践'的意义。"它的旨趣在于："为行为确立普遍有效的道德法则的'行而上学'。"[②] 哲学伦理学的研究需要面对经验的日常世界，并去拓展我们的研究领域。但是对道德生活世界问题的研究不能没有形而上学，否则这一领域的研究可能仅仅成为一种经验研究，而失却方向。

---

① 李秋零主编《康德著作全集》（第2卷），中国人民大学出版社，2003，第284页。
② 邓安庆：《启蒙伦理与现代社会的公序良俗——德国古典哲学的道德事业之重审》，人民出版社，2014，第84页。

其二，方法之间的可通约性。在道德能力的研究中，我们借鉴的重要学术资源有亚里士多德、康德、罗尔斯等。在具体论证中，我们看到先验、经验、理性以及自然主义之间通约的可能。哲学概念在一定意义上不可避免地要人格化，"尤其是当我们仿佛把哲学概念人格化并将它在哲学家的理想中设想为一个蓝本时。从这方面来看哲学就是有关一切知识与人类理性的根本目的之关系的科学，而哲学家就不是一个理性的专门家，而是人类理性的立法者"。① 哲学家运用理智进行的推理证明、通过概念进行理性思考，要为人类理性"立法"。哲学研究是关于"立法"的科学，只是所立之法有自然的、实践的、个人的、政治法律等领域类型的差异，并关涉人类理性的根本目的。"立法"在于确认纯粹理性的先天普遍规律——道德律。道德律使人意识到现实实践中的人是自由的。

相比之下，亚里士多德从常识道德、大多数人的意见出发，尽可能保留所有的意见，找出并解释错误。保留意见的意图在于，一方面要考察看似矛盾冲突的意见是否具有一致性；另一方面，如果其中有的意见正确、有的意见错误，那么需要进一步解释错误的原因何在。在此基础上，还需继续反思为什么会有人接受这种错误以及为什么错误的事物看起来似乎是正确的。人们究竟应该接受哪一种意见、拒绝哪一种意见，亚里士多德诉诸的是哲学论证的说理来给出答案。如耶格尔所言："无论在伦理学还是在形而上学中，亚里士多德都和康德有一段距离相近，但是他里面的某种东西使得他在最后的结论面前撤退了。无论是纯粹的经验科学的自足还是单纯的道德责任意志的确定性，都不能满足他的现实感觉和生命感受。"② 换言之，研究方法可以打开不同的思考方向、角度，让我们更为正视道德生活的多种可能性也就是人的生活的多种可能性。正是这些思想家让我们到伦理学的研究可以有自己的思想情绪、表达方式，可以别开生面。

其三，"能力"在何种意义上可以成为一种方法。在道德能力的研究中，我们也曾借用森的概念"可行能力"分析道德能力的内涵。但是

---

① 〔德〕康德：《纯粹理性批判》，邓晓芒译，杨祖陶校，人民出版社，2004（2008年重印），第634页。
② 〔德〕耶格尔：《亚里士多德：发展史纲要》，朱清华译，人民出版社，2013，第341页。

"可行能力"还在方法的意义上使用。在人可能获得的实质自由意义上，森将"可行能力"作为评估平等的标准。森则强调真实的平等评估中的能力问题，并强调从自由的价值区分中理解能力。由此反观道德能力问题，我们或许会认为道德能力可以在道德评价的意义上成为一种研究方法，或者说有没有可能提出并构想道德能力分析法。在对"可行能力"方法的批判中，罗尔斯认为森的可行能力无法作为一种公共评价的标准。能力理论需要考虑哪些基本的可行能力能够具有普遍意义，使它的标准具有政治意义上的公共性以及人际差异的比较如何展开。如果道德能力要成为一种评价标准意义上的方法，它会遭遇同样的理论诘难。

  伦理学的研究不在于道德实践如何运作，而在于它们的意义是什么。伦理学可以指导现实道德生活，但并不能以开"药方"的形式为人医治病证。伦理学研究通过思想行为打开道德生活的多种可能性，并将一个完善的道德生活投射到一个未来的空间。"伦理学仅仅是品行中最有意识、最概括的阶段。它类似于在现代（经验）科学中的理论的地位。理论不是固定不变或抽象的真理，而是某种活动的立场和方法。"① 道德概念和变化的道德经验生活之间互动，必然会引起道德范畴的变更。思想应该表达我们的生活，也应该是我们的生活方式。伦理学方法应该是一个立体的结构，方法中的不同的元素聚合成不同层次的事物。我们应在道德生活中把握新旧的交替、时代的变迁。在这个意义上，道德能力提供了一种看待伦理学的视角和方法。

---

① 《杜威全集·早期著作（1882~1898）·第4卷（1893~1894）》，王新生、刘平译，华东师范大学出版社，2010，第193页。

参考文献

著 作

〔美〕阿尔蒙德、维巴：《公民文化——五个国家的政治态度和民主制》，徐湘林等译，东方出版社，2008。

〔美〕阿利森：《康德的自由理论》，陈虎平译，辽宁教育出版社，2001。

〔美〕阿伦特：《精神生活·思维》，姜志辉译，江苏教育出版社，2006。

〔美〕阿伦特：《精神生活·意志》，姜志辉译，江苏教育出版社，2006。

〔美〕阿伦特：《责任与判断》，陈联营译，上海人民出版社，2011。

〔美〕阿伦特：《康德政治哲学讲稿》，曹明、苏婉儿译，上海人民出版社，2013。

〔英〕安斯康姆：《意向》（第2版），张留华译，中国人民大学出版社，2008。

〔古罗马〕奥古斯丁：《恩典与自由》，奥古斯丁著作翻译小组，江西人民出版社，2008。

〔古希腊〕柏拉图：《理想国》，郭斌和、张竹明译，商务印书馆，1986。

《柏拉图全集》（第1卷），王晓朝译，人民出版社，2002。

〔英〕鲍曼：《后现代伦理学》，张成岗译，江苏人民出版社，2007。

北京大学哲学系、外国哲学史教研室编译《古希腊罗马哲学》，商务印书馆，1961。

〔美〕贝克：《〈实践理性批判〉通释》，黄涛译，华东师范大学出版社，2010。

〔奥〕贝塔兰菲：《一般系统论：基础、发展和应用》，秋同、袁嘉新译，社会科学文献出版社，1987。

〔英〕边沁:《道德与立法原理导论》,时殷弘译,商务印书馆,2000。

〔英〕波普尔:《开放社会及其敌人》(第1卷),陆衡等译,中国社会科学出版社,1999。

蔡志良、蔡应妹:《道德能力论》,中国社会科学出版社,2008。

陈家琪:《哲学的基本假设与理想国》,中国人民大学出版社,2007。

陈真:《当代西方规范伦理学》,南京师范大学出版社,2006。

陈鼓应注译《老子今注今译》,商务印书馆,2003。

程炼:《伦理学导论》,北京大学出版社,2008。

程继隆主编《社会学大辞典》,中国人事出版社,1995。

崔平:《道德经验批判》,江苏人民出版社,2015。

邓安庆:《启蒙伦理与现代社会的公序良俗——德国古典哲学的道德事业之重审》,人民出版社,2014。

〔美〕戴蒙主编《品格教育新纪元》,刘晨、康秀云译,人民出版社,2015。

〔美〕德沃金:《至上的美德:平等的理论与实践》,冯克利译,江苏人民出版社,2003。

〔美〕杜威:《杜威文选》,涂纪亮编译,社会科学文献出版社,2006。

〔美〕杜威:《评价理论》,冯平等译,上海译文出版社,2007。

〔美〕杜威:《确定性的寻求——关于知行关系的研究》,傅统先译,上海人民出版社,2005。

《杜威全集·晚期著作(1925~1953)·第2卷(1825~1827)》,张奇峰、王巧贞译,华东师范大学出版社,2015。

〔美〕杜威:《哲学的改造》,胡适、唐擘黄译,安徽教育出版社,1999。

《杜威全集·早期著作(1882~1898)·第4卷(1893~1894)》,王新生、刘平译,华东师范大学出版社,2010。

邓晓芒:《康德哲学讲演录》,广西师范大学出版社,2006。

邓晓芒:《康德〈判断力批判〉释义》,生活·读书·新知三联书店,2008。

邓晓芒:《哲学起步》,商务印书馆,2017。

〔美〕弗莱彻:《境遇伦理学:新道德论》,程立显译,中国社会科学出版社，1989。

〔美〕弗雷泽：《同情的启蒙：18世纪与当代的正义和道德情感》，胡婧译，译林出版社，2016。

〔美〕弗洛姆：《爱的艺术》，李健鸣译，商务印书馆，1982。

方东美：《生生之德》，中华书局，2013。

冯平：《评价论》，东方出版社，1995。

冯契：《冯契文集》（卷3），华东师范大学出版社，1996。

〔英〕伽达默尔：《真理与方法》（诠释学Ⅰ、Ⅱ），洪汉鼎译，商务印书馆，2007。

高兆明：《存在与自由：伦理学引论》，南京师范大学出版社，2004。

高兆明、李萍等：《现代化进程中的伦理秩序研究》，人民出版社，2007。

高兆明：《黑格尔〈法哲学原理〉导读》，商务印书馆，2010。

高兆明：《制度伦理研究——一种宪政正义的理解》，商务印书馆，2011。

高兆明：《伦理学理论与方法（修订版）》，人民出版社，2013。

高兆明：《心灵秩序与生活秩序：黑格尔〈法哲学原理〉释义》，商务印书馆，2014。

郭忠华、刘训练编《公民身份与社会阶级》，江苏人民出版社，2007。

何怀宏：《良心与正义的探求》，黑龙江人民出版社，2004。

何怀宏：《良心论》，北京大学出版社，2009。

韩水法：《正义的视野——政治哲学与中国社会》，商务印书馆，2009。

〔德〕哈贝马斯：《后形而上学思想》，曹卫东、付德根译，译林出版社，2001。

〔丹〕哈孔森：《自然法与道德哲学：从格老秀斯到苏格兰启蒙运动》，马庆，刘科译，浙江大学出版社，2010。

〔英〕哈奇森：《道德哲学体系》（上），江畅等译，浙江大学出版社，2010。

〔英〕哈奇森：《论美与德性观念的根源》，高乐田等译，浙江大学出版社，2009。

〔德〕海德格尔：《康德与形而上学疑难》，王庆节译，上海译文出版社，2011。

〔美〕赫尔曼：《道德判断的实践》，陈虎平译，东方出版社，2006。

〔德〕赫费：《经济公民、国家公民和世界公民：全球化时代的政治伦理学》，沈国琴、尤岚岚、励洁丹译，上海译文出版社，2010。

〔新西兰〕赫斯特豪斯：《美德伦理学》，李义天译，译林出版社，2016。

〔英〕黑尔：《道德语言》，万俊人译，商务印书馆，1999。

〔德〕黑格尔：《精神现象学》，贺麟、王玖兴译，商务印书馆，1980。

〔德〕黑格尔：《小逻辑》，贺麟译，商务印书馆，1980。

〔德〕黑格尔：《自然哲学》，梁志学等译，商务印书馆，1980。

〔德〕黑格尔：《哲学史讲演录》（卷二、四），贺麟、王太庆译，商务印书馆，1978。

〔德〕黑格尔：《法哲学原理》，范扬、张企泰译，商务印书馆，1982。

〔德〕黑格尔：《精神哲学》，杨祖陶译，商务印书馆，2006。

〔美〕亨廷顿：《变化社会中的政治秩序》，王冠华、刘为等译，沈宗美校，上海人民出版，2008。

〔英〕霍布斯：《利维坦》，黎思复、黎廷弼译，商务印书馆，1985。

〔英〕霍布斯：《论公民》，应星、冯克利译，贵州人民出版社，2003。

〔英〕霍夫曼：《移情与道德发展：关爱和公正的内涵》，杨韶刚、万明译，黑龙江人民出版社，2002。

〔德〕霍耐特：《自由的权利》，王旭译，社会科学文献出版社，2013。

金岳霖：《论道》，人民出版社，2010。

金良年：《论语译注》，上海古籍出版社，2012。

〔英〕吉登斯：《社会的构成：结构化理论大纲》，李康、李猛译，生活·读书·新知三联书店，1998。

〔苏〕捷普洛夫：《心理学》，赵璧如译，人民教育出版社，1953。

〔美〕科尔伯格：《道德发展心理学：道德阶段的本质与确证》，郭本禹等译，华东师范大学出版社，2004。

〔德〕康德：《判断力批判》，邓晓芒译，人民出版社，2002。

〔德〕康德：《实践理性批判》，邓晓芒译，杨祖陶校，人民出版社，2003。

〔德〕康德：《纯粹理性批判》，邓晓芒译，杨祖陶校，人民出版社，2004。

〔德〕康德：《道德形而上学原理》，苗力田译，上海人民出版社，2005。

〔德〕康德：《康德书信百封》，李秋零编译，上海人民出版社，2006。

〔德〕康德：《康德著作全集》，李秋零主编，中国人民大学出版社，2007。

〔美〕科尔斯戈德：《规范性的来源》，杨顺利译，上海译文出版社，2003～2010。

〔法〕科耶夫：《黑格尔导读》，姜志辉译，译林出版社，2005。

〔美〕克拉克：《重返理性》，唐安译，戴安富、邢滔滔校，北京大学出版社，2004。

〔英〕克朗纳：《论康德与黑格尔》，关子尹编译，同济大学出版社，2004。

〔美〕克劳特主编《布莱克维尔〈尼各马可伦理学〉指南》，刘玮、陈玮译，北京大学出版社，2014。

〔英〕拉兹：《价值、尊重和依系》，蔡蓁译，商务印书馆，2016。

〔美〕拉福莱特主编《伦理学理论》，龚群主译，中国人民大学出版社，2008。

〔英〕莱恩：《分裂的自我——对健全与疯狂的生存论研究》，林和生、侯东民译，贵州人民出版社，1994。

〔美〕莱肯：《造就道德——伦理学理论的实用主义重构》，陶秀璈等译，张驰校，北京大学出版社，2010。

〔美〕卢坡尔：《伦理学是什么》，陈燕译，中国人民大学出版社，2013。

鲁洁、王逢贤：《德育新论》，江苏教育出版社，2000。

〔美〕罗尔斯：《正义论》，何怀宏等译，中国社会科学出版社，1988。

〔美〕罗尔斯：《政治自由主义》，万俊人译，译林出版社，2000。

〔美〕罗尔斯：《作为公平的正义：正义新论》，姚大志译，中国社会科学出版社，2011。

〔美〕罗尔斯：《罗尔斯论文全集》（上册），陈肖生等译，吉林出版集团有限责任公司，2013。

〔英〕雷伯：《心理学词典》，李伯黍译，上海译文出版社，1996。

〔美〕雷切尔斯:《道德的理由》,杨宗元译,中国人民大学出版社,2009。

〔英〕里德:《论人的理智能力》,李涤非译,浙江大学出版社,2010。

〔英〕马特·里德利:《先天,后天:基因、经验和什么使我们成为人》,陈虎平、严成芬译,北京理工大学出版社,2005。

李德顺、孙伟平:《道德价值论》,云南人民出版社,2005。

黎靖德:《朱子语类》,中华书局,1986。

〔英〕理查森:《大脑和人类的潜能》,武越译,中信出版社,2018。

〔美〕罗蒂:《偶然、反讽与团结》,徐文瑞译,商务印书馆,2003。

李泽厚:《批判哲学的批判:康德述评》,生活·读书·新知三联书店,2007。

李泽厚:《伦理学纲要》,人民日报出版社,2010。

〔美〕罗蒂:《后形而上学希望》,张国清译,上海译文出版社,2009。

〔美〕罗克摩尔:《黑格尔:之前和之后》,柯小刚译,北京大学出版社,2005。

〔英〕洛克:《人类理解论》(上),关文运译,商务印书馆,1981。

〔美〕罗斯:《社会控制》,秦志勇、毛永正译,华夏出版社,1989。

罗国杰:《中国伦理学百科全书(伦理学原理卷)》,吉林人民出版社,1993。

罗秉祥、万俊人主编《宗教与道德之关系》,清华大学出版社,2003。

〔德〕林德:《怎样教授道德才有效:德育心理学家给教师的建议》,杨绍刚、陈金凤、康蕾译,中国轻工业出版社,2018。

廖申白:《伦理学概论》,北京师范大学出版社,2009。

廖申白:《亚里士多德友爱论研究》,北京师范大学出版社,2009。

刘小枫、陈少明主编《美德可教吗》,华夏出版社,2005。

梁瑞明编著《道德体验与道德哲学:康德〈道德形而上学探本〉〈实践理性批判〉导读》,志莲净苑,2009。

〔美〕马尔霍兰:《康德的权利体系》,赵明、黄涛译,商务印书馆,2011。

〔德〕马克思:《1844年经济学哲学手稿》,中共中央马克思恩格斯列宁斯大林著作编译局译,人民出版社,2000。

〔德〕马克思、恩格斯:《马克思恩格斯选集》(第1~4卷),中共中央马克思恩格斯列宁斯大林著作编译局编译,人民出版社,1995。

〔法〕莫诺:《偶然性和必然性》,上海外国自然科学哲学著作编译组译,上海人民出版社,1977。

〔美〕麦金太尔:《德性之后》,龚群等译,中国社会科学出版社,1995。

〔英〕密尔:《论自由》,许宝骙译,商务印书馆,1998(2005重印)。

〔英〕穆勒:《功利主义》,徐大建译,上海人民出版社,2007。

〔英〕摩尔:《伦理学原理》,长河译,上海人民出版社,2005。

〔美〕墨菲:《康德:权利哲学》,吴彦译,中国法律出版社,2011。

〔美〕纳斯鲍姆:《善的脆弱性——古希腊悲剧和哲学中的运气与伦理》,徐向东、陆萌译,译林出版社,2007。

〔美〕纳斯鲍姆:《寻求有尊严的生活——正义的能力理论》,田雷译,中国人民大学出版社,2016。

倪梁康:《心的秩序——一种现象学心学研究的可能性》,江苏人民出版社,2010。

〔美〕内格尔:《人的问题》,万以译,上海译文出版社,2004。

〔美〕帕尔默:《实现自由:自由意志主义的理论、历史与实践》,景朝亮译,法律出版社,2011。

〔美〕瑞文:《超越自身的自我:一部另类的伦理学史、新脑科学和自由意志的神话》,韩秋红等译,人民出版社,2016。

〔美〕萨拜因:《政治学说史》(上),索尔森修订,邓正来译,上海人民出版社,2008。

〔法〕萨特:《存在与虚无》,陈宣良等译,杜小真校,生活·读书·新知三联书店,1987。

〔古希腊〕色诺芬:《回忆苏格拉底》,吴永泉译,商务印书馆,1994。

〔美〕斯坎伦:《我们彼此负有什么义务》,陈代东、杨伟清、杨选等译,人民出版社,2008。

〔美〕斯坎伦:《道德之维:可允许性、意义与谴责》,朱慧玲译,中国人民大学出版社,2014。

〔英〕斯密:《道德情操论》,蒋自强等译,商务印书馆,1997。

〔英〕斯塔斯:《批评的希腊哲学史》,庆泽彭译,商务印书馆,1931。

〔美〕斯特赖克、〔加〕伊根主编《伦理学与教育政策》,刘世清、李云星等译,北京大学出版社,2013。

〔印度〕阿马蒂亚·森:《以自由看待发展》,任赜、于真译,刘民权、刘柳校,中国人民大学出版社,2013。

〔印度〕阿马蒂亚·森:《后果评价与实践理性》,应奇编译,东方出版社,2006。

〔印度〕阿马蒂亚·森:《正义的理念》,王磊、李航译,刘民权校,中国人民大学出版社,2012。

宋希仁主编《西方伦理思想史》,中国人民大学出版社,2003。

宋天正注译《大学中庸今注今译》,杨天亮校订,重庆出版社,2009。

孙小玲:《存在与伦理——海德格尔实践哲学向度的基本论题考察》,人民出版社,2015。

〔美〕施克莱:《平常的恶》,钱一栋译,上海人民出版社,2018。

〔美〕施密特编《启蒙运动与现代性——18世纪与20世纪的对话》,徐向东、卢华萍译,上海人民出版社,2005。

〔德〕施佩曼:《道德的基本概念》,沈国琴等译,上海译文出版社,2007。

〔澳〕史密斯:《道德问题》,林航译,浙江大学出版社,2011。

〔德〕叔本华:《伦理学的两个基本问题》,任立、孟庆时译,商务印书馆,1996。

〔德〕叔本华:《作为意志和表象的世界》,石冲白译,杨一之校,商务印书馆,1982。

〔美〕舒德森:《好公民——美国公共生活史》,郑一卉译,北京大学出版社,2014。

〔英〕汤因比、〔日〕池田大作:《展望二十一世纪:汤因比与池田大作对话录》,荀春生等译,国际文化出版公司,1985。

〔法〕托克维尔:《论美国的民主》,董果良译,商务印书馆,2015。

王阳明:《传习录》,于自立等注评,中州古籍出版社,2008。

汪子嵩等:《希腊哲学史》(卷2),人民出版社,1993。

王珉:《爱的存在与勇气——保罗·蒂里希》,河北大学出版社,2005。

〔英〕威廉斯:《道德运气》,徐向东译,上海译文出版社,2007。

〔德〕韦伯:《社会学的基本概念》,胡景北译,上海人民出版社,2005。

〔德〕文德尔班:《哲学史教程》(上、下卷),罗达仁译,商务印书馆,1993。

〔美〕沃林:《政治与构想:西方政治思想的延续与创新(扩充版)》,辛亨复译,上海人民出版社,2009。

吴天岳:《意愿与自由:奥古斯丁意愿概念的道德心理学解读》,北京大学出版社,2010。

〔英〕西季威克:《伦理学史纲》,熊敏译,陈虎平校,江苏人民出版社,2008。

〔英〕希特:《世界史、政治学与教育学中的公民理想》,郭台辉、余慧元译,吉林出版集团有限公司,2010。

〔德〕席勒:《审美教育书简》,冯至、范大灿译,上海人民出版社,2003。

〔德〕谢林:《对人类自由的本质及其相关现象的哲学研究》,邓安庆译,商务印书馆,2008。

夏松基主编《现代西方哲学辞典》,安徽人民出版社,1987。

萧焜焘:《精神世界掠影——纪念〈精神现象学〉出版180周年》,江苏人民出版社,1987。

〔英〕休谟:《人性论》(上、下),关文运译、郑之骧校,商务印书馆,1980。

〔英〕休谟:《道德原则研究》,曾晓平译,商务印书馆,2007。

徐向东:《道德哲学与实践理性》,商务印书馆,2006。

徐向东:《自我、他人与道德——道德哲学导论》(上下),商务印书馆,2007。

徐向东:《理解自由意志》,北京大学出版社,2008。

徐向东编《实践理性》,浙江大学出版社,2010。

〔古希腊〕亚里士多德:《政治学》,吴寿彭译,商务印书馆,1965。

〔古希腊〕亚里士多德：《亚里士多德全集》（第三卷），苗力田等编译，中国人民大学出版社，1992。

〔古希腊〕亚里士多德：《亚里士多德全集（第八卷）》，苗力田等编译，中国人民大学出版社，1992。

〔古希腊〕亚里士多德：《尼各马可伦理学》，廖申白译，商务印书馆，2003。

〔古希腊〕亚里士多德：《尼各马可伦理学［译注导读本］》，邓安庆译，人民出版社，2010。

〔德〕雅斯贝尔斯：《什么是教育》，邹进译，读书·新知·生活 三联书店，1991。

〔德〕雅斯贝尔斯：《现时代的人》，周晓亮、宋祖良译，社会科学文献出版社，1992。

叶秀山：《永恒的活火——古希腊哲学新论》，广东人民出版社，2007。

〔法〕于连：《道德奠基：孟子与启蒙哲人的对话》，宋刚译，北京大学出版社，2002。

余纪元：《德性之镜——孔子与亚里士多德的伦理学》，林航译，中国人民大学出版社，2009。

俞世伟、白燕：《规范·德性·德行——动态伦理道德体系的实践性研究》，商务印书馆，2009。

杨倞：《荀子》，上海古籍出版社，1996。

杨国荣：《存在之维——后形而上学时代的形上学》，人民出版社，2005。

杨国荣：《伦理与存在——道德哲学研究》，华东师范大学出版社，2009。

杨国荣：《成己与成物——意义世界的生成》，人民出版社，2010。

曾钊新：《道德认知》，湖南人民出版社，2008。

赵汀阳：《论可能生活：一种关于幸福和公正的理论（修订版）》，中国人民大学出版社，2004。

章海山：《西方伦理思想史》，辽宁人民出版社，1984。

张志扬：《偶在论——现代哲学之一种》，上海三联书店，2000。

周保松：《自由人的平等政治》，生活·读书·新知三联书店，2017。

周辅成编《西方伦理学名著选辑》（上、下卷），商务印书馆，1964。

朱德生等：《西方认识论史纲》，江苏人民出版社，1983。

朱熹：《四书章句集注》，中华书局，1983。

朱贻庭：《伦理学大辞典》，上海辞书出版社，2002。

文章类

曹刚：《论道德能力》，《哲学动态》2006 年第 7 期。

陈嘉明：《信念与知识》，《厦门大学学报》（哲学社会科学版）2002 年第 6 期。

陈真：《道德义务与超道德的行为》，《伦理学研究》2008 年第 5 期。

陈真：《苏格拉底真的认为"美德即知识"吗？》，《伦理学研究》2006 年第 4 期。

邓安庆：《伦理神学与现代道德信念的确证》，《文史哲》2007 年第 6 期。

邓晓芒：《康德〈实践理性批判〉中的自由范畴表解读》，《哲学研究》2009 年第 9 期。

高兆明：《应当重视"道德风险"研究》，《浙江社会科学》2000 年第 3 期。

高兆明：《"后习俗责任伦理"：基于"伦理""道德"的考察》，《伦理学术》2019 年第 6 期。

贡华南：《回归自然何以可能——中国现代哲学的回答》，《天津社会科学》2007 年第 4 期。

〔德〕伽达默尔：《论一门哲学伦理学的可能》，邓安庆译，《世界哲学》2007 年第 3 期。

金生鈜：《教育的终极价值与教师的良知》，《教师教育研究》2012 年第 4 期。

陆晓禾：《论经济发展与人的道德能力》，《社会科学》1994 年第 12 期。

李培超：《论道德冲突》，《道德与文明》1994 年第 3 期。

廖申白：《亚里士多德的技艺概念：图景与问题》，《哲学动态》2006 年第 1 期。

钱广荣:《道德能力刍议》,《理论与现代化》2007 年第 5 期。

宋希仁:《"道德"概念的历史回顾——读黑格尔〈法哲学原理〉随想》,《玉溪师范学院学报》2004 年第 4 期。

唐文明:《论道德运气》,《北京大学学报》(哲学社会科学版)2010 年第 5 期。

伍德:《黑格尔对道德的批判》,李金鑫译,邓安庆校,《世界哲学研究》2013 年第 3 期。

王庆节:《道德感动与伦理意识的起点》,《哲学研究》2010 年第 10 期。

徐向东:《托马斯·霍布斯论自由与慎思》,《云南大学学报》(社会科学版)2008 年第 3 期。

亚当斯:《动机功利主义》,姚大志、姚得峰译,《世界哲学》2011 年第 1 期。

杨国荣:《判断力简论》,《哲学动态》2010 年第 4 期。

余虹:《有限德行与无限德行》,《河北学刊》2007 年第 1 期。

俞吾金:《人在天中,天由人成——对"天人关系"含义及其流变的新反思》,《学术月刊》2009 年第 1 期。

赵猛:《"美德即知识":苏格拉底还是柏拉图?》,《世界哲学》2007 年第 6 期。

张曦:《"道德能力与情感的首要性"》,《哲学研究》2016 年第 5 期。

Goldman, Alan H. *Reasons from within Desires and Values*. New York: Oxford University Press Inc., 2009.

Williams, Bernard. *Ethics and the Limits of Philosophy*. Cambridge: Harvard University Press, 1985.

Thomasma, David C., David N. Weisstub (eds.). *The Variables of Moral Capacity*. Kluwer Academic Publishers Press, 2004.

Liszka, James Jakob. *Moral Competence: An Intergrated Approach to the Study of Ethics* (2nd ed). New jersey: Prentice Hall Press, 2002.

Rawls, John. *A Theory of Justice*, Harvard University Press, 1971.

Rawls, John. *Lectures on The History of Moral Philosophy*. Barbara Herman (ed.). Cambridge: Harvard University Press, 2000.

Kant. *The Metaphysics of Morals*. Mary Gregor (Trans.). Cambridge: Cambridge University Press, 1991.

Denis, Lara (ed.). *Kant's Metaphysics of Morals (A Critical Gide)*. Cambridge: Cambridge University Press, 2010.

Becker, Lawrence C., and Charlotte B. Becker (eds.). *Encyclopedia of Ethics*. New York & London: Garland Publishing, 1992.

Beck, Lewis White. *A Commentary on Kant's Critique of Practical Reason*. Chicago: University of Chicago Press, 1960.

Slote, Michael. *The Ethics of Care and Empathy*. NewYork: Routledge Press, 2007.

Slote, Michael. *Moral Sentimentalism*. New York: Oxford University Press, 2010.

John, McDowell. "Value and Secondary Qualities," In Ted Honderich (ed.), *Morality and Objectivity*. London: Routledge and Kegan Paul Press, 1985.

Wilson, Robert A., Frank C. Keil (eds.). *The MIT Encyclopedia of the Cognitive Science*. London: Massachusetts Institute of Technology Press, 1999.

Blackburn, Simon. *Oxford Dictionary of Philosophy*. 上海外语教育出版社, 2000。

Smith, M. B. E. "Does Humanity Share a Common Moral Faculty?" *Journal of Moral Philosophy* 7 (2010): 37 – 53.

Green, T. H. *Prolegomena to Ethics*. Oxford: Clarendon Press, 1890.

索 引

A

阿伦特　36，75，110，111，185
阿马蒂亚·森　21，91，93，159-161，227，228，263，264

B

柏拉图　5，46-48，50，101
本体论差异　139，143，144

D

道德场景　139，140，146，149，154，166，168，174，175，182，185，199
道德冲突　91，93，119，138，140，149-151，154，156，168，183，193，194，199-202，261
道德崇高　2，21，55，114，138，152，153，175，197-201，204
道德法则　6，18，19，21-24，30，34，60，62-67，72，78，83-85，87，89，104，105，118，122，132，134，139-142，145，150，154，155，165-167，178-180，182，183，194-196，198，204，242，247，257，259，262
道德风险　138，164-166
道德判断　3，7，13，40，87，95，100，109-111
道德认知　16，85，87，95-103，106，127，165，166，247，250
道德行动　12-14，52，116，124-127，129，131，132，140，141，155，166，174，256
道德选择　11-13，15，87，95，118，127-129，151，181，184，258
道德义务　17，166，169，172，175-178，180，181，183，184，188，194-197，199-202，212，261
道德运气　138，156，157，161，162
道德责任　9，33，51，89，100，105，117，118，149-153，155，164，169-173，183，184，186，197-199，208，248，251，263
动机与效果　9，138，186，188，195，196
杜威　55，118-120，134，142，147，148，190，256，258，259，261

G

公民平等　21，224，226-229，

260，261

H

哈奇森　　7，73，103，110，239 -
　　241，243
好公民　　210，211，232，235 - 237
好人　　163，183，188，206，210，
　　211，232，235 - 237
黑格尔　　5，6，16，21 - 23，28，31，
　　33，35，40，41，43，45，49，55，
　　56，58，61，67，76，78 - 80，83，
　　91，97 - 99，106，108，109，141，
　　151，167，171，178，191，203，211，
　　213，219，230，231，247，255，259
后天　　28，38，69 - 75，77，78，
　　102，105，158，162，239，241，242

J

技艺　　31，32，42，47，55，129 -
　　131，219，254，256
教育理念　　21，210，211，229 - 234

K

康德　　5，6，9，10，18 - 24，28 -
　　31，33 - 36，40，41，43，49，51，
　　52，56，58 - 70，81，83，84，87，
　　89，92，96，99，104，108，110，
　　111，124，132，133，138，140，144，
　　156，169，170，176，187，192，195
　　- 198，204，206，215，216，222 -
　　226，243，247，248，257 - 263
可行能力　　91，92，227，228，

263，264
可允许性　　111，112，114，121

L

莱肯　　119
理智　　5，7，37，39，40，44，48，
　　50，59，68，69，72，74 - 78，85，
　　101 - 107，112，124 - 126，130，
　　166，172，175，182，187，208，231，
　　252，254，255，257，259，263
良心　　8，12，16，26，35，53，71，
　　91，95，102，105 - 109，131，145，
　　154，155，193，201，208，233，238，
　　244，247，260
伦理共同体　　151，213 - 218
伦理学方法　　260，261，264
罗尔斯　　6，12，21，28，35，37，
　　38，43 - 45，61，114，160，224，
　　226 - 229，260，261，263，264

M

明智　　40，54，93，130，252 - 255
目的与手段　　138，186，189 - 192，
　　195，196，200

N

纳斯鲍姆　　21，92，93，243
内格尔　　157，161，162

O

偶然性　　17，18，24，26，42，85，
　　102，127，131，132，139，140，142 -

145, 147, 149, 150, 156, 157, 159, 162－166, 184, 196, 207, 226, 254

偶在　139, 140, 144－147, 149, 150

P

品格　21, 88, 125, 128, 186, 210, 212, 238, 240, 241, 244, 250－252, 255－256

品质　5, 7, 9, 11, 13, 29－32, 36, 38－40, 45, 54, 68, 73, 89, 91, 93, 125, 130, 131, 175, 182, 199, 214, 226, 238, 244, 246, 250－255, 257, 258

S

善观念　38, 44, 227, 229, 260, 261

神圣道德　151, 243, 244, 246

慎思　8, 116－123, 126, 153, 155, 173, 261

实践理性　5, 6, 8, 18, 20－23, 29, 32, 35－38, 41, 52, 59, 60, 62－64, 87, 92, 101, 123, 128, 132－134, 138, 168, 252－254, 257, 258, 261

实践智慧　8, 12, 22, 28, 40, 45, 54－57, 89, 94, 116, 123, 130, 149, 163, 164, 167, 168, 182, 191, 194, 208, 252－255, 257－259

世俗道德　243－246

叔本华　33, 34, 58, 81, 104

斯坎伦　112, 170

W

威廉斯　2, 61, 62, 157, 161, 172

无知　64, 100, 101

X

西季威克　7, 34, 35, 37, 38, 54

牺牲　32, 104, 114, 120, 150, 151, 153, 155, 169, 191, 193, 195, 197－206, 249, 251, 252

先天　28, 38, 69－75, 77, 78, 102, 103, 105, 139, 158, 238, 239

想象力　36, 70, 132－135, 198, 240, 258

信念　28, 45, 50－57, 105, 107, 131, 155, 169, 186, 196, 197, 199, 204, 208, 242－244, 256, 260

行动者遗憾　164, 172, 173

休谟　7, 52, 69, 103, 110, 117, 120, 132, 239－241, 243

Y

亚里士多德　3, 5, 9, 21, 22, 24, 28, 30, 35, 36, 38－41, 45, 47, 49, 54－58, 69, 70, 73, 75, 86, 90, 93, 100, 101, 103, 118－120, 123, 128, 130, 163, 164, 183, 204, 205, 207, 208, 215, 235, 250－255, 257, 258, 261, 263

移情　9, 70, 105, 106, 241－243, 250, 251

意志力　85,86,117,118,122,131,132,157,169,194,199,251

意志软弱　121-123

运气均等　159-161

Z

正义感　12,38,44,102,227,229,240-242,248,260

政治秩序　92,219-223

自我实现　2,12,14,33,80,201,257-259

自由意志　6,9,20-22,25-26,28,29,32-36,41,42,45,49,50,52-68,71,76-78,80-92,95-102,109,123-129,141,143,144,148,149,154,156-158,161-167,171,179-181,185,207,208,247,258

后 记

本书是在我的博士学位论文的基础上修改完成的。从 2009 年确立选题到现在已经十年了。不得不承认,我错过了一个人学术成长的黄金时期。或许是性格使然,这期间,我的研究兴趣曾转向康德、罗尔斯的政治哲学,但是道德能力问题一直都是我关注的焦点之一。

这是恩师高兆明老师给我的命题作文。我记得高老师当时说他一直心系正义问题,关注社会制度,这使他对个体道德问题,尤其是从个体的视角审视正义问题的研究不够。我的论文可以从个体视角出发讨论问题,与他进行理论对话。但是,我需要从伦理学基础理论的研究做起。至今,我的电脑里仍然保存着当年完整的 7 份修改提纲,每一份都是我们师生对话的结果。高老师一直觉得我是散文式的思维,所以每当游离和困惑之际,都是他引导我将问题一步步澄清。在博士学位论文中,我从康德伦理思想中提出道德能力问题,但这已经不是一个可普遍立法的能力问题,不是一个反复践行以正确使用实践理性的问题,而是具体情境中人的道德精神品质如何实现的问题。在阅读康德伦理学和英美分析伦理学的书籍之余,我对新中国成立以来伦理学的学术发展产生了浓厚的兴趣。这样的阅读经验或隐或显地体现在了我对道德能力问题的具体分析之中。

2013 年,我参与高老师的国家社科基金重点项目"'道德冷漠现象'的道德哲学研究"并承担道德能力与道德冷漠的相关内容写作。在高老师的指导下,我对道德能力问题的理解有了变化,这一变化对我的学术研究产生了深刻的影响。我开始有意识地关注问题的学术发展史,并在这个基础上围绕问题本身去拓展理论研究的边界。这也是我 2015

年以博士学位论文为基础申报国家社科基金时对书稿结构做出调整的重要原因之一。我将社会正义问题纳入道德能力的研究之中，当然，理论前提仍然是个体视角和普遍道德法则的存在。与此同时，我开始尝试围绕问题讲理论，关注社会现实。我一直觉得自己甚至我们这一代人过于关心自己的"小生活"，没有"大社会"的概念，没有历史感。关心"小生活"本身没有错，问题是能不能以"小"见"大"，见"学术乃天下之公器"。这促使我在书稿的修改中有意识地增加了关于社会现实伦理问题的讨论。

2018~2019年，我以本书稿申请国家社科基金后期资助结项。因为特殊的机缘，我再一次开始阅读罗尔斯的正义理论，并从罗尔斯回溯到康德。这种回溯式的阅读让我发现道德能力研究不是应该涉及社会正义的问题，而是必须如罗尔斯那般进入政治哲学。在这之后，我几次想尝试对书稿进行结构调整，但是终被自己的学术研究能力所限。这才有了书稿结语的内容，我跟随着问题将道德能力研究落笔在了平等、自由以及对伦理学方法的反思上。完成结语时，我有些忐忑不安。又是高老师，他鼓励我不要怕，逻辑到哪儿，就在哪儿停下来。

2019年暑假，项目结项。我当时特别想请高老师为我写序，也是另一种形式的师生对话。无奈，高老师当时已经身患重病，且在修订自己的书稿。我不忍再占用他的精力和时间。于是，这成了一件终生的憾事。2020年春，书稿定稿。在这个如此特别的春天，高老师离开了。我有时想高老师如果给我写序，他会写什么。他可能写我的论证还是不免流于空泛，可能写他对这个问题的最新理解，可能写我应如何继续深化研究。不知道，所有的一切，就这么成了我的独语和想象。又或者，我们的师生对话并未结束，只是换了一种方式而已。无论怎样，生活总得继续。我也会继续阅读、思考、写作，在疑虑之中也会想象高老师可能如何答疑解问。虽然有些问题研究或许无解也无果，但是高老师会说：一旦选择，就锲而不舍践履之。不枉为人是道德对人的最高命令！

本书的写作和修改，得到了诸多师友的帮助。感谢博士学位论文答辩委员会专家们提出的问题。感谢国家社科基金匿名专家给出的意见。感谢社会科学文献出版社编辑人员给予的帮助。感谢我的朋友和家人，尤其是我母亲的辛苦付出。

李金鑫

2020 年 4 月 20 日

于浙江财经大学伦理学研究所

图书在版编目(CIP)数据

道德能力研究/李金鑫著. -- 北京：社会科学文献出版社,2020.11
国家社科基金后期资助项目
ISBN 978 - 7 - 5201 - 7578 - 4

Ⅰ.①道… Ⅱ.①李… Ⅲ.①德育 - 研究 - 中国 Ⅳ.①G41

中国版本图书馆 CIP 数据核字(2020)第 214895 号

·国家社科基金后期资助项目·
道德能力研究

著　　者 / 李金鑫

出 版 人 / 谢寿光
组稿编辑 / 宋月华
责任编辑 / 卫　羚

出　　版 / 社会科学文献出版社·人文分社(010)59367215
　　　　　地址：北京市北三环中路甲29号院华龙大厦　邮编：100029
　　　　　网址：www.ssap.com.cn
发　　行 / 市场营销中心(010)59367081　59367083
印　　装 / 三河市龙林印务有限公司

规　　格 / 开　本：787mm × 1092mm　1/16
　　　　　印　张：18.5　字　数：289千字
版　　次 / 2020年11月第1版　2020年11月第1次印刷
书　　号 / ISBN 978 - 7 - 5201 - 7578 - 4
定　　价 / 158.00元

本书如有印装质量问题，请与读者服务中心(010 - 59367028)联系

▲ 版权所有 翻印必究